KB197677

잼잼 쉬운 일본어 매일 365

잼잼 쉬운 일본어 매일 365

저 자 이원준
발행인 고본화
발 행 반석출판사
2025년 1월 15일 초판 1쇄 인쇄
2025년 1월 20일 초판 1쇄 발행
반석출판사 | www.bansok.co.kr
이메일 | bansok@bansok.co.kr
블로그 | blog.naver.com/bansokbooks

07547 서울시 강서구 양천로 583, B동 1007호
(서울시 강서구 염창동 240-21번지 우림블루나인 비즈니스센터 B동 1007호)
대표전화 02) 2093-3399 팩 스 02) 2093-3393
출 판 부 02) 2093-3395 영업부 02) 2093-3396
등록번호 제315-2008-000033호

ISBN 978-89-7172-104-9 (13730)

잼잼 쉬운 일본어 매일 365

반석출판사

머리말

지구촌이 글로벌 시대에 접어든 지도 꽤 오래되었습니다. 아울러 전 세계가 머지않아 일일생활권이 될 거라는 전망도 현실화되고 있습니다. 특히 이웃나라 일본은 하루에 비즈니스 관련 업무를 처리하고 돌아올 수 있는 아주 가까운 나라이며, 경제 및 문화적 교류가 매우 활발한 나라입니다.

사정이 이렇다 보니 직간접적으로 일본어를 필요로 하는 사람이 많아질 수밖에 없습니다. 특히, 이미 오래전부터 관심을 가져 온 젊은 층 이외에 일본어의 필요성을 별로 느끼지 않았던 중장년층에서도 일본어 회화의 필요성을 느끼는 분들이 많아졌습니다. 그렇다면 이런 일본어를 어떻게 공부하는 것이 좋을까요?

일본어 공부는 날마다, 조금씩이라도 꾸준히 하는 것이 중요합니다. 의욕에 넘쳐 너무 많은 양을 날마다 공부하려고 하면 며칠 하다가 그만두고 싶어지죠. 그래서 이 책은 하루에 5개의 문장을 공부할 수 있도록 구성하였습니다. 하루에 딱 5분만 투자해서 상황에 맞는 일본어 문장을 5개씩 익히는 정도라면 그래도 꾸준히 할 수 있지 않을까요? 그렇게 1년 정도 공부할 수 있다면, 그래서 이 책에 있는 다양한 상황들에 사용할 수 있는 일본어를 익힌다면 어느새 우리의 일본어 실력은 훌쩍 자라 있을 것입니다. 만일 하루 분량의 학습에 익숙해지고, 1년보다 더 일찍 책을 마치고 싶다면 본인이 생각하기에 적당한 양대로 여러 날의 분량을 하루에 읽어도 좋습니다.

가볍고 쉽게 공부할 수 있도록 구성한 책인 만큼 들고 다니기 쉽게 아담한 크기로 제작되었습니다. 그러면서도 활자 크기가 작지 않아 젊은 층은 물론 중장년층 등 다양한 연령대의 학습자가 쉽게 볼 수 있게 구성되었습니다.

내용 면에서도 일상생활이나 여행 또는 비즈니스 등 다방면에 걸쳐 두루 활용할 수 있으며, 초급자들도 쉽게 찾아 바로바로 말할 수 있도록 하기 위해 일본어 발음을 한글로 표기했습니다. 꼭 필요한 한 마디 한 마디를 정성껏 간추려 실었고, 본문 이해에 도움이 될 수 있도록 페이지 하단에는 필요한 단어들을 간추려 놓았습니다.

★ 하루에 5분! 날마다 꾸준히 공부할 수 있도록 독려하는 데일리 구성
★ 장면별 구성으로 어느 상황에서든 유용하게 쓸 수 있는 사전식 구성
★ 일본어 초보자도 가볍게 접근할 수 있도록 한글로 발음 표기
★ 이 책 한 권으로 일본어 초·중급회화 완전정복

모쪼록, 이 책을 접하신 모든 분들에게 유익한 교재가 되기를 진심으로 바랍니다.

이 책의 특징

❶ 하루에 5분씩! 4~5문장을 꾸준히 1년 동안 공부하여 일본어 초·중급회화를 정복할 수 있도록 구성하였습니다.

❷ 일본어를 잘 모르더라도 쉽게 접근할 수 있도록 일본어 문장에 대해 가능한 한 원음에 가깝게 우리말로 발음을 표기하였습니다.

❸ 일상생활, 여행, 비즈니스 등 다양한 상황에서 활용할 수 있도록 폭넓게 다루었으며 장면별로 어느 상황에서나 유용하게 사용할 수 있도록 구성하였습니다.

❹ 원어민이 녹음한 본문 mp3 파일과 QR코드를 제공합니다.
(다운로드: 반석출판사 홈페이지 http://bansok.co.kr)

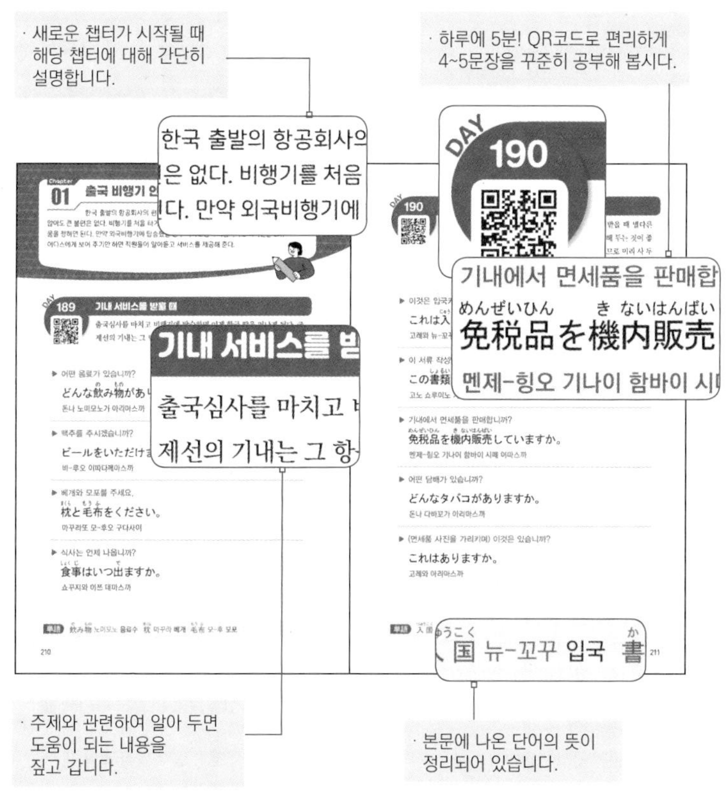

목차

Part 1

자연스러운 만남의 표현

일본인의 인사 방법은 우리와 비슷한 점이 있으나 표현 방법에 있어서는 다른 점이 많으므로 주의해야 한다. 말로만 인사를 할 때는 상대방이 친밀감을 느낄 수 있도록 밝고 친절한 목소리로 말해야 하며, 이때 밝은 미소를 지으면 더욱 좋다. 말과 동작을 동시에 할 때는 고개와 허리를 굽히는데, 이때 허리를 굽히는 정도를 상대방과 비슷하게 하는 것이 좋으며, 상대방보다 먼저 허리를 펴면 실례가 된다.

Chapter

01 일상적인 인사 표현

우리는 아는 사람을 만났을 때 일상적으로 쓰는 말이 "안녕하세요"지만, 일본어에서는 영어에서처럼 아침(おはようございます), 낮(こんにちは), 저녁(こんばんは) 인사를 구분하여 쓰고 있다. 친한 사이라면 아침에 만났을 때 おはよう라고만 해도 무방하며, 더욱 줄여서 オッス라고도 한다. 근황을 물을 때는 お元気ですか라고 하며, 이에 대한 응답으로는 おかげさまで元気です라고 한다.

DAY 001 일상적으로 인사할 때

평상시에 이웃들과 나누는 기본적인 인사말인 おはようございます, こんにちは, こんばんは 만으로 질리면 날씨에 관한 인사를 다양하게 알아두어 멋진 일본어를 구사하도록 하자.

▶ 안녕하세요.(아침)

おはようございます。

오하요 고자이마스

▶ 안녕하세요.(낮)

こんにちは。

곤니찌와

▶ 안녕하세요.(밤)

こんばんは。

곰방와

▶ 날씨가 좋네요.

いい天気(てんき)ですね。

이- 뎅끼데스네

単語 天気(てんき) 뎅끼 날씨

DAY 002

근황을 물을 때

일본 영화를 통해 익히 들어 알고 있는 お元気(げんき)ですか는 "잘 지내십니까?"의 뜻으로 상대의 안부를 물을 때 주로 쓰이는 인사말이다. 친한 친구 사이라면 元気?로도 충분하다.

▶ 잘 지내십니까?

お元気(げんき)ですか。

오겡끼데스까

▶ 덕분에 잘 지냅니다. 당신은요?

おかげさまで元気(げんき)です。あなたのほうは?

오까게사마데 겡끼데스 아나따노 호-와

▶ 별일 없으세요?

お変(かわ)りありませんか。

오까와리 아리마센까

▶ 요즘은 어떠십니까?

この頃(ごろ)はいかがですか。

고노고로와 이까가데스까

▶ 그저 그렇습니다.

まあまあです。

마-마-데스

単語 この頃(ごろ) 고노고로 요즘 まあまあ 마-마- 그저 그렇다

오랜만에 만났을 때

아는 사람이나 친지, 동료를 오랜만에 만났을 때는 おひさしぶりですね 또는 しばらくですね라고 하며, 그동안의 안부를 물을 때는 お元気でしたか라고 하면 된다.

▶ 오랜만이군요.

おひさしぶりですね。

오히사시 부리데스네

▶ 야, 몇 년 만입니까?

やあ、何年(なんねん)ぶりですか。

야- 난넨부리데스까

▶ 다시 만나서 반갑습니다.

またお会(あ)いできてうれしいですね。

마따 오아이데끼떼 우레시-데스네

▶ 여전하군요.

相変(あいかわ)らずですね。

아이까와라즈데스네

▶ 별고 없으셨습니까?

お変(かわ)りありませんでしたか。

오까와리 아리마센데시따까

ひさしぶり 히사시부리 오랜만 相変(あいか)わらず 아이까와라즈 여전히

DAY 004 안부를 물을 때

또 다른 상대의 안부를 물을 때 쓰이는 기본적인 표현으로는 ~はお元気(げんき)ですか가 있으며, 어떻게 지내고 있는지를 물을 때 ~はどう過(す)ごしていますか라고 한다.

▶ 가족 분들은 잘 지내십니까?

ご家族(かぞく)の皆(みな)さんは元気(げんき)ですか。

고가조꾸노 미나상와 겡끼데스까

▶ 모두 잘 지냅니다.

みんな元気(げんき)です。

민나 겡끼데스

▶ 부모님은 잘 지내십니까?

ご両親(りょうしん)はお元気(げんき)ですか。

고료-싱와 오겡끼데스까

▶ 요즘 어떻게 지내십니까?

この頃(ごろ)どう過(すご)されていますか。

고노고로 도- 스고사레떼 이마스까

▶ 그는 건강하게 지내고 있습니다.

彼(かれ)は元気(げんき)で過(すご)しています。

가레와 겡끼데 스고시떼 이마스

単語 家族(かぞく) 가조꾸 가족 両親(りょうしん) 료-싱 부모 彼(かれ) 가레 그

Chapter
02 소개할 때의 인사

처음 만났을 때 상대에게 하는 인사로는 はじめまして가 있다. 이것은 '처음으로'라는 뜻이지만 관용적인 표현이다. 이에 상대방도 마찬가지로 자신의 이름을 말하고 특별히 부탁할 것이 없어도 습관적으로 どうぞよろしく라고 한다. 이에 대한 응답으로는 こちらこそ가 쓰인다. 남에게 소개할 때 보통 동성일 경우에는 아랫사람을 윗사람에게, 이성간일 경우에는 남성을 여성에게 소개하는 것이 원칙이다.

DAY 005 처음 만났을 때의 인사

아는 사람이나 친구, 가족 등을 타인에게 소개할 때는 보통 こちらは○○です(이분은 ○○입니다)라고 하며, 소개받는 사람은 はじめまして(처음 뵙겠습니다)라고 인사를 건넨다.

▶ 처음 뵙겠습니다.

はじめまして。

하지메마시떼

▶ 잘 부탁합니다.

どうぞよろしく。

도-조 요로시꾸

▶ 뵙게 되어 매우 기쁩니다.

お目(め)にかかれてとてもうれしいです。

오메니카까레떼 도떼모 우레시-데스

▶ 뵙게 되어 영광입니다.

お目(め)にかかれて光栄(こうえい)です。

오메니카까레떼 코-에-데스

単語 どうぞ 도-조 잘 お目(め)にかかる 오메니카까루 뵙다 うれしい 우레시- 기쁘다

DAY

006 상대와 친해지기 위한 질문

처음 만난 사람과 대화를 나눌 때 고향, 학교, 가족 등에 대한 여러 가지 궁금한 점을 서로 묻고 대답하면서 친해진다. 여기서는 일본인을 처음 만났을 때 서로 주고받는 대화를 중심으로 익히도록 하자.

▶ 어디 태생입니까?

どこのお生(う)まれですか。

도꼬노 오우마레데스까

▶ 이곳 생활은 어떻습니까?

こちらの生活(せいかつ)はどうですか。

고찌라노 세-까쯔와 도-데스까

▶ 어디에 근무하십니까?

どちらへお勤(つと)めですか。

도찌라에 오쓰또메데스까

▶ 어느 학교에 다닙니까?

学校(がっこう)はどちらですか。

각꼬-와 도찌라데스까

▶ 가족은 몇 분입니까?

ご家族(かぞく)は何人(なんにん)ですか。

고까조꾸와 난닌데스까

単語 生(う)まれ 우마레 태생 生活(せいかつ) 세-까쯔 생활 勤(つと)め 쓰또메 근무 学校(がっこう) 각꼬- 학교

DAY 007 소개할 때

자신을 상대에게 소개할 때는 ~と申します(~라고 합니다)라고 하지만, ~です(~입니다)라고 해도 무리는 없다. 아는 사람을 제삼자에게 소개할 때는 '내 친구인 누구'나, '직장 상사인 누구'라는 식으로 자기와의 관계를 먼저 말하는 것도 소개의 예법이다.

▶ 잠깐 제 소개를 하겠습니다.

ちょっと自己紹介(じこしょうかい)させてください。

촛또 지꼬쇼-까이 사세떼 구다사이

▶ 안녕하세요, 저를 기억하십니까?

こんにちは、私(わたし)のこと覚(おぼ)えてます。

곤니찌와 와따시노 고또 오보에떼마스

▶ 죄송합니다. 다른 사람으로 착각했습니다.

すみません、別(べつ)の人(ひと)と間違(まちが)えてしまいました。

스미마셍 베쯔노 히또또 마찌가에떼 시마이마시따

▶ 제 명함입니다. 당신 것도 받을 수 있을까요?

名刺(めいし)をどうぞ。あなたのもいただけますか。

메-시오 도-조 아나따노모 이따다께마스까

▶ 다나카 씨를 소개하겠습니다.

田中(たなか)さんを紹介(しょうかい)しましょう。

다나까상오 쇼-까이시마쇼

単語 自己紹介(じこしょうかい) 지꼬쇼-까이 자기소개 間違(まちが)える 마찌가에루 착각하다, 틀리다

Chapter

03 헤어질 때의 인사

일본어를 조금이라도 알고 있는 사람이라면 누구나 다 알고 있는 さようなら만으로 헤어질 때 인사로는 부족하다는 것을 알 수 있다. 여기서는 헤어질 때의 다양한 인사 표현을 익히도록 하자. 밤에 헤어질 때는 おやすみなさい를 사용하며, さようなら는 아주 헤어지는 느낌을 주므로 가까운 사이나 자주 만나는 사이라면 좀처럼 쓰지 않는다. 대신 じゃ, またね!, 気をつけてね! 등이 일상적인 작별 인사로 많이 쓰인다.

DAY 008 헤어질 때

직장이나 학교 등에서 매일 만나는 상대와 헤어질 때는 친한 사이라면 じゃ、また(그럼 또 봐요)라고 가볍게 인사하고, 오랫동안 헤어질 때는 さようなら(안녕히 가세요)라고 인사를 나눈다.

▶ 안녕히 가세요.

さようなら。

사요-나라

▶ 안녕히 가세요.

ごきげんよう。

고끼겡요

▶ 언제 가까운 시일에 또 만납시다.

またいずれ近(ちか)いうちにまた会(あ)いましょう。

마따 이즈레 치까이 우찌니 마따 아이마쇼

▶ 그럼, 또 내일 봐요.

では、またあした。

데와 마따 아시따

単語 近(ちか)いうち 치까이 우찌 가까운 시일　あした 아시따 내일

DAY 009

자리에서 일어날 때

모임이나 회식 또는 남의 집을 방문했을 때, 다른 사람들보다 조금 일찍 자리를 떠야 할 때는 먼저 일어나겠다는 인사와 초대한 것에 대한 고마운 마음, 그리고 다음에 다시 만날 것을 기대한다는 인사말 정도는 기본적으로 해야 한다.

▶ 이제 가야겠습니다.

もうおいとまいたします。

모- 오이또마 이따시마스

▶ 만나서 반가웠습니다.

お会(あ)いできてうれしかったです。

오아이데끼떼 우레시깟따데스

▶ 즐거웠습니다.

楽(たの)しかったです。

다노시깟따데스

▶ 저녁을 잘 먹었습니다.

夕食(ゆうしょく)をごちそうさまでした。

유-쇼꾸오 고찌소-사마데시따

▶ 초대해 줘서 고마워요. 정말 즐거웠습니다.

ご招待(しょうたい)ありがとう。すっかり楽(たの)しんでしまいました。

고쇼-따이 아리가또- 슥까리 다노신데 시마이마시따

単語 会(あ)う 아우 만나다 夕食(ゆうしょく) 유-쇼꾸 저녁(저녁밥, 석식) 招待(しょうたい) 쇼-따이 초대

DAY 010

그밖에 작별인사와 안부를 전할 때

~によろしくおつたえください(~에게 안부 전해 주십시오)는 헤어지면서 다른 상대의 안부를 전할 때 쓰이는 표현으로 보통 간편하게 줄여서 ~によろしく라고 한다.

▶ 즐겁게 다녀와.

楽(たの)しんでらっしゃい。

다노신데랏샤이

▶ 기무라 선생님께 부디 안부 전해 주십시오.

木村先生(きむらせんせい)にどうぞよろしくお伝(つた)えください。

기무라 센세-니 도-조 요로시꾸 오쓰따에구다사이

▶ 여러분께 안부 전해 주세요.

皆(みな)さまによろしく。

미나사마니 요로시꾸

▶ 부모님께 안부 전해 주세요.

ご両親(りょうしん)によろしく。

고료-신니 요로시꾸

▶ 다나카 씨를 우연히 만났는데, 당신에게 안부 전해 달라고 하던데요.

田中(たなか)さんに偶然(ぐうぜん)会(あ)いましたら、あなたによろしくとのことでした。

다나까산니 구-젱 아이마시따라 아나따니 요로시꾸또노 꼬또데시따

単語 先生(せんせい) 센세- 선생님 皆(みな)さま 미나사마 여러분 偶然(ぐうぜん) 구-젱 우연히

입구 入口
(いりぐち)
이리구찌
출구 出口
(でぐち)
데구찌

건너시오 進(すす)め **스스메**
멈추시오 止(と)まれ **도마레**

Part 2

세련된 교제를 위한 표현

일본인과 세련되고 예의 바른 교제를 원한다면 이 장에서 소개되는 감사, 사죄, 방문 등의 표현을 잘 익혀 두어야 한다. 아무리 친한 친구라 하더라도 집에까지 초대하지는 않는다는 일본인도 많다. 집이 좁기 때문일지도 모르지만 대개 일본인들은 자기 집안을 남에게 보이는 것을 꺼리기 때문이기도 하다. 그러므로 일본인 집에 손님으로 초대받는 것은 친구 관계가 상당히 깊어졌거나 대단한 호의에 의한 것이라 생각해도 좋다.

Chapter

01 고마움을 나타낼 때

'~해 줘서 고마워요'라고 감사의 내용을 전할 경우에는 ~してくれてありがとう를 사용하면 편리하다. 예를 들면 手伝ってくれてありがとう(도와줘서 고마워요), お招きいただいてありがとう(초대해 줘서 고마워요), 迎えに来てくれてありがとう(마중 나와 줘서 고마워요) 등으로 사용한다. 감사 표현의 하나인 ありがとうございます에 대한 대표적인 응답 표현으로는 どういたしまして와 こちらこそ 등이 있습니다.

DAY 011 고마움을 말할 때

상대방에 대한 감사 표시는 아무리 해도 지나치지 않으므로 일본인과의 원만한 관계를 위해서는 잘 익혀 두는 게 바람직하다. 고마움을 표할 때 가장 일반적인 표현이 ありがとう(고마워요)이다.

▶ 고마워요.

ありがとう。

아리가또

▶ 네, 고마워요.

はい、どうも。

하이 도-모

▶ 정말로 고맙습니다.

本当(ほんとう)にありがとうございます。

혼또-니 아리가또- 고자이마스

▶ 여러모로 신세를 많이 졌습니다.

いろいろお世話(せわ)になりました。

이로이로 오세와니 나리마시따

単語 本当(ほんとう) 혼또- 정말 世話(せわ) 세와 신세

친절에 대해 고마움을 나타낼 때

상대의 친절한 행위나 동작, 말에 대한 배려에 대해서 구체적인 고마움을 나타낼 때는 ~にありがとう라고 하면 된다.

▶ 호의에 감사드려요.

ご好意(こうい)ありがとう。

고코-이 아리가또

▶ 친절히 대해 줘서 고마워요.

ご親切(しんせつ)にどうも。

고신세쯔니 도-모

▶ 친절하게 대해 줘서 많은 도움이 되었습니다.

ご親切(しんせつ)に、たいへん助(たす)かりました。

고신세쯔니 다이헨 다스까리마시따

▶ 덕택에 도움이 되었습니다.

あなたのおかげで助(たす)かりました。

아나타노 오까게데 다스까리마시따

▶ 칭찬해 주셔서 고마워요.

誉(ほ)めていただいて、どうも。

호메떼 이따다이떼 도-모

単語 好意(こうい) 코-이 호의 親切(しんせつ) 신세쯔 친절 おかげ 오까게 덕분(에)

DAY 013

배려에 대해 고마움을 나타낼 때

상대의 행위에 감사를 표현할 때는 ~てくれてありがとう(~해 줘서 고마워요)라고 하며, 더욱 정중하게 표현할 때는 ~てくださってありがとうございます(~해 주셔서 고맙습니다)라고 한다.

▶ 마중을 나와 주셔서 정말로 고맙습니다.

お出迎(でむか)えいただいて本当(ほんとう)にありがとうございます。

오데무까에 이따다이떼 혼또-니 아리가또- 고자이마스

▶ 알려 줘서 고마워.

知(し)らせてくれてありがとう。

시라세떼 구레떼 아리가또

▶ 격려해 줘서 고마워요.

励(はげ)ましてくれてありがとう。

하게마시떼 구레떼 아리가또

▶ 만나러 와 줘서 고마워.

会(あ)いに来(き)てくれてありがとう。

아이니 기떼 구레떼 아리가또

▶ 음악회 표, 고마웠습니다.

音楽会(おんがくかい)の切符(きっぷ)、ありがとうございました。

옹가꾸까이노 깁뿌 아리가또- 고자이마시따

単語 出迎(でむか)え 데무까에 마중 知(し)らせ 시라세 알림 励(はげ)ます 하게마스 격려하다

DAY 014

선물을 주고받을 때

선물을 주고받는 것은 상대와의 친밀감을 한층 더한다. 일본인은 명절이나 특별히 기념할 만한 날이 있으면 가깝게 지내는 사람에게 선물(お土産)을 주고받는 풍습이 있다.

▶ 선물 무척 고마워요.

プレゼントをどうもありがとう。

푸레젠또오 도-모 아리가또

▶ 멋진 선물을 줘서 고마워요. 풀어도 될까요?

すてきなプレゼントをありがとう。開(あ)けてもいいですか。

스떼끼나 푸레젠또오 아리가또- 아께떼모 이-데스까

▶ 저에게 주시는 겁니까? 너무 고마워요.

私(わたし)にくださるのですか。どうもありがとう。

와따시니 구다사루노데스까 도-모 아리가또

▶ 뜻밖입니다. 너무 고마워요.

思(おも)いがけないことです。どうもありがとう。

오모이가께나이 고또데스 도-모 아리가또

▶ 이런 것을 전부터 갖고 싶었습니다.

こういう物(もの)を前(まえ)から欲(ほ)しいと思(おも)っていました。

고-유- 모노오 마에까라 호시-또 오못떼 이마시따

単語 すてき 스떼끼 멋지다 開(あ)ける 아께루 열다, 풀다 前(まえ)から 마에까라 이전부터

DAY 015 격식을 차려 고마움을 표현할 때

여기서는 상대에게 정중하게 감사를 전하는 표현을 익힌다. 感謝(かんしゃ)する는 한자어의 감사 표현으로 ありがとう보다는 다소 격식을 차린 느낌으로 쓰인다.

▶ 그렇게 해 주시면 무척 고맙겠습니다만.

そうしていただければ、とてもありがたいのですが。

소- 시떼 이따다께레바 도떼모 아리가따이노데스가

▶ 친절을 베풀어 주셔서 정말 감사하고 있습니다.

ご親切(しんせつ)に、本当(ほんとう)に感謝(かんしゃ)しております。

고신세쯔니 혼또-니 간샤시떼 오리마스

▶ 저희 회사에 방문해 주셔서 깊은 감사를 드립니다.

ご来社(らいしゃ)くださり厚(あつ)くお礼(れい)を申(もう)し上(あ)げます。

고라이샤 구다사리 아쯔꾸 오레-오 모-시아게마스

▶ 뭐라 감사의 말씀을 드려야 좋을지 모르겠습니다.

何(なん)と御礼(おれい)を申(もう)したらいいのかわかりません。

난또 오레-오 모-시따라 이-노까 와까리마셍

▶ 아무리 감사를 드려도 부족할 정도입니다.

いくら感謝(かんしゃ)してもしきれないほどです。

이꾸라 간샤시떼모 시끼레나이 호도데스

単語 ありがたい 아리가따이 고마운 厚(あつ)く 아쯔꾸 깊은 感謝(かんしゃ) 간샤 감사

DAY 016

고마움 표시에 대한 응답

상대가 감사의 표시를 하거나 사죄를 해 올 때 적절하게 대처할 수 있는 감사와 사죄에 대한 응답 요령을 배운다. 상대의 감사 표시에 대한 응답 표현으로는 もういたしまして와 こちらこそ 등이 있다.

▶ 천만에요.

どういたしまして。

도- 이따시마시떼

▶ 천만에요. 도움이 되어서 기쁩니다.

どういたしまして。お役(やく)に立(た)ててうれしいです。

도- 이따시마시떼 오야꾸니 다떼떼 우레시-데스

▶ 천만에요. 감사할 것까지는 없습니다.

どういたしまして。礼(れい)にはおよびません。

도- 이따시마시떼 레-니와 오요비마셍

▶ 저야말로 감사합니다.

こちらこそどうもありがとう。

고찌라꼬소 도-모 아리가또

単語 どういたしまして 도- 이따시마시떼 천만에요

Chapter

02 사죄·사과를 할 때

일상생활에 자주 쓰이는 사죄의 상황 중 하나는 약속 시간에 늦을 때일 것이다. 그럴 때는 遅れてごめんなさい(늦어서 미안해요), お待たせしてごめんなさい(기다리게 해서 미안해요), 여기서 늦은 이유를 말하고 싶을 때는 バスが遅れたの(버스가 늦어서 말이야)라고 말하면 된다. すみません과 ごめんなさい의 사죄에 대한 응답 표현으로는 いいですよ와 かまいませんよ, 大丈夫です 등이 있다.

DAY 017 실례를 할 때

일본인은 어렸을 때부터 상대에게 迷惑(めいわく)(폐)를 끼치지 않고 살기를 철저하게 교육받는다. 이런 교육의 영향으로 상대에게 피해라고 여겨지면 실례나 사죄의 말이 입에서 저절로 나올 정도이다.

▶ 실례합니다만, 일본 분입니까?

失礼(しつれい)ですが、日本(にほん)の方(かた)ですか。

시쯔레-데스가 니혼노 가따데스까

▶ 실례합니다만, 성함을 여쭤도 되겠습니까?

失礼(しつれい)ですが、お名前(なまえ)をうかがってよろしいですか。

시쯔레-데스가 오나마에오 우까갓떼 요로시-데스까

▶ 잠깐 실례합니다. 지나가도 될까요?

ちょっとすみません。通(とお)り抜(ぬ)けてもいいでしょうか。

춋또 스미마셍 도-리누께떼모 이-데쇼-까

▶ 잠깐 실례하겠습니다. 곧 돌아오겠습니다.

ちょっと失礼(しつれい)します。すぐ戻(もど)ります。

춋또 시쯔레-시마스 스구 모도리마스

単語 失礼(しつれい) 시쯔레- 실례 ちょっと 춋또 잠깐 通(とお)り抜(ぬ)ける 도-리누께루 지나가다

DAY 018

사죄를 할 때

상대방에게 실수나 잘못을 하여 사죄나 사과를 할 때는 보통 すみません(미안합니다), ごめんなさい(미안합니다)가 가장 일반적이며, 이보다 더욱 정중하게 사죄를 할 때는 申し訳ありません(죄송합니다)이라고 한다.

▶ 미안해요.

ごめんなさい。

고멘나사이

▶ 미안합니다.

すみません。

스미마셍

▶ 너무 죄송했습니다.

どうもすみませんでした。

도-모 스미마센데시따

▶ 너무 죄송해요. 그럴 생각이 아니었어요.

どうもすみません。そんなつもりじゃなかったんです。

도-모 스미마셍 손나 쯔모리쟈 나깟딴데스

▶ 뭐라고 사죄를 드려야 좋을지 모르겠습니다.

何(なん)とお詫(わ)びしてよいかわかりません。

난또 오와비시떼 요이까 와까리마셍

単語 ごめん 고멘 미안　つもり 쯔모리 생각, 의도　お詫(わ)び 오와비 사죄

DAY 019

행위에 대해 사과할 때

~てすみません은 '~해서 미안합니다'의 뜻으로 구체적으로 잘못을 인정하면서 사과를 할 때 쓰이는 표현이다. 사죄의 응답 표현으로는 いいですよ 이외에 大丈夫(だいじょうぶ)ですよ나 気(き)にしないでください 등이 있다.

▶ 늦어서 미안합니다.

遅(おそ)くなってすみません。

오소꾸낫떼 스미마셍

▶ 폐를 끼쳐 드려서 죄송합니다.

ご迷惑(めいわく)をおかけして申(もう)し訳(わけ)ありません。

고메-와꾸오 오까께시떼 모-시와께 아리마셍

▶ 이렇게 되고 말아 죄송합니다.

こんなことになってしまってごめんなさい。

곤나 고또니 낫떼 시맛떼 고멘나사이

▶ 기다리게 해서 죄송했습니다.

お待(ま)たせしてすみませんでした。

오마따세시떼 스미마센데시따

▶ 미안해요. 부주의였습니다.

すみません。不注意(ふちゅうい)でした。

스미마셍 후쮸-이데시다

単語 遅(おそ)い 오소이 늦다 迷惑(めいわく) 메-와꾸 폐 待(ま)たせる 마따세루 기다리게 하다

DAY 020 용서를 구할 때

상대에게 중대한 실수나 폐를 끼쳤다면 우선 사죄를 하고 용서를 구하는 것이 당연하다. 여기서는 기본적으로 쓰이는 용서의 표현을 익히도록 하자.

▶ 제발 용서해 주세요.

どうか許(ゆる)してください。

도-까 유루시떼 구다사이

▶ 용서해 주시겠습니까?

許(ゆる)していただけますか。

유루시떼 이따다께마스까

▶ 앞으로는 주의를 하겠습니다.

今後(こんご)は気(き)をつけます。

공고와 기오 츠께마스

▶ 어쩔 수 없었습니다.

仕方(しかた)がなかったんです。

시까따가 나깟딴데스

▶ 폐를 끼쳐 드릴 생각은 없었습니다.

ご迷惑(めいわく)をおかけするつもりはなかったのです。

고메-와꾸오 오까께스루 쯔모리와 나깟따노데스

単語 許(ゆる)す 유루스 용서하다 気(き)をつける 기오츠께루 주의를 하다

DAY 021 사죄·용서에 대한 응답

사죄나 사과를 할 때 쓰이는 すみません과 ごめんなさい 등에 대한 응답 표현으로는 いいですよ와 かまいませんよ, 大丈夫です 등이 있다.

▶ 괜찮아요.

いいんですよ。

이인데스요

▶ 괜찮아요. 아무것도 아닙니다.

大丈夫(だいじょうぶ)。何(なん)でもありませんよ。

다이죠-부 난데모 아리마셍요

▶ 대수로운 것은 아닙니다.

たいしたことはありませんよ。

다이시따 고또와 아리마셍요

▶ 상관없어요.

かまいませんよ。

가마이마셍요

▶ 괜찮아요. 걱정하지 마세요.

いいんですよ。気(き)にしないでください。

이인데스요 기니 시나이데 구다사이

単語 何(なん)でもない 난데모나이 아무것도 아니다 気(き)にする 기니 스루 걱정하다

Chapter
03 축하와 환영을 할 때

축하를 할 때 쓰이는 표현으로는 よくやりましたね, おめでとう처럼 어떤 성과에 대한 축하와 誕生日おめでとう나 新年おめでとう처럼 인사로 축하할 때가 있다. 친근한 사이라면 おめでとう라고 해도 무방하지만, 정중하게 말할 때는 ございます를 덧붙여 おめでとうございます라고 한다. 또한 축하에 대한 응답으로는 ありがとう나 おかげさまで로 하면 된다.

DAY 022 축하할 때

おめでとう는 축하 표현으로 좋은 결과에 대해 칭찬할 때도 쓰인다. 축하할 만한 일이 있으면 다음의 표현을 잘 익혀 두어 아낌없이 축하해 주도록 하자.

▶ 축하합니다.

おめでとうございます。

오메데또- 고자이마스

▶ 생일 축하해.

たんじょう び
誕生日おめでとう。

탄죠-비 오메데또

▶ 졸업, 축하해.

そつぎょう
ご卒業おめでとう。

고소쯔교- 오메데또

▶ 승진을 축하드립니다.

しょうしん
ご昇進おめでとうございます。

고쇼-싱 오메데또- 고자이마스

単語 誕生日(たんじょうび) 탄죠-비 생일 卒業(そつぎょう) 소쯔교- 졸업 昇進(しょうしん) 쇼-싱 승진

DAY 023 기원·축복을 할 때

여기서는 명절이나 새해, 기념일에 기원과 축복을 빌 때 쓰이는 기본적인 표현을 익힌다. おめでとう는 めでたい(경사스럽다)에 ございます가 접속되었을 때 う음편을 한 형태로, 축하할 때 쓰이는 기본적인 표현이다.

▶ 부디 행복하세요.

どうぞお幸(しあわ)せに。

도-조 오시아와세니

▶ 새해 복 많이 받아요.

新年(しんねん)おめでとう。

신넹 오메데또

▶ 새해 복 많이 받아요.

あけましておめでとうございます。

아께마시떼 오메데또- 고자이마스

▶ 메리 크리스마스!

メリークリスマス!

메리- 쿠리스마스!

▶ 발렌타인데이, 축하해.

バレンタインデー、おめでとう。

바렌따인데- 오메데또

単語 幸(しあわ)せ 시아와세 행복 新年(しんねん) 신넹 새해 クリスマス 쿠리스마스 크리스마스

DAY 024

환영할 때

いらっしゃいました나 おいでくださいました를 생략하여 ようこそ만으로 방문해 온 사람을 맞이하는 환영의 인사말로 쓰인다.

▶ 잘 오셨습니다.

ようこそ。

요-꼬소

▶ 참으로 잘 와 주셨습니다.

ようこそおいでくださいました。

요-꼬소 오이데 구다사이마시따

▶ 한국에 잘 오셨습니다.

ようこそ韓国(かんこく)へ。

요-꼬소 캉꼬꾸에

▶ 입사를 환영합니다.

入社(にゅうしゃ)を歓迎(かんげい)します。

뉴-샤오 캉게-시마스

▶ 기무라 씨, 진심으로 환영합니다.

木村(きむら)さん、心(こころ)より歓迎(かんげい)いたします。

기무라상 고꼬로요리 캉게- 이따시마스

単語 韓国(かんこく) 캉꼬꾸 한국 歓迎(かんげい) 캉게- 환영 入社(にゅうしゃ) 뉴-샤 입사

Chapter

04 초대를 할 때

알게 된 사람이나 친구와 한층 더 친해지기 위해서 자신의 집이나 파티에 초대해서 대화를 나누는 것은 서로의 거리낌 없는 친분을 쌓는 데 매우 중요한 의미를 갖는다. 아무리 친한 친구라 하더라도 집으로 초대하지 않는다는 일본인도 많다. 이것은 집이 좁기 때문이기도 하지만 대개 자기 집안을 남에게 보이는 것을 꺼리기 때문이다. 그러므로 일본인 집에 초대받는 것은 관계가 상당히 깊어졌다고 볼 수 있다.

DAY 025 초대를 제의할 때

초대를 할 때는 우선 상대의 사정을 물은 뒤 폐가 되지 않도록 ~ませんか나 お~ください 등의 표현을 써서 정중하면서도 완곡하게 제의해야 한다.

▶ 우리 집에 식사하러 오지 않겠어요?

わたしの家(いえ)に食事(しょくじ)に来(き)ませんか。

와따시노 이에니 쇼꾸지니 기마센까

▶ 이번 일요일 저녁에 식사하러 오시지 않겠습니까?

今度(こんど)の日曜(にちよう)の夕方(ゆうがた)、お食事(しょくじ)にいらっしゃいませんか。

곤도노 니찌요-노 유-가따 오쇼꾸지니 이랏샤이마센까

▶ 근간 함께 식사라도 하시지요.

そのうちいっしょに食事(しょくじ)でもいたしましょうね。

소노 우찌 잇쇼니 쇼꾸지데모 이따시마쇼-네

▶ 언제 놀러 오세요.

いつか遊(あそ)びに来(き)てください。

이쯔까 아소비니 기떼 구다사이

単語 食事(しょくじ) 쇼꾸지 식사 日曜(にちよう) 니찌요- 일요일 夕方(ゆうがた) 유-가따 저녁 遊(あそ)ぶ 아소부 놀다

DAY 026

초대를 승낙할 때

초대에 기꺼이 승낙함을 표현하고자 할 때는 喜(よろこ)んで, もちろん, きっと 등의 부사어를 사용하여 초대에 대한 고마움을 확실히 표현해 보자.

▶ 기꺼이 가겠습니다.

喜(よろこ)んでうかがいます。

요로꼰데 우까가이마스

▶ 물론 가겠습니다.

もちろん行(い)きます。

모찌롱 이끼마스

▶ 꼭 가겠습니다.

きっと行(い)きます。

깃또 이끼마스

▶ 초대해 줘서 고마워.

招(まね)いてくれてありがとう。

마네이떼 구레떼 아리가또

▶ 좋지요.

いいですねえ。

이-데스네

単語 行(いく) 이꾸 가다 きっと(= 必(かなら)ず) 깃또 꼭 招(まねく) 초대하다 いい 이- 좋다

DAY 027 초대를 거절할 때

모처럼의 초대를 거절할 때는 상대방이 기분이 나쁘지 않도록 우선 사죄를 하고 응할 수 없는 사정을 적절하게 표현할 수 있어야 한다.

▶ 유감스럽지만 갈 수 없습니다.

残念(ざんねん)ながら行(い)けません。

잔넨나가라 이께마셍

▶ 그날은 갈 수 없을 것 같은데요.

その日(ひ)は行(い)けないようですが。

소노히와 이께나이 요-데스가

▶ 공교롭게 그때는 바쁩니다.

あいにくその時(とき)は忙(いそが)しいんです。

아이니꾸 소노 또끼와 이소가시인데스

▶ 꼭 그렇게 하고 싶은데, 유감스럽지만 안 되겠어요.

ぜひそうしたいのですが、残念(ざんねん)ながらだめなんです。

제히 소-시따이노데스가 잔넨나가라 다메난데스

▶ 가고 싶은 마음은 태산 같은데…….

行(い)きたいのはやまやまですが……。

이끼따이노와 야마야마데스가…

単語 残念(ざんねん)だ 잔넨다 유감스럽다 忙(いそが)しい 이소가시- 바쁘다

Chapter

05 방문을 할 때

약속 후 방문하는 것이 일반적이지만, 예고 없이 찾아가 만날 상대가 없을 때에 도움이 되는 표현도 함께 익히자. 집을 방문할 때는 ごめんくださいの라고 상대를 부른 다음 집주인이 나올 때까지 대문이나 현관에서 기다린다. 주인이 どちらさまですか라면서 나오면, こんにちは, 今日はお招きくださってありがとうございます, お世話になります 등의 인사말을 하고 상대의 안내에 따라 집안으로 들어서면 된다.

DAY 028 방문한 곳의 현관에서

ごめんください는 본래 사죄를 할 때 쓰이는 말이지만, 남의 집 현관에서 안에 있는 사람을 부를 때도 쓰인다. 좀 더 가벼운 표현으로는 ごめんなさい라고 한다.

▶ 기무라 씨 댁이 맞습니까?

木村(きむら)さんのお宅(たく)はこちらでしょうか。

기무라산노 오따꾸와 고찌라데쇼-까

▶ 요시다 씨는 댁에 계십니까?

吉田(よしだ)さんはご在宅(ざいたく)ですか。

요시다상와 고자이따꾸데스까

▶ 김입니다. 야마자키 씨를 뵙고 싶습니다만.

金です。山崎(やまざき)さんにお目(め)にかかりたいんですが。

김데스 야마자끼산니 오메니카까리따인데스가

▶ 기무라 씨와 3시에 약속을 했는데요.

木村(きむら)さんと3時(さんじ)に約束(やくそく)してありますが。

기무라산또 산지니 약소꾸시떼 아리마스가

単語 宅(たく) 따꾸 댁 在宅(ざいたく) 자이따꾸 재택(집에 있음) 約束(やくそく) 약소꾸 약속

DAY

029 집 안에 들어서서

방문지에 도착하여 인사를 나눈 뒤 주인의 안내로 집 안으로 들어간다. 일본도 우리와 마찬가지로 실내에서는 신발을 신지 않는다. 이때 준비해온 선물을 これをもうぞ라고 하면서 건넨다.

▶ 좀 일찍 왔습니까?

ちょっと来(く)るのが早(はや)すぎましたか。

촛또 구루노가 하야스기마시따까

▶ 늦어서 죄송합니다.

遅(おそ)くなってすみません。

오소꾸낫떼 스미마셍

▶ (선물을 내밀며) 이걸 받으십시오.

これをどうぞ。

고레오 도-조

▶ 일하시는 데에 방해가 되지 않았으면 좋겠는데요.

仕事(しごと)のお邪魔(じゃま)にならなければいいのですが。

시고또노 오쟈마니 나라나께레바 이-노데스가

▶ 실례합니다만, 화장실은 어디?

失礼(しつれい)ですが、トイレは?

시쯔레-데스가 토이레와

単語 来(く)る 구루 오다 早(はや)い 하야이 이른, 빠른 仕事(しごと) 시고또 일 邪魔(じゃま) 쟈마 방해

DAY 030 방문을 마칠 때

おじゃまします는 남의 집을 방문했을 경우에 하는 인사말로, 대접을 받고 나올 때는 おじゃましました라고 말한다. 이에 주인은 何も おかまいしませんで(대접이 변변치 못했습니다) 또는 また いらしてください(또 놀러 오세요) 등으로 인사를 한다.

▶ 슬슬 일어나겠습니다.

そろそろおいとまします。

소로소로 오이또마시마스

▶ 너무 시간이 늦어서요.

もう時間(じかん)が遅(おそ)いですから。

모- 지깐가 오소이데스까라

▶ 무척 즐거웠어. 정말로 고마워.

とても楽(たの)しかった。ほんとうにありがとう。

도떼모 다노시깟따 혼또-니 아리가또

▶ 정말로 말씀 즐거웠습니다.

本当(ほんとう)に楽(たの)しくお話(はな)しできました。

혼또-니 다노시꾸 오하나시 데끼마시따

▶ 오늘은 만나서 즐거웠습니다.

今日(きょう)は会(あ)えてうれしかったです。

쿄-와 아에떼 우레시깟따데스

単語 時間(じかん) 지깐 시간 話(はな)す 하나스 말하다 今日(きょう) 쿄- 오늘

Chapter

06 방문객을 맞이할 때

먼저 손님이 찾아오면 いらっしゃい, どうぞ라고 맞이한 다음 どうぞお入りください라고 하며 안으로 안내를 한다. 안내한 곳까지 손님이 들어오면 何か飲み物はいかがですか로 마실 것을 권유한 다음 식사를 한다. 상대가 일찍 가려고 하면 もうお帰りですか라고 만류한다. 방문을 마치고 돌아가는 손님에게 ぜひまたいらしてください라고 다시 방문할 것을 의뢰한다.

DAY 031 방문을 받았을 때

いらっしゃい는 존경의 동사인 いらっしゃる의 명령형으로, 높여서 말할 때는 ませ를 붙여 말하기도 한다. 이것은 점원이 고객을 맞이할 때도 쓰인다.

▶ 누구십니까?

どちら様(さま)でしょうか。

도찌라사마데쇼-까

▶ 잘 오셨습니다.

ようこそいらっしゃいました。

요-꼬소 이랏샤이마시따

▶ 어서 오세요. 무척 기다리고 있었습니다.

ようこそ。楽(たの)しみにお待(ま)ちしていました。

요-꼬소 다노시미니 오마찌시떼 이마시따

▶ 이런 건 가지고 오시지 않아도 되는데. 고마워요.

そんなことなさらなくても良(よ)かったのに。ありがとう。

손나 고또 나사라나꾸떼모 요깟따노니 아리가또

単語 待(ま)つ 마쯔 기다리다, 대기하다

032 방문객을 안으로 안내하여 접대할 때

もうぞ는 남에게 정중하게 부탁할 때나 바랄 때 하는 말로 우리말의 '부디, 아무쪼록'에 해당하며, 또한 남에게 권유할 때나 허락할 때도 쓰이는 아주 편리한 말이다.

▶ 자 들어오십시오.

どうぞお入(はい)りください。

도-조 오하이리 구다사이

▶ 이쪽으로 오십시오.

こちらへどうぞ。

고찌라에 도-조

▶ 이쪽으로 앉으십시오.

こちらへおかけください。

고찌라에 오까께 구다사이

▶ 자, 편히 하십시오.

どうぞくつろいでください。

도-조 구쓰로이데 구다사이

▶ 커피를 드시겠습니까?

コーヒーはいかがですか。

코-히-와 이까가데스까

単語 かける 까께루 앉다 くつろいで 구쓰로이데 편히 コーヒー 코-히- 커피

DAY 033 손님을 배웅할 때의 인사

손님이 자리를 뜨려고 하면 일단 만류하는 것이 우리와 마찬가지로 일본에서도 예의이다. 그렇다고 마냥 눈치 없이 앉아 있는 것도 폐가 되므로 초대에 대한 감사를 표시한 다음 자리에서 일어나도록 하자.

▶ 벌써 가시겠습니까?

もうお帰(かえ)りですか。

모- 오까에리데스까

▶ 저녁이라도 드시고 가지 않겠습니까?

夕食(ゆうしょく)を召(め)し上(あ)がって行(い)きませんか。

유-쇼꾸오 메시아갓떼 이끼마센까

▶ 저야 괜찮습니다.

わたしの方(ほう)はかまわないんですよ。

와따시노 호-와 가마와나인데스요

▶ 그럼, 만류하지는 않겠습니다.

それじゃ、お引(ひ)き留(と)めはいたしません。

소레쟈 오히끼또메와 이따시마셍

▶ 와 주셔서 저야말로 즐거웠습니다.

来(き)ていただいて、こちらこそ楽(たの)しかったです。

기떼 이따다이떼 고찌라꼬소 다노시깟따데스

単語 帰(かえ)る 까에루 돌아가다 引(ひ)き留(と)める 히끼또메루 만류하다

Chapter
07 약속을 할 때

상대와 약속을 할 때는 우선 상대방의 형편이나 사정을 물어본 다음 용건을 말하고 시간과 장소를 말하는 것이 순서이다. 상대방의 사정이나 형편을 고려하지 않고 일방적으로 결정해서는 안 된다. 가능하면 장소와 시간은 상대방이 정하는 게 좋다. 이럴 때 쓰이는 일본어 표현이 ご都合はよろしいですか이다. 시간을 정할 때는 ...に会いましょう라고 하며, 약속 장소를 정할 때는 ...で会いましょう라고 표현하면 된다.

DAY 034 약속을 제의할 때

상대와의 약속은 매우 중요하다. 그것은 곧 그 사람의 신용과 직결되기 때문이다. 우리말의 '약속을 지키다'는 約束をまもる라고 하며, '약속을 어기다(깨다)'라고 할 때는 約束をやぶる라고 한다.

▶ 지금 방문해도 될까요?

これからお邪魔(じゃま)してもいいでしょうか。

고레까라 오쟈마시떼모 이-데쇼-까

▶ 말씀드리러 찾아뵈어도 될까요?

お話(はな)ししにうかがってもいいですか。

오하나시시니 우까갓떼모 이-데스까

▶ 언제 시간이 있으면 뵙고 싶습니다만.

いつかお時間(じかん)があればお目(め)にかかりたいのですが。

이쯔까 오지깡가 아레바 오메니 가까리따이노데스가

▶ 오늘, 조금 있다가 뵐 수 있을까요?

今日(きょう)、のちほどお目(め)にかかれますでしょうか。

쿄- 노찌호도 오메니 가까레마스데쇼-까

単語 うかがう 우까가우 찾아뵈다 のちほど 노찌호도 조금 있다가

DAY

035 약속 시간과 사정에 대해서

만나고자 하는 상대와 약속을 할 때는 가장 먼저 상대의 형편이나 사정을 물어본 뒤 약속을 해야 한다. 일방적으로 자신의 사정만을 생각하고 약속을 부탁해서는 안 된다.

▶ 언제가 가장 시간이 좋습니까?

いつがいちばん都合(つごう)がいいですか。

이즈가 이찌방 쯔고-가 이-데스까

▶ 금요일 밤은 시간이 됩니까?

金曜(きんよう)の夜(よる)は都合(つごう)がいいですか。

깅요-노 요루와 쓰고-가 이-데스까

▶ 토요일 오후 3시는 어때요?

土曜(どよう)の午後(ごご)3時(さんじ)はどうです?

도요-노 고고 산지와 도-데스

▶ 이번 일요일에 무슨 약속이 있습니까?

今度(こんど)の日曜日(にちようび)、何(なに)か約束(やくそく)がありますか。

곤도노 니찌요-비 나니까 약소꾸가 아리마스까

▶ 몇 시까지 시간이 비어 있습니까?

何時(なんじ)まで時間(じかん)があいてますか。

난지마데 지깡가 아이떼마스까

単語 金曜(きんよう) 긴요- 금요일 土曜(どよう) 도요- 토요일 午後(ごご) 고고 오후 あく 아꾸 비우다

DAY 036 만날 장소를 정할 때

약속 장소를 정할 때는 상대가 쉽게 찾을 수 있는 곳을 염두에 두어야 한다. 그렇지 않고 일방적으로 자신만이 알고 있는 장소를 선택하면 상대에 대한 예의가 아닐 뿐만 아니라 제시간에 만나지 못할 것이다.

▶ 어디서 만날까요?

どこで会いましょうか。

도꼬데 아이마쇼-까

▶ 어디서 만나는 게 가장 좋을까요?

どこがいちばん都合がいいですか。

도꼬가 이찌반 쓰고-가 이-데스까

▶ 일이 끝나면 5시에 사무실 앞에서 만날까요?

仕事が終わったら5時に事務所の前で会いましょうか。

시고또가 오왓따라 고지니 지무쇼노 마에데 아이마쇼-까

▶ 신주쿠 역에서 3시 무렵에 만나기로 합시다.

新宿駅で3時ごろ待ち合わせましょう。

신쥬꾸 에끼데 산지고로 마찌아와세마쇼-

単語 どこ 도꼬 어디 駅 에끼 역 待ち合わせる 마찌아와세루 만나다

DAY 037

약속을 승낙할 때

約束しますよ는 상대와의 약속을 다짐할 때 쓰이는 표현이다. 본래의 발음은 やくそく(야꾸소꾸)이지만, 주로 く가 촉음처럼 되어 '약소꾸'로 발음한다.

▶ 좋아요. 그럼 그때 만납시다.

いいですよ。じゃ、その時(とき)に会(あ)いましょう。

이-데스요 쟈 소노 또끼니 아이마쇼

▶ 그게 좋겠습니다.

それで好都合(こうつごう)です。

소레데 고-쯔고-데스

▶ 저도 그때가 좋겠습니다.

わたしもそれで都合(つごう)がいいです。

와따시모 소레데 쯔고-가 이-데스

▶ 언제든지 좋으실 때 하십시오.

いつでもお好(す)きな時(とき)にどうぞ。

이쯔데모 오스끼나 도끼니 도-조

▶ 저는 어디든지 좋아요. 당신은?

私(わたし)はどちらでも都合(つごう)がいいですよ。あなたは?

와따시와 도찌라데모 쯔고-가 이-데스요 아나따와

単語 いつでも 이쯔데모 언제든 どちらでも 도찌라데모 어디든

DAY 038

약속을 거절할 때

상대에게 약속을 제의받았을 때 사정이 좋지 않을 때는 상대의 기분이 나쁘지 않도록 조심스럽게 別の日にしてもらえませんか라고 거절하는 것도 요령이다.

▶ 유감스럽지만, 오늘 오후는 안 되겠습니다.

残念(ざんねん)ながら今日(きょう)の午後(ごご)はだめなんです。

잔넨나가라 쿄-노 고고와 다메난데스

▶ 미안하지만, 오늘은 하루 종일 바쁩니다.

すみませんが、今日(きょう)は一日中(いちにちじゅう)忙(いそが)しいのです。

스미마셍가 쿄-와 이찌니찌쥬- 이소가시-노데스

▶ 정말로 미안하지만, 이번 주에는 시간이 없습니다.

本当(ほんとう)にすまないけど、今週(こんしゅう)は時間(じかん)がないんです。

혼또-니 스마나이께도 곤슈-와 지깡가 나인데스

▶ 아쉽게도 약속이 있습니다.

あいにくと約束(やくそく)があります。

아이니꾸또 약소꾸가 아리마스

▶ 오늘은 좀 그런데, 내일은 어때요?

今日(きょう)はまずいけど、明日(あした)はどうです?

쿄-와 마즈이께도 아시따와 도-데스

単語 一日中(いちにちじゅう) 이찌니찌쥬- 하루 종일 今週(こんしゅう) 곤슈- 이번 주

DAY 039

약속을 지킬 수 없거나 변경할 때

경우에 따라서 약속을 취소할 때는 本当にすみませんが, お約束が果たせません이라고 하면 된다. 또한 약속을 연기하고 싶을 때는 来月まで延ばしていただけませんか라고 한다. 여기서는 자연스럽게 약속의 제의에 대처하기 위한 표현과 요령을 익힌다.

▶ 다른 날로 해 주실 수 없을까요?

別(べつ)の日(ひ)にしていただけないでしょうか。

베쯔노 히니 시떼 이따다께나이데쇼-까

▶ 급한 일이 생겨서 갈 수 없습니다.

急用(きゅうよう)ができてしまって行(い)けません。

큐-요-가 데끼떼 시맛떼 이께마셍

▶ 다음 달까지 연기해 주실 수 없습니까?

来月(らいげつ)まで延(の)ばしていただけませんか。

라이게쯔마데 노바시떼 이따다께마센까

▶ 정말로 미안합니다만, 약속을 지킬 수 없습니다.

本当(ほんとう)にすみませんが、お約束(やくそく)が果(は)たせません。

혼또-니 스미마셍가 오약소꾸가 하따세마셍

▶ 폐가 되지 않다면 괜찮겠습니까?

ご迷惑(めいわく)にならなければよろしいのですか。

고메-와꾸니 나라나께레바 요로시-노데스까

単語 別(べつ)の日(ひ) 베쯔노히 다른 날 急用(きゅうよう) 큐-요- 급한 일 来月(らいげつ) 라이게쯔 다음 달

Chapter

08 식사를 할 때

함께 식사를 하는 것도 상대와의 커뮤니케이션을 깊게 하는 데 절호의 기회이다. 여기서는 배가 고플 때는 おなかがすいた, 배가 부를 때는 おなかがいっぱいだ, 식욕이 없을 때는 食欲がありません, 음식이 맛있을 때는 おいしい, 맛이 없을 때는 まずい, 음식을 먹기 전에는 いただきます, 음식을 먹고 나서는 ごちそうさま 등의 기본적인 식사와 음식 표현에 관한 모든 것을 살펴보기로 하자.

DAY 040 함께 식사하기를 제안할 때

상대에게 정중하게 식사나 음료 등을 권유할 때 많이 쓰이는 표현으로는 ~でもいかがですか(~라도 하시겠습니까?)가 있다. 유용하게 쓰이므로 잘 익혀 두도록 하자.

▶ 점심, 함께 안 할래요?

昼食(ちゅうしょく)、一緒(いっしょ)にしませんか。

츄-쇼꾸 잇쇼니 시마센까

▶ 밖에서 뭐라도 간단히 먹읍시다.

外(そと)で何(なに)か簡単(かんたん)に食(た)べましょう。

소또데 나니까 간딴니 다베마쇼

▶ 이 가게에서 초밥이라도 먹읍시다.

この店(みせ)で寿司(すし)でも食(た)べましょう。

고노 미세데 스시데모 다베마쇼

▶ 오늘 저녁은 제가 내겠습니다.

今夜(こんや)は私(わたし)のおごりです。

공야와 와따시노 오고리데스

単語 昼食(ちゅうしょく) 츄-쇼꾸 점심 一緒(いっしょ)に 잇쇼니 함께 食(た)べる 다베루 먹다

DAY 041

식사를 권할 때

식사가 나오면 주인은 손님에게 식사할 것을 권한다. 이때 손님은 いただきます(잘 먹겠습니다)라고 말하고 요리를 칭찬하는 것도 잊지 말도록 하자.

▶ 자 어서, 마음껏 먹으세요.

さあどうぞ、ご自由(じゆう)に食(た)べてください。

사- 도-조 고지유-니 다베떼 구다사이

▶ 잘 먹겠습니다.

いただきます。

이따다끼마스

▶ 따뜻할 때 드십시오.

温(あたた)かいうちに召(め)し上(あ)がってください。

아따따까이 우찌니 메시아갓떼 구다사이

▶ 고기를 좀 더 드시겠습니까?

肉(にく)をもう少(すこ)しいかがですか。

니꾸오 모- 스꼬시 이까가데스까

▶ 아뇨 됐습니다. 많이 먹었습니다.

いや結構(けっこう)です。十分(じゅうぶん)いただきました。

이야 겟꼬-데스 쥬-분 이따다끼마시따

単語 温(あたた)かい 아따따까이 따뜻한 肉(にく) 니꾸 고기 もう少(すこ)し 모-스꼬시 좀 더

DAY 042 식사를 마칠 때

요리가 나오고 식사를 하기 전에는 음식을 만든 사람에게 감사의 뜻으로 いただきます라고 하며, 식사를 다 마쳤을 때는 ごちそうさまでした라고 하며, 줄여서 ごちそうさま라고도 한다.

▶ 잘 먹었습니다.

ごちそうさまでした

고찌소-사마데시따

▶ 많이 먹었습니다.

たっぷりいただきました。

답뿌리 이따다끼마시따

▶ 배가 부릅니다. 더 이상 한 입도 먹지 못하겠습니다.

おなかがいっぱいです。これ以上(いじょう)一口(ひとくち)も食(た)べられません。

오나까가 입빠이데스 고레 이죠- 히또쿠찌모 다베라레마셍

▶ 모두 정말로 맛있게 먹었습니다.

何(なに)もかも実(じつ)においしくいただきました。

나니모까모 지쓰니 오이시꾸 이따다끼마시따

▶ 멋진 저녁이었습니다.

すばらしい夕食(ゆうしょく)でした。

스바라시- 유-쇼꾸데시따

単語 おいしい 오이시- 맛있다 一口(ひとくち) 히또쿠찌 한 입 実(じつ)に 지쓰니 정말로, 실제로

DAY

043 음료를 마실 때

대화를 부드럽게 하거나 손님을 응대할 때 등 상대방과의 음료를 마시는 상황에 따라 다양한 표현이 있으므로 자주 사용되는 표현들을 잘 익혀서 상황에 맞게 사용해 보자.

▶ 커피를 한 잔 마실까요?

コーヒーを一杯(いっぱい)飲(の)みましょうか。

코-히-오 입빠이 노미마쇼-까

▶ 커피와 홍차 중에 어느 것을 좋아합니까?

コーヒーと紅茶(こうちゃ)とどちらが好(す)きですか。

코-히-또 코-쨔또 도찌라가 스끼데스까

▶ 커피입니다. 향기를 매우 좋아합니다.

コーヒーです。香(かお)りがとても好(す)きです。

코-히-데스 가오리가 도떼모 스끼데스

▶ 신선한 토마토 주스가 좋겠군요.

新鮮(しんせん)なトマトジュースのほうがいいですね。

신센나 토마또 쥬-스노 호-가 이-데스네

▶ 뜨거운 커피와 아이스커피 중에 어느 것으로 하겠습니까?

ホットとアイスのどちらにしますか。

홋또또 아이스노 도찌라니 시마스까

単語 飲(の)む 노무 마시다 紅茶(こうちゃ) 코-짜 홍차 香(かお)り 가오리 향기 新鮮(しんせん) 신센 신선

Part 3

유창한 대화를 위한 표현

일본인들은 상대방의 부탁이나 제안에 대해, 아무리 싫더라도 직설적으로 いいえ(아니오), いやです(싫습니다), できません(할 수 없습니다), だめです(안 됩니다) 등의 말들을 사용하지 않는다. 이런 말들을 사용하는 대신 조심스럽게 자기가 거절할 수밖에 없는 이유를 설명하면, 대부분의 일본인들은 상대의 거절 의사를 눈치 채고 부탁이나 제안을 스스로 거두어들인다.

Chapter

01 질문을 할 때

각 장면에 따라 적절한 질문이 가능한지 또는 상대의 공감을 얻을 수 있는 말을 어느 정도 재빨리 할 수 있는지에 따라 회화의 능력을 판가름할 수 있다. 의문이나 질문을 나타내는 조사로는 か가 있으며, 그밖에 친분이나 상하, 또는 남녀에 따라 ね, わ, の, い 등이 쓰인다. 의문사로는 なに, だれ, どの, どちら, どこ 등이 있으며, 이유나 방법을 물을 때 쓰이는 どうして, なぜ가 있다.

DAY 044 질문할 때 쓰이는 의문사(なに)

何는 무엇인지 확실하지 않을 때 묻는 의문사로 우리말의 '무엇'에 해당하며, 뒤에 오는 발음에 따라 なに, なん으로 읽는다. 또한 숫자를 나타내는 말 앞에서는 '몇'으로 해석한다.

▶ 지금 무얼 하고 있습니까?

今(いま)、何(なに)をしてるんですか。

이마 나니오 시떼룬데스까

▶ 무엇부터 시작할까요?

何(なに)から始(はじ)めましょうか。

나니까라 하지메마쇼-까

▶ 무슨 용건이시죠?

何(なん)のご用件(ようけん)でしょうか。

난노 고요-껜데쇼-까

▶ 그건 몇 층에 있습니까?

それは何階(なんがい)にありますか。

소레와 낭가이니 아리마스까

単語 始(はじ)める 하지메루 시작하다 用件(ようけん) 요-껜 용건 階(かい) 까이 층

DAY 045

질문할 때 쓰이는 의문사(だれ・どなた・どれ)

だれ는 모르는 사람을 지칭할 때 쓰이는 의문사로 우리말의 '누구'에 해당하며 이보다 정중한 말로는 どなた(어느 분)가 있다. どれ는 사물을 가리키는 의문사로 '어느 것'을 뜻한다.

▶ 누구를 추천할까요?

誰(だれ)を推薦(すいせん)しましょうか。

다레오 스이센시마쇼-까

▶ 누구한테 그 이야기를 들었습니까?

誰(だれ)からその話(はなし)を聞(き)いたのですか。

다레까라 소노 하나시오 기이따노데스까

▶ 누구와 마시고 싶니?

誰(だれ)と飲(の)んでみたい?

다레또 논데 미따이

▶ 누구십니까?

どなたさまでしょうか。

도나따사마데쇼-까

▶ 어느 것으로 하겠어요?

どれにしますか。

도레니 시마스까

単語 推薦(すいせん) 스이센 추천　誰(だれ) 다레 누구　どなたさま 도나따사마 어느 분, 누구

DAY 046 질문할 때 쓰이는 의문사(どう・どうして)

どう는 방법을 물을 때 쓰이는 부사어로 우리말의 '어떻게'에 해당한다. どうして는 이유를 물을 때 쓰이는 말로 なぜ와 같은 의미로 쓰이지만, 방법에 초점이 있다.

▶ 주말은 어떻게 보낼 예정입니까?

週末(しゅうまつ)はどう過(す)ごすつもりですか。

슈-마쯔와 도- 스고스 쯔모리데스까

▶ 오늘 날씨는 어떻습니까?

今日(きょう)の天気(てんき)はどうなんですか。

쿄-노 텡끼와 도-난데스까

▶ 차는 어떻게 드시겠습니까?

お茶(ちゃ)はどのようになさいますか。

오쨔와 도노요-니 나사이마스까

▶ 여기에서의 생활은 어떻습니까?

ここでの生活(せいかつ)はどうですか。

고꼬데노 세-까쯔와 도-데스까

▶ 왜 그런 말을 하니?

どうしてそんなこと言(い)うの?

도-시떼 손나 고또 이우노

単語 過(す)ごす 스고스 (시간을) 보내다 生活(せいかつ) 세-까쯔 생활

DAY 047 질문할 때 쓰이는 의문사(いくら・どの)

いくら는 불확실한 정도, 수량, 값을 나타내는 의문사로 우리말의 '얼마, 어느 정도'에 해당한다. どの는 '어느, 어떤'을 나타내는 연체사로 분명치 않은 것을 나타낸다.

▶ 전부 해서 얼마입니까?

全部(ぜんぶ)でいくらですか。

젬부데 이꾸라데스까

▶ 이 비디오는 얼마에 샀습니까?

このビデオはいくらで買(か)ったのですか。

고노 비데오와 이꾸라데 갓따노데스까

▶ 거리는 여기에서 어느 정도입니까?

距離(きょり)はここからどのくらいですか。

쿄리와 고꼬까라 도노쿠라이데스까

▶ 시간은 어느 정도 걸립니까?

時間(じかん)はどのくらいかかりますか。

지깡와 도노쿠라이 가까리마스까

▶ 서울에는 어느 정도 머무르십니까?

ソウルにはどのくらい滞在(たいざい)されますか。

소우루니와 도노쿠라이 타이자이사레마스까

単語 全部(ぜんぶ) 젬부 전부 距離(きょり) 쿄리 거리 ソウル 소우루 서울

DAY 048 질문할 때 쓰이는 의문사(いつ)

いつ는 때를 물을 때 쓰이는 의문사로 우리말의 '언제, 어느 때'에 해당한다.

▶ 생일은 언제입니까?

誕生日(たんじょうび)はいつですか。

탄죠-비와 이쯔데스까

▶ 언제 여기로 이사를 왔습니까?

いつここへ引越(ひっこ)して来(き)たのですか。

이쯔 고꼬에 힉꼬시떼 기따노데스까

▶ 언제쯤 완성되겠습니까?

いつごろ出来上(できあ)がりますか。

이쯔고로 데끼아가리마스까

▶ 이 좋은 날씨가 언제까지 계속될까?

このいい天気(てんき)はいつまで続(つづ)くかな。

고노 이- 텡끼와 이쯔마데 쯔즈꾸까나

▶ 언제까지 서류를 완성할 예정입니까?

いつまでに書類(しょるい)はできる予定(よてい)ですか。

이쯔마데니 쇼루이와 데끼루 요떼-데스까

単語 引越(ひっこ)し 힉꼬시 이사　出来上(できあ)がり 데끼아가리 완성　続(つづ)く 쯔즈꾸 계속되다

049 질문할 때 쓰이는 의문사(どちら・どこ)

どちら(어느 쪽)는 방향을 나타내는 의문사로 장소를 나타내는 どこ(어디)보다 정중한 말이다. 또한 どちら는 사람을 가리킬 때는 だれ보다 정중한 표현으로 쓰인다.

▶ 고국(고향)은 어딥니까?

お国(くに)はどちらですか。

오꾸니와 도찌라데스까

▶ 일본의 어디에서 태어났습니까?

お生(う)まれは日本(にほん)のどちらですか。

오우마레와 니혼노 도찌라데스까

▶ 어디에 사십니까?

どちらにお住(す)まいですか。

도찌라니 오스마이데스까

▶ 어디에 근무하십니까?

どちらへお勤(つと)めですか。

도찌라에 오쓰또메데스까

▶ 실례합니다만, 남성용 화장실은 어디에 있습니까?

失礼(しつれい)ですが、男性用(だんせいよう)のトイレはどこにありますか。

시쯔레-데스가 단세-요-노 토이레와 도꼬니 아리마스까

単語 国(くに) 꾸니 나라, 고향 生(う)まれ 우마레 태어남 男性(だんせい) 단세- 남성

DAY

050 그밖의 질문 표현

なぜ·なんで·どうして는 원인과 이유를 묻는 데는 거의 같은 뜻인데, なんで는 회화체이고, 반어적인 용법으로도 쓰인다. 또 どうして는 수단이나 방법을 뜻하기도 한다.

▶ 예를 들면?

たとえば?

다또에바

▶ 이 단어의 뜻을 압니까?

この単語(たんご)の意味(いみ)がわかりますか。

고노 당고노 이미가 와까리마스까

▶ 이 한자는 어떻게 읽니?

この漢字(かんじ)はどのように読(よ)むの?

고노 칸지와 도노 요-니 요무노

▶ 이것과 이것의 차이는 무엇입니까?

これとこれの違(ちが)いは何(なん)ですか。

고레또 고레노 치가이와 난데스까

単語 単語(たんご) 당고 단어 漢字(かんじ) 칸지 한자 読(よ)む 요무 읽다 違(ちが)い 치가이 차이

Chapter 02 응답을 할 때

긍정의 감탄사로는 うん → ええ → はい이 있으며, 부정의 감탄사로는 ううん → いや → いいえ이 있다. 이것은 화살표 순으로 존경의 경중을 나타낸 것이다. 다른 사람의 말을 긍정할 때는 そうです, 부정할 때는 ちがいます라고 한다. 흔히 そうです의 부정형인 そうではありません이라고 하기 쉬우나 そうではありません은 좀 더 구체적으로 지적해서 부정할 때 쓰며, 단순히 사실과 다르다고 할 때는 ちがいます라고 한다.

DAY 051 긍정응답의 표현

상대의 말에 긍정을 할 때 쓰이는 대표적인 감탄사로는 はい(예)가 있으며, 가볍게 말할 때는 ええ, うん(응)으로 표현한다. 그 밖의 긍정 표현으로는 そうです(그렇습니다)가 있다.

▶ 네, 그렇습니다.

はい、そうです。

하이 소-데스

▶ 네, 알겠습니다.

はい、<ruby>分<rt>わ</rt></ruby>かりました。

하이 와까리마시따

▶ 네, 간 적이 있습니다.

はい、<ruby>行<rt>い</rt></ruby>ったことがあります。

하이 잇따 고또가 아리마스

▶ 네, 정말입니다.

はい、<ruby>本当<rt>ほんとう</rt></ruby>です。

하이 혼또-데스

単語 <ruby>分<rt>わ</rt></ruby>かる 와까루 알다 <ruby>本当<rt>ほんとう</rt></ruby> 혼또- 정말

DAY

052 부정응답의 표현

상대의 의견이나 제안에 관해 부정할 때 쓰이는 감탄사로는 いいえ(아니오)가 있으며, 가볍게 말할 때는 いや(아니), ううん(아냐)이 있다. 그 밖의 부정 표현으로는 ちがいます(다릅니다)가 있다.

▶ 아뇨, 그렇지 않습니다.

いいえ、そうじゃありません。

이-에 소-쟈 아리마셍

▶ 아뇨, 아직입니다.

いいえ、まだです。

이-에 마다데스

▶ 아뇨, 다릅니다.

いいえ、違(ちが)います。

이-에 치가이마스

▶ 아뇨, 이제 됐습니다.

いいえ、もう結構(けっこう)です。

이-에 모- 겟꼬-데스

▶ 아뇨, 좋아합니다.

いいえ、好(す)きです。

이-에 스끼데스

単語 結構(けっこう) 겟꼬- 충분, 제법

DAY 053 권유나 허락의 요구에 긍정할 때

상대방과의 대화 도중에 상대방의 권유나 요청하는 사항 등에 긍정적인 반응을 할 필요가 있을 경우 대표적으로 どうぞ(그렇게 하세요)라는 표현을 쓴다. 상황에 따라 다양한 표현이 있으므로 자주 사용되는 표현들을 잘 익혀서 상황에 맞게 사용해 보자.

▶ 예, 그렇게 하세요.

ええ、どうぞ。

에- 도-조

▶ 네, 좋아요.

はい、いいですよ。

하이 이-데스요

▶ 네, 그렇게 하십시오.

はい、どうぞ。

하이 도-조

▶ 예, 괜찮습니다.

ええ、かまいません。

에- 가마이마셍

▶ 자, 쓰십시오.

どうぞお使(つか)いください。

도-조 오쯔까이 구다사이

単語 使(つか)い 쯔까이 사용

DAY 054 권유나 허락의 요구에 부정할 때

상대방과의 대화 도중에 상대방의 권유나 요청하는 사항 등에 부정적인 반응을 할 필요가 있을 경우 다양한 표현이 있지만 すみません(미안합니다)를 붙여 주는 것이 매우 부드럽다.

▶ 아뇨, 안 됩니다.

いや、だめです。

이야 다메데스

▶ 미안합니다. 안 됩니다.

すみません、だめです。

스미마셍 다메데스

▶ 미안합니다, 제가 쓰려고 생각하고 있습니다.

すみません、自分(じぶん)で使(つか)おうと思(おも)ってるんです。

스미마셍 지분데 쓰까오-또 오못떼룬데스

▶ 그렇게 하지 마세요.

そうしないでください。

소- 시나이데 구다사이

▶ 아니오, 삼가 주세요.

いいえ、ご遠慮(えんりょ)ください。

이-에 고엔료 구다사이

単語 自分(じぶん) 지분 자신 遠慮(えんりょ) 엔료 사양, 삼가

Chapter

03 맞장구를 칠 때

대화는 반드시 상대가 있기 마련이다. 상대와의 호흡을 맞추기 위해서는 상대방의 의견을 존중하며 그에 동의를 표시하는 것이 맞장구이다. 맞장구는 상대의 이야기를 잘 듣고 있으니 계속하라는 의사 표현이기 때문이다. 주로 쓰이는 자연스러운 맞장구로는 そうですか, なるほど, そのとおりです 등이 있으며, 의문을 갖거나 믿어지지 않을 때 사용하는 맞장구로는 ほんと？와 うそ？등이 있습니다.

DAY 055 상대의 말에 의문을 갖고 맞장구칠 때

そうですか는 상대의 말에 적극적인 관심을 피력할 때 쓰이는 표현으로 우리말의 '그렇습니까?'에 해당한다. 친구나 아랫사람이라면 가볍게 끝을 올려서 そう?나 そうなの?로 표현하면 적절하다.

▶ 그렇습니까?

そうですか。

소-데스까

▶ 그랬습니까?

そうでしたか。

소-데시따까

▶ 앗, 정말이세요?

あっ、本当(ほんとう)ですか。

앗 혼또-데스까

▶ 그래요? 몰랐습니다.

そうですか、知(し)りませんでした。

소-데스까 시리마센데시따

単語 本当(ほんとう) 혼또- 정말

DAY 056

자연스럽게 맞장구칠 때

そのとおりです는 상대의 말이 자신의 생각과 일치되거나 할 때 적극적으로 맞장구를 치는 표현으로 다른 말로 おっしゃるとおりです(말씀하신 대로입니다)라고도 한다.

▶ 과연.

なるほど。

나루호도

▶ 맞습니다.

そのとおりです。

소노 도-리데스

▶ 저도 그렇게 생각해요.

わたしもそう思(おも)いますね。

와따시모 소- 오모이마스네

▶ 글쎄, 그렇게도 말할 수 있겠군요.

まあ、そうも言(い)えるでしょうね。

마- 소-모 이에루데쇼-네

▶ 그렇군요.

そうなんですよね。

소-난데스요네

単語 思(おも)う 오모우 생각하다

DAY 057

상대의 말에 동감을 표시할 때

상대방과의 대화 도중에 상대방의 말에 동감을 표시할 상황에 따라 다양한 표현이 있으므로 자주 사용되는 표현들을 잘 익혀서 상황에 맞게 사용해 보자.

▶ 저도 그렇습니다.

私(わたし)もそうなんです。

와따시모 소-난데스

▶ 저도 그렇게 생각합니다.

私(わたし)もそう思(おも)います。

와따시모 소- 오모이마스

▶ 전적으로 동감입니다.

まったく同感(どうかん)です。

맛따꾸 도-깐데스

▶ 저도 못합니다.

私(わたし)にもできません。

와따시니모 데끼마셍

▶ 그렇습니까, 저도 그렇습니다.

そうですか、私(わたし)もです。

소-데스까 와따시모데스

単語 まったく 맛따꾸 전적으로 同感(どうかん) 도-깐 동감

Chapter
04 되물음과 이해를 나타낼 때

자세한 설명을 원할 때는 くわしく説明してくださいа라고 하면 된다. 이처럼 상대의 설명을 잘 이해하지 못하거나 구체적인 설명이 필요할 때는 상대에게 분명하게 의뢰하여 의사소통에 오해의 소지가 없도록 해야 한다. 상대의 설명을 이해했을 때는 わかりました를 쓰지만, 보다 정중하게 承知しました나 かしこまりました를 쓰는 것이 좋으며, 이해하지 못했을 때도 わかりません보다는 わかりかねます로 하는 게 좋다.

DAY 058 되물을 때

상대의 말을 잘 알아듣지 못했거나 이해하지 못했을 때 다시 물어 상대의 말을 정확히 이해하는 방법을 망설임 없이 입에서 자연스럽게 나올 때까지 익혀 두자.

▶ 예(뭐죠)?

はい?

하이

▶ 뭡니까?

何(なん)ですか。

난데스까

▶ 미안합니다, 뭐라고 하셨습니까?

すみません、何(なん)と言(い)ったのですか。

스미마셍 난또 잇따노데스까

▶ 잘 모르겠습니다만.

よくわからないのですが。

요꾸 와까라나이노데스가

単語 よく 요꾸 잘

DAY 059 다시 한 번 말해 달라고 할 때

상대의 말이 빠르거나 발음이 분명하게 들리지 않을 때, 또는 이해하기 힘들 때 실례가 되지 않도록 정중하게 다시 한 번 말해 달라고 부탁해 보자.

▶ 다시 한 번 말해 주겠어요?

もう一度(いちど)言(い)ってくれますか。

모- 이찌도 잇떼 구레마스까

▶ 미안합니다. 다시 한 번 말씀해 주시겠습니까?

すみません、もう一度(いちど)言(い)ってくださいませんか。

스미마셍 모- 이찌도 잇떼 구다사이마센까

▶ 못 알아듣겠습니다. 다시 한 번 부탁합니다.

聞(き)き取(と)れません。もう一度(いちど)お願(ねが)いします。

기끼토레마셍 모- 이찌도 오네가이시마스

▶ 너무 빨라서 모르겠습니다. 천천히 말해 주겠어요?

速(はや)すぎてわかりません。ゆっくり話(はな)してくれませんか。

하야스기떼 와까리마셍 육꾸리 하나시떼 구레마센까

▶ 더 확실히 말해 주겠어요?

もっとはっきり話(はな)してくれますか。

못또 학끼리 하나시떼 구레마스까

単語 速(はや)すぎ 하야스기 너무 빠름 ゆっくり 육꾸리 천천히

DAY **060**

이해가 안 될 때

わかる와 知る는 우리말의 '알다'로 해석되는 동사이지만, わかる는 듣거나 보거나 해서 이해하는 의미로 쓰이며, 知る는 학습이나 외부로부터의 지식을 획득하여 안다는 의미로 쓰인다.

▶ 모르겠습니다.

分(わ)かりません。

와까리마셍

▶ 정말로 모르겠어요.

本当(ほんとう)に知(し)らないんです。

혼또-니 시라나인데스

▶ 도무지 모르겠습니다.

さっぱり分(わ)かりません。

삽빠리 와까리마셍

▶ 조사해 봐야 알겠습니다.

調(しら)べてみないと分(わ)かりません。

시라베떼 미나이또 와까리마셍

▶ 그건 금시초문인데요.

それは初耳(はつみみ)ですね。

소레와 하쯔미미데스네

単語 さっぱり 삽빠리 도무지 調(しら)べ 시라베 조사 初耳(はつみみ) 하쯔미미 금시초문

Chapter
05 제안과 권유를 할 때

여기서는 무언가를 상대에게 제안하거나 권유할 때 쓰이는 표현을 익히게 된다. 사용 빈도가 높으므로 입에서 곧바로 나올 때까지 익혀 두어야 한다. 일본어에서 상대에게 제안이나 권유를 할 때 가장 많이 쓰이는 표현으로는 どうですか와 いかがですか가 있다. いかがですか는 どうですか보다 정중한 표현이다. 또한 구체적인 행위에 대한 권유나 제안을 할 때는 ~ましょうか나 ~するのはどうですか가 쓰인다.

DAY 061 제안·권유를 할 때

상대에게 뭔가 행동을 제안할 때는 보통 ~ます의 권유형인 ~ましょう로 표현하며, 친구 사이라면 동사의 의지형인 ~う(よう)로 표현한다.

▶ 제안이 있는데요.

提案(ていあん)があるんですが。

데-앙가 아룬데스가

▶ 도와줄까요?

手伝(てつだ)いましょうか。

데쓰다이마쇼-까

▶ 정하기 전에 다시 한 번 생각해 보세요.

決(き)める前(まえ)にもう一度(いちど)よく考(かんが)えてみてください。

기메루 마에니 모- 이찌도 요꾸 강가에떼 미떼 구다사이

▶ 이건 어떻습니까?

これはいかがですか。

고레와 이까가데스까

単語 提案(ていあん) 데-앙 제안 決(き)める 기메루 정하다

DAY 062 제안·권유를 받아들일 때

상대의 의견이나 제안 등에 동의나 찬성을 나타낼 때 쓰이는 표현으로는 賛成です(찬성입니다), まったく同感です(전적으로 동감입니다) 등이 있다.

▶ 기꺼이.

喜(よろこ)んで。

요로꼰데

▶ 부디 마음대로.

どうぞご自由(じゆう)に。

도-조 고지유-니

▶ 알겠습니다.

かしこまりました。

가시꼬마리마시따

▶ 말씀하신 대로 하겠어요.

おっしゃるとおりにします。

옷샤루 도-리니 시마스

▶ 나에게 맡겨 주세요.

私(わたし)に任(まか)せてください。

와따시니 마까세떼 구다사이

単語 自由(じゆう) 지유- 자유 任(まか)せて 마까세떼 맡겨

DAY 063

제안·권유를 거절할 때

상대의 의견이나 견해에 대해 직접적으로 反対です(반대입니다)라고 하는 것보다는 완곡하게 私はそうは思いません(저는 그렇게 생각하지 않습니다)라고 하는 게 상대의 마음을 상하지 않게 하는 것이다.

▶ 그렇게 할 수 있으면 좋겠지만…….

そうできればいいんだけど……。

소- 데끼레바 이인다께도

▶ 아니오, 됐습니다.

いいえ、けっこうです。

이-에 겟꼬데스

▶ 죄송하지만, 저는 도움이 되어 드릴 수 없습니다.

お気(き)の毒(どく)ですが、私(わたし)は力(ちから)になれません。

오끼노 도꾸데스가 와따시와 치까라니 나레마셍

▶ 유감스럽게도 급한 일이 들어왔습니다.

残念(ざんねん)ながら、急用(きゅうよう)が入(はい)ってしまいました。

잔넨나가라 큐-요-가 하잇떼 시마이마시따

▶ 다른 용무가 있어서.

ほかに用事(ようじ)があるので。

호까니 요-지가 아루노데

単語 気(き)の毒(どく) 끼노 도꾸 가여움, 미안함 力(ちから) 치까라 힘 用事(ようじ) 요-지 용무

Chapter

06 부탁과 허락을 구할 때

상대에게 부탁을 할 때는 명령적인 어투에서 정중한 어투에 이르기까지 때와 장소에 따라서 적절한 사용법을 익혀 둘 필요가 있다. 우리가 잘 알고 있는 대표적인 의뢰 표현인 ~てください는 상대에게 직접적으로 행동할 것을 요구하는 것이므로 경우에 따라서는 불쾌감을 줄 수 있으므로 상대의 기분을 거슬리지 않는 ~ていただけませんか, ~てくださいませんか 등처럼 완곡한 의뢰나 요구 표현을 쓰는 것이 좋다.

DAY 064 부탁할 때

상대방에게 무언가를 부탁할 때 가장 많이 쓰이는 표현으로는 お願いします(부탁합니다)가 있으며, 그밖에 의뢰나 요구 표현인 ~てください(~해 주세요)등이 있다.

▶ 부탁이 있는데요.

お願(ねが)いがあるんですが。

오네가이가 아룬데스가

▶ 잠깐 괜찮겠어요?

ちょっといいですか。

촛또 이-데스까

▶ 펜을 빌려주시지 않겠어요?

ペンを貸(か)していただけませんか。

펭오 가시떼 이따다께마센까

▶ 좀 여쭙고 싶은데요.

ちょっとお聞(き)きしたいのですが。

촛또 오키끼시따이노데스가

単語 願(ねが)い 네가이 부탁, 소원　ペン 펭 펜　貸(か)して 가시떼 빌려

DAY 065 부탁을 받았을 때

남이 나에게 또는 나와 가까운 사람에게 행동을 '~해 주다'라고 표현할 때는 상대의 경중에 따라 ~てくれ → ~てくださいで 표현하는데, 이는 직접적이기 때문에 좀 더 부드럽게 하기 위해서는 ~てくれない → ~てくださいませんか로 표현한다.

▶ 무슨 일이죠?

何(なん)でしょうか。

난데쇼-까

▶ 무슨 문제라도?

何(なに)か問題(もんだい)でも?

나니까 몬다이데모

▶ 먼저 하세요.

お先(さき)にどうぞ。

오사끼니 도-조

▶ 할게.

するよ。

스루요

▶ 알았어!

了解(りょうかい)!

료-까이

単語 先(さき) 사끼 먼저 了解(りょうかい) 료-까이 이해

DAY 066

대답을 보류할 때

부탁이나 의뢰를 거절할 때는 상대의 마음을 배려해야 하므로 일정한 기술이 필요하다. 상대의 질문이나 제안에 그 자리에서 결정을 하지 않고 일단 보류할 때는 우리와 마찬가지로 考えてみるよ(생각해 볼게)라고 한다.

▶ 생각 좀 하겠습니다.

考(かんが)えさせてください。

강가에사세떼 구다사이

▶ 생각할 시간을 주세요.

考(かんが)える時間(じかん)をください。

강가에루 지깡오 구다사이

▶ 생각해 보겠습니다.

考(かんが)えておきます。

강가에떼 오끼마스

▶ 하룻밤 생각하게 해 주세요.

一晩(ひとばん)考(かんが)えさせてください。

히또방 강가에사세떼 구다사이

▶ 검토해 보겠습니다.

検討(けんとう)してみます。

겐또-시떼 미마스

一晩(ひとばん) 히또방 하룻밤 検討(けんとう) 겐또- 검토

DAY **067** ## 허락을 구할 때

상대에게 허락을 구할 때 가장 일반적인 표현은 ~てもいいですか(~해도 되겠어요?)이다. 그밖에 ~てもかまわない(~해도 상관없다), ~ても差し支えない(~해도 지장이 없다) 등이 있다.

▶ 들어가도 됩니까?

入(はい)ってもいいですか。

하잇떼모 이-데스까

▶ 여기에 앉아도 됩니까?

ここに座(すわ)ってもいいですか。

고꼬니 스왓떼모 이-데스까

▶ 창문을 열어도 될까요?

窓(まど)を開(あ)けてもいいですか。

마도오 아께떼모 이-데스까

▶ 여기서 담배를 피워도 될까요?

ここでタバコを吸(す)ってもいいですか。

고꼬데 다바꼬오 슷떼모 이-데스까

▶ 여기서 사진을 찍어도 됩니까?

ここで写真(しゃしん)を撮(と)ってもよろしいですか。

고꼬데 샤싱오 돗떼모 요로시-데스까

単語 窓(まど) 마도 창문 タバコ 다바꼬 담배 写真(しゃしん) 샤싱 사진 撮(と)って 돗떼 찍어

DAY 068

허락할 때

승낙할 때는 いいですよ(좋아요)라고 하며, どうぞ는 허락을 구할 때 허락을 하는 표현으로 상황에 따라 앉으세요, 가세요, 하세요 등으로 다양하게 쓰일 수 있다.

▶ 좋아요.

いいですよ。

이-데스요

▶ 네가 상관하지 않으면.

君(きみ)がかまわなければ。

기미가 가마와 나께레바

▶ 지장이 없으면…….

差(さ)し支(つか)えなければ……。

사시쓰까에 나께레바

▶ 예, 하세요.

ええ、どうぞ。

에- 도-조

▶ 이제 돌아가도 돼.

もう帰(かえ)ってもいいよ。

모- 가엣떼모 이-요

単語 君(きみ) 기미 자네, 너 差(さ)し支(つか)え 사시쓰까에 지장, 장애

DAY 069

허락하지 않을 때

상대의 부탁을 들어줄 수 없을 때는 가능하면 기분이 나쁘지 않도록 적당한 핑계를 대야 하고, 단호하게 부탁을 거절할 때는 だめです(안 됩니다)라고 하면 된다.

▶ 유감스럽지만 안 됩니다.

残念(ざんねん)ながらだめです。

잔넨나가라 다메데스

▶ 가능하면 그만두세요.

できれば止(や)めてください。

데끼레바 야메떼 구다사이

▶ 아냐! 안 돼!

いや! だめ!

이야 다메

▶ 아직 안 돼.

まだだめだ。

마다 다메다

▶ 지금은 안 돼. 나중에.

今(いま)はだめだ。あとでね。

이마와 다메다 아또데네

単語 残念(ざんねん) 잔넨 유감 止(や)める 야메루 멈추다

Chapter

07 재촉하거나 화제를 바꿀 때

잠깐 말이 막히거나 생각을 하면서 말하거나 할 때의 연결 표현은 상대의 기분을 거슬리지 않기 위해서도 매우 중요하고 회화에서 가장 기본적인 기술의 하나라고 할 수 있다. あのう, ~은 대화에서 침묵을 피할 때 적절하게 쓸 수 있는 표현이다. 이건 ちょっと待ってください(잠시 기다려 주십시오)에 해당하는 대화의 연결 표현이므로 자연스럽게 말하면서 다음 말을 생각하도록 하자.

DAY 070 재촉할 때

여기서는 상대가 머뭇거리거나 말하기를 꺼려할 때, 또는 자세한 이야기를 해 주기를 재촉할 때 쓰이는 표현을 익히도록 하자.

▶ 뭔가 말해 줘.

何(なん)か言(い)ってよ。

낭까 잇떼요

▶ 더 자세히 알고 싶어.

もっと詳(くわ)しく知(し)りたいんだ。

못또 구와시꾸 시리따인다

▶ 여행은 어땠니?

旅行(りょこう)はどうだった?

료꼬-와 도-닷따

▶ 이야기를 계속하게.

話(はなし)を続(つづ)けてくれ。

하나시오 쓰즈께떼 구레

単語 詳(くわ)しく 구와시꾸 자세히 旅行(りょこう) 료꼬- 여행

DAY 071 화제를 바꿀 때

이야기가 지루하거나 분위기가 딱딱해지거나, 화제가 빗나가 엉뚱한 방향으로 흐를 때 화제를 바꿀 필요가 있다. 이때 흔히 쓰이는 일본어 표현으로는 冗談はさておいて(농담은 그만하고), それはそうと(그건 그렇고) 등이 많이 쓰인다.

▶ 화제를 바꾸자.

話題(わだい)を変(か)えよう。

와다이오 가에요

▶ 본제로 돌아갑시다.

本題(ほんだい)に戻(もど)りましょう。

혼다이니 모도리마쇼

▶ 그 이야기는 지금 하고 싶지 않아.

そのことは今話(いまはな)したくないんだ。

소노 고또와 이마 하나시따꾸 나인다

▶ 그 이야기는 나중에 하자.

そのことはあとで話(はな)そう。

소노 고또와 아또데 하나소

▶ 농담은 그만하고…….

冗談(じょうだん)はさておいて……。

죠-당와 사떼오이떼…

単語 話題(わだい) 와다이 화제 本題(ほんだい) 혼다이 본론 冗談(じょうだん) 죠-당 농담

Part 3 유창한 대화를 위한 표현

Chapter
08 주의를 주거나 충고를 할 때

조언이나 충고를 하는 표현에는 ~なさい처럼 명령조로 하는 것부터 ~するほうがいいのではないでしょうか처럼 완곡하게 표현하는 경우에 이르기까지 여러 가지 표현이 가능하다. 충고나 주의는 충고를 받는 사람의 입장에 따라서 언짢게 들릴 수도 있으므로 상대의 입장을 충분히 파악한 다음 가능하면 직접적으로 충고나 조언을 하는 것보다 우회적으로 하는 것이 좋다.

DAY 072 주의를 줄 때

상대가 잘못된 행동을 하고 있을 때, 또는 말의 실수나 정도가 지나칠 때 주의와 충고를 하게 된다. 보통 주의를 줄 때 쓰이는 표현이 気をつけて(조심해요)이다.

▶ 주의 좀 해 두겠습니다.

ちょっと注意(ちゅうい)しておきます。

촛또 츄-이시떼 오끼마스

▶ 조심해!

気(き)をつけて!

기오 쓰께떼

▶ 적당히 해.

手加減(てかげん)してよ。

데카겐시떼요

▶ 제멋대로 말하지 마.

自分勝手(じぶんかって)なことを言(い)うな。

지붕 갓떼나 고또오 이우나

単語 手加減(てかげん) 데카겐 적당 勝手(かって) 갓떼 마음대로

DAY 073

충고할 때

여기서는 상대의 잘못이나 실수, 잘못된 결정, 행동 등에 대해서 주의나 충고를 하면서 타이를 때 쓰이는 다양한 표현을 익히도록 하자.

▶ 중도에 포기하지 마.

中途半端(ちゅうとはんぱ)でやめるな。

츄-또함빠데 야메루나

▶ 그것을 하는 것은 너의 의무야.

それをするのが君(きみ)の義務(ぎむ)だ。

소레오 스루노가 기미노 기무다

▶ 잘 생각하고 결심해라.

よくよく考(かんが)えて決心(けっしん)しなさい。

요꾸요꾸 강가에떼 겟신 시나사이

▶ 분수를 몰라.

身(み)のほどを知(し)らない。

미노 호도오 시라나이

▶ 너에게 바라는 것은 좀 더 노력하는 것이야.

君(きみ)にほしいのはもう一歩(いっぽ)の努力(どりょく)だ。

기미니 호시-노와 모- 입뽀노 도료꾸다

単語 中途半端(ちゅうとはんぱ) 츄-또함빠 중도포기 義務(ぎむ) 기무 의무 決心(けっしん) 겟신 결심

패스트푸드 음식 ファスト・フードのたべもの
화스토·후-도노 다베모노

햄버거
hamburger
ハンバーガー
함바-가-

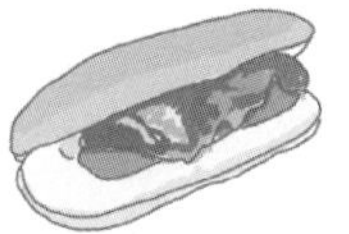

핫도그
hot dog
ホットドッグ
홋또독그

피자
pizza
ピザ
피자

프라이드 포테이토
French fries
フライド・ポテト
후라이도 포떼또

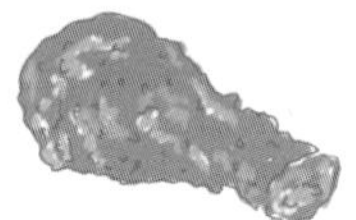

프라이드 치킨
fried chicken
フライド・チキン
후라이도 치킹

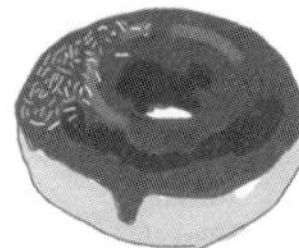

도넛
doughnut
ドーナツ
도-나쯔

아이스크림
ice cream
アイスクリーム
아이스쿠리-무

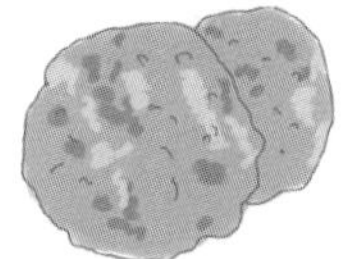

비스킷
biscuit
ビスケット
비스켓또

샐러드
salad
サラダ
사라다

샌드위치
sandwich
サンドイッチ
산도잇찌

Part 4

거리낌 없는 감정 표현

얼굴에 자신의 본심을 드러내지 않고 숨길 수 있는 능력이 일본에서는 어른의 자격 중의 하나이다. 일본인은 감정의 직접 표현, 특히 얼굴로 표현하는 것은 천박하고 실례되는 행동이라고 생각한다. 일반적으로 감정은 본심에서 나오는 것인데, 일본인은 본심을 혼네(본심에서 나오는 말 또는 행동)라고 하여 자신의 인격 중 가장 비밀스럽고 신중한 부분으로 생각한다.

Chapter

01 희로애락을 나타낼 때

기뻐하거나 화를 내거나 슬프거나 즐거운 감정을 표현하는 것은 자신의 감정을 잘 드러내지 않는 일본인에게 있어서 상당히 서투른 표현의 하나로, 영화를 보거나 소설을 읽을 때 상식적으로 필요한 것들이므로 잘 익혀 두어야 한다. 희로애락의 대표적인 일본어 감정 표현으로 기쁠 때는 うれしい!라고 하고, 화가 날 때는 みっともない!라고 하며, 슬플 때는 かなしい! 즐거울 때는 たのしい!라고 한다.

DAY 074 기쁘거나 즐거울 때

일본인과의 교제 중에 기쁜 일이나 즐거운 일이 있으면 다음과 같은 표현으로 자신의 감정을 표현해 보자. うれしい(기쁘다), たのしい(즐겁다), 最高だ(최고다) 등이 있다.

▶ 어머, 기뻐.

まあ、うれしい。

마- 우레시-

▶ 그거 다행이군요.

それはよかったですね。

소레와 요깟따데스네

▶ 됐다!

やったあ!

얏따

▶ 감동했습니다.

感動(かんどう)しました。

칸도-시마시따

単語 うれしい 우레시- 기쁘다 感動(かんどう) 칸도- 감동

DAY 075

화를 낼 때

일본 사람들은 좀처럼 겉으로 드러내고 화를 내지 않는다. 만약 화를 내거나 하면 마음속에 상당히 화가 나 있다고 생각해도 좋다. 우리말의 '화가 나다'의 관용적인 표현은 腹(はら)が立(た)つ이며, '화를 내다'는 腹を立(た)てる라고 한다.

▶ 너는 도대체 무슨 생각을 하는 거니?

君(きみ)はいったい何(なに)を考(かんが)えているんだ!

기미와 잇따이 나니오 강가에떼 이룬다

▶ 나에게 명령하지 마!

私(わたし)に命令(めいれい)しないで!

와따시니 메-레- 시나이데

▶ 바보 취급하지 마!

ばかにするな!

바까니 스루나

▶ 이제 참을 수 없어.

もう我慢(がまん)できないんだ。

모- 가만데끼나인다

▶ 그런 것은 잘 알고 있어.

そんなことは百(ひゃく)も承知(しょうち)だ。

손나 고또와 햐꾸모 쇼-찌다

単語 いったい 잇따이 도대체 命令(めいれい) 메-레- 명령 我慢(がまん) 가만 참음, 인내

DAY 076

화를 진정시킬 때

상대가 화가 나 있거나 잘못하여 안절부절못하고 있을 때 진정시키는 말로는 落ち着いてください(진정하세요)가 있다. 상대와 싸웠거나 말다툼을 하여 감정이 상했을 때는 화해(仲直り)를 해야 한다. 그래야 사이좋게(仲よく) 지낼 수 있기 때문이다.

▶ 진정해요!

落(お)ち着(つ)いて!

오찌쓰이떼

▶ 그렇게 정색하고 대들지 마.

そうむきになるなよ。

소- 무끼니 나루나요

▶ 그렇게 굳어 있지 마.

そんなにかたくならないで。

손나니 가따꾸 나라나이데

▶ 편히 해.

のんびりとやっていて。

놈비리또 얏떼이떼

▶ 당황할 필요는 없습니다.

あわてる必要(ひつよう)はないです。

아와떼루 히쯔요-와 나이데스

単語 落(お)ち着(つ)く 오찌쓰꾸 진정하다 むき 무끼 정색 のんびり 놈비리 편안하게

DAY 077

슬플 때

사람이 살아가면서 언제나 기쁨만 있는 것이 아니라 때로는 왠지 모르게 슬프거나(悲しい), 마음이 외롭거나(さびしい), 허무하고(むなしい), 우울할(ゆううつだ) 때가 있는 법이다.

▶ 가슴이 찢어지는 아픔이었어.

胸(むね)が張(は)り裂(さ)ける思(おも)いだった。

무네가 하리사께루 오모이닷따

▶ 나는 쭉 슬픔에 잠겼어.

私(わたし)はずっと悲(かな)しみにくれている。

와따시와 즛또 가나시미니 구레떼 이루

▶ 얼마나 무정한가!

なんと無情(むじょう)な!

난또 무죠-나

▶ 내 마음은 아무도 몰라.

私(わたし)の心(こころ)の内(うち)を誰(だれ)にもわからない。

와따시노 고꼬로노 우찌오 다레니모 와까라나이

単語 胸(むね) 무네 가슴 張(は)り裂(さ)ける 하리사께루 찢어지다 悲(かな)しみ 가나시미 슬픔

Chapter

02 여러 가지 감정을 나타낼 때

부끄러울 때는 はずかしい! (부끄럽다!), 의심이 들 때는 ほんとうなの? (정말이니?), 冗談でしょう? (농담이겠죠?) 등으로 말하고, 마음이 왠지 우울할 때는 ゆううつだ!(우울해!)라고 자신의 감정을 솔직하게 말해 보는 것도 상대와 친해질 수 있는 방법 중의 하나이다. 또한 놀랐을 때는 びっくりした! (깜짝 놀랐어!), 驚いた! (놀랐어!)라는 말이 입에서 순간적으로 나올 수 있도록 노력하자.

DAY 078 부끄러울 때

어떤 일에 수줍거나 부끄러워할 때는 恥ずかしい(부끄럽다)라고 하며, 믿기지 않을 정도로 놀랄 때는 信じられない(믿기지 않아), 깜짝 놀랐을 때는 びっくりした(깜짝 놀랐어)라고 한다.

▶ 부끄러워.

恥(は)ずかしい。

하즈까시

▶ 부끄러운 줄 알아요!

恥(はじ)を知(し)りなさい!

하지오 시리나사이

▶ 저 녀석은 전혀 부끄러워할 줄 몰라.

あいつはまったく恥知(はじし)らずだ。

아이쓰와 맛따꾸 하지시라즈다

▶ 부끄러워하지 마요.

恥(は)ずかしがらないでください。

하즈까시가라나이데 구다사이

単語 恥(は)ずかしい 하즈까시- 부끄럽다

DAY 079

의심할 때

한번 의심받기 시작하면 그 사람에 대한 신뢰감을 회복하기가 무척 어렵다. 따라서 믿음에 상처를 주는 일은 하지 않는 게 가장 중요하다.

▶ 정말?

本当(ほんとう)?

혼또

▶ 농담이겠죠?

冗談(じょうだん)でしょう?

죠-단데쇼

▶ 그런 이야기는 못 믿어.

そんな話(はなし)は信(しん)じないよ。

손나 하나시와 신지나이요

▶ 그녀, 진심으로 말하고 있는 거니?

彼女(かのじょ)、本気(ほんき)で言(い)っているのかな。

가노죠 홍끼데 잇떼이루노까나

▶ 저 남자가 말하는 것은 믿을 수 없어.

あの男(おとこ)の言(い)うことは信用(しんよう)できない。

아노 오또꼬노 이우 고또와 싱요- 데끼나이

単語 信(しん)じる 신지루 믿다 彼女(かのじょ) 가노죠 그녀, 여자 친구 本気(ほんき) 홍끼 진심

DAY 080 우울할 때

자신의 우울한 감정 상태를 나타내는 다양한 표현이 있으므로 자주 사용되는 표현들을 잘 익혀서 상황에 맞게 사용해 보자.

▶ 오늘은 우울해.

今日(きょう)はゆううつだ。

쿄-와 유-우쯔다

▶ 마음이 우울해.

気(き)がめいる。

기가 메이루

▶ 비가 내리는 날은 마음이 우울해.

雨(あめ)の日(ひ)は気(き)がめいる。

아메노 히와 끼가 메이루

▶ 아무것도 할 마음이 생기지 않아.

何(なに)もやる気(き)がおきない。

나니모 야루 기가 오끼나이

▶ 왜 우울하니?

どうしてゆううつなの?

도-시떼 유-우쯔나노

単語 ゆううつ 유-우쯔 우울　めいる 메이루 우울하다　雨(あめ)の日(ひ) 마네노히 비 오는 날

DAY 081 놀랐을 때

しまった는 놀랐을 때나 실패하여 몹시 분할 때 내는 말로 우리말의 '아차, 아뿔싸, 큰일 났다' 등으로 해석이 가능하다. 비슷한 표현으로는 たいへんだ가 있다.

▶ 아, 깜짝 놀랐어.

ああ、びっくりした。

아- 빅꾸리시따

▶ 그거 놀랍군요.

それは驚(おどろ)きましたね。

소레와 오도로끼마시따네

▶ 놀라게 하지 마요.

びっくりさせないでよ。

빅꾸리사세 나이데요

▶ 충격이야!

ショック!

쇽꾸

▶ 깜짝 놀랐잖아.

びっくりするじゃないか。

빅꾸리스루쟈나이까

単語 びっくり 빅꾸리 깜짝 놀람 驚(おどろ)き 오도로끼 놀람 ショック 쇽꾸 쇼크

DAY 082

미심쩍을 때

미심쩍을 때 쓰이는 말로는 本当なの(정말이니?) / 冗談でしょう(농담이겠죠?) / 何だかあやしいな (뭔가 이상한데!) 등이 있다.

▶ 믿기 어려워!

信(しん)じがたい!

신지가따이

▶ 설마, 그런 일은 없겠죠.

まさか、そんなことないでしょう。

마사까 손나 고또 나이데쇼

▶ 설마, 믿을 수 없어요.

まさか、信(しん)じられません。

마사까 신지라레마셍

▶ 정말입니까?

本当(ほんとう)ですか。

혼또-데스까

▶ 설마, 농담이겠죠.

まさか!ご冗談(じょうだん)でしょう。

마사까 고죠-단데쇼

単語 まさか 마사까 설마

Chapter 03

동정과 위로를 할 때

상대에 대한 위로는 사회생활을 원활히 하기 위한 첫걸음으로 불의의 사고, 재난, 병 등에 대한 동정을 나타내는 것은 자연스러운 감정이기도 하다. 희망했던 일이 이루어지지 않았거나 예정이나 기대에 어긋났을 때는 **残念ですね**를 쓰며, 갑작스러운 사고나 불행한 일을 당한 사람에게는 **お気の毒です**ね라고 위로한다. 또한 실의에 빠졌거나 슬픔에 젖어 있는 사람에게 용기를 북돋울 때는 **頑張ってね**가 쓰인다.

DAY 083 동정할 때

바라던 사항이 잘 이루어지지 않았거나 예정에 어긋났을 때 위로하려면 残念ですね(유감이군요)를, 갑작스러운 불행이나 사고를 당한 상대방을 동정할 때는 お気の毒です(안됐습니다)를 쓴다.

▶ 딱하게 됐습니다.

お気(き)の毒(どく)です。

오끼노 도꾸데스

▶ 이야, 유감이군요.

いやあ、残念(ざんねん)ですね。

이야- 잔넨데스네

▶ 불쌍해!

可愛(かわい)そうに!

가와이소-니

▶ 운이 없었군요.

ついてませんでしたね。

쯔이떼 마센데시따네

単語 可愛(かわい)そう 가와이소- 불쌍하다　ついてません 쯔이떼 마센 운이 없다

DAY 084

위로하거나 격려할 때

残念だったね는 분발해서 열심히 노력했지만 성공하지 못했을 때 수고를 위로하면서 격려하는 말이다. 이것은 ついてなかったね(운이 따르지 않았어), おしかった(아쉬웠어) 등으로 바꾸어 표현할 수도 있다.

▶ 자, 힘을 내요.

さあ、元気(げんき)を出(だ)して。

사- 겡끼오 다시떼

▶ 그런 일도 자주 있습니다.

そういうこともよくあります。

소-유- 고또모 요꾸 아리마스

▶ 당신이 하고 있는 일은 틀리지 않아요.

あなたのやっていることは間違(まちが)っていませんよ。

아나따노 얏떼이루 고또와 마찌갓떼 이마셍요

▶ 이 세상이 끝난 것은 아니잖아요.

この世(よ)の終(おわ)りというわけでもないでしょう。

고노요노 오와리또유- 와께데모 나이데쇼

▶ 인생이란 그런 거예요.

人生(じんせい)なんてそんなものですよ。

진세- 난떼 손나 모노데스요

単語 世(よ)の終(おわ)り 요노 오와리 종말　わけ 와께 이유　人生(じんせい) 진세- 인생

DAY 085

애도할 때

여기서는 조문을 가서 애도의 말을 건넬 때 쓰는 표현과 주위 사람이 상을 당해 슬퍼할 때 위로하는 표현들을 익힌다.

▶ 상심이 크시겠습니다.

ご愁傷様(しゅうしょうさま)です。

고슈-쇼-사마데스

▶ 아까운 분을 잃으셨습니다.

惜(お)しい人(ひと)を亡(な)くしました。

오시- 히또오 나꾸시마시따

▶ 부디 낙심하지 마십시오.

どうぞ気(き)を落(お)とさないでください。

도-조 기오 오또사나이데 구다사이

▶ 이번에 큰일을 당하셨군요.

この度(たび)は大変(たいへん)でしたね。

고노 다비와 다이헨데시따네

▶ 충심으로 위로의 말씀을 드립니다.

衷心(ちゅうしん)からお悔(く)やみ申(もう)し上(あ)げます。

츄-싱까라 오꾸야미 모-시아게마스

単語 愁傷(しゅうしょう) 슈-쇼- 상심 惜(お)しい 오시- 아까운 悔(く)やみ 꾸야미 위로

Chapter

04 불만과 불평을 나타낼 때

불만(不満)은 불만족(不満足)의 준말이다. '만족하지 않다, 만족스럽지 못하다'라는 뜻이다. 그러나 불평(不平)은 마음에 불만이 있어 못마땅하게 여기고, 그 못마땅함을 말이나 행동으로 드러내어 표현하는 것이다. 따라서 불만이 원인이 되어 불평을 하게 되는 것이다. 진절머리가 나거나 지루할 때는 退屈だ(지루해)라고 말하거나 もうたくさんだ(이제 됐어)라고 말한다.

DAY 086 불만스러울 때

불평이나 불만을 나타낼 때 자신도 모르게 나오는 소리가 일본어에서는 ちぇっ(쳇), あっ、しまった(아뿔싸) 등이 있다.

▶ 좀 더 서둘렀으면 탔을 텐데…….

もう少(すこ)しで間(ま)にあったんだが……。

모- 스꼬시데 마니 앗딴다가

▶ 너무 바빠.

忙(いそが)しすぎるよ。

이소가스기루요

▶ 이 일은 나에게 너무 버거워요.

この仕事(しごと)は私(わたし)には荷(に)が重(おも)すぎます。

고노 시고또와 와따시니와 니가 오모스기마스

▶ 이제 더 이상 참을 수 없어.

もうこれ以上(いじょう)耐(た)えられないよ。

모- 고레 이죠- 다에라레나이요

単語 間(ま) 마 틈, 간격 忙(いそが)しすぎ 이소가시스기 너무 바쁘다 荷(に) 니 짐

DAY 087

불평을 할 때

'불만을 품다'는 不満(ふまん)を抱(いだ)く라 하고, '불평을 하다'는 不平(ふへい)を言(い)う라고 한다. 또한 '불평을 늘어놓다'라고 할 때는 不平を並(なら)べる라고 한다.

▶ 어떻게 해 줘요.

何(なん)とかしてよ。

난또까 시떼요

▶ 이 얼마나 돈과 시간 낭비야.

なんてお金(かね)と時間(じかん)のむだなんだ。

난떼 오까네또 지깐노 무다난다

▶ 아뿔싸. 잊었다.

あっ、しまった。忘(わす)れた。

앗 시맛따 와스레따

▶ 너는 도움이 안 돼.

君(きみ)は役立(やくだ)たずだ。

기미와 야꾸다따즈다

▶ 머리가 돌겠어.

頭(あたま)が変(へん)になるよ。

아따마가 헨니 나루요

単語 お金(かね) 오까네 돈 忘(わす)れる 와스레루 잊어버리다 頭(あたま) 아따마 머리

DAY 088 진절머리가 날 때

어떤 상황이나 대상에 대해 자신의 감정 상태를 나타내는 다양한 표현이 있으므로 자주 사용되는 표현들을 잘 익혀서 상황에 맞도록 사용해 보자.

▶ 지루해.

退屈(たいくつ)だ。

다이꾸쓰다

▶ 시시해.

つまらないなあ。

쓰마라나이나

▶ 보잘것없어.

取(と)るに足(た)らないよ。

도루니 다라나이요

▶ 어지간히 해.

いいかげんにしてくれよ。

이- 카겐니 시떼 구레요

▶ 이제 참을 수 없어.

もう我慢(がまん)できない。

모- 가만 데끼나이

単語 退屈(たいくつ) 다이꾸쓰 지루한 つまらない 쓰마라나이 시시하다

DAY 089

말을 막을 때

여기서는 지나친 불평이나 불필요한 말을 하여 귀찮게 굴 때 저지하는 표현을 익힌다.

▶ 너저분하게 말참견하지 마.

ごちゃごちゃ口出(くちだ)ししないでよ。

고쨔고쨔 구찌다시 시나이데요

▶ 큰소리 지르지 마!

大声(おおごえ)を出(だ)すな!

오-고에오 다스나

▶ 투덜거리지 마.

ぶつぶつ言(い)うな!

부쓰부쓰 이우나

▶ 좀 얌전하게 해라.

少(すこ)しおとなしくしなさい。

스꼬시 오또나시꾸 시나사이

▶ 시끄럽게 하지 마!

がみがみ言(い)うな!

가미가미 이우나

単語 ごちゃごちゃ 고쨔고쨔 너저분하게　ぶつぶつ 부쓰부쓰 투덜거리는

Chapter

05 후회와 감탄을 할 때

적당한 감정의 표현은 대화에 생동감을 불어넣어 준다. うわっ, すばらしい! / かっこいい! / すてき! / うまい! 등 감탄의 기분을 나타내는 말도 풍부하게 익혀 두자. 일본인은 상대에 대한 칭찬에 대해서는 말을 아끼지 않는다. 더듬거리는 일본어로 말을 걸어도 日本語はお上手ですね라고 칭찬을 한다. 이처럼 일본인은 사소한 것이라도 칭찬을 하는 습관이 몸에 배어 있으므로 액면 그대로 받아들이면 오해하기 쉽다.

DAY 090 실망했을 때

상대에게 또는 스스로에게 기대에 못 미치거나 실수를 해서 실망 할 때는 보통 がっかりする(실망하다), 残念だ(유감이다)라고 하며, 한자어로는 失望(しつぼう)する라고 표현한다.

▶ 실망이야.

がっかりだ。

각까리다

▶ 쓸데없이 고생했어.

むだな骨折(ほねお)りだった。

무다나 호네오리닷따

▶ 그렇게 분발했는데.

あんなに頑張(がんば)ったのに。

안나니 감밧따노니

▶ 시간 낭비야.

時間(じかん)のむだだよ。

지깐노 무다다요

単語 がっかり 각까리 실망 頑張(がんば)る 간바루 열심히 하다 むだ 무다 낭비

DAY **091** **체념이나 단념을 할 때**

무슨 일이나 한 번 마음을 먹으면 포기하지 않고 끝까지 해 나가면 좋겠지만, 어쩔 수 없이 중도에 그만두는 일이 생기기도 한다. 어떤 일에 단념을 하거나 체념할 때 쓰이는 일본어 표현으로는 あきらめたよ(포기했어), 仕方がないよ(어쩔 수 없어) 등이 있다.

▶ 포기했어.

あきらめたよ。

아끼라메따요

▶ 어쩔 도리가 없어.

どうしようもないよ。

도- 시요-모 나이요

▶ 전망이 없어.

見込(みこ)みなしだ。

미꼬미 나시다

▶ 방법이 없어.

仕方(しかた)がないよ。

시까따가 나이요

▶ 절망적이야.

絶望的(ぜつぼうてき)だ。

제쓰보-테끼다

単語 あきらめる 아끼라메루 포기하다 見込(みこ)み 미꼬미 전망 絶望(ぜつぼう) 제스보- 절망

DAY 092 후회할 때

이미 엎질러진 물은 주워 담을 수 없듯이 말이나 행동의 실책에 대해 뒤늦게 후회해도 소용이 없다. 일본어에서 후회할 때 쓰이는 표현은 문말에 ~なければよかった(~하지 않았으면 좋았을걸)를 접속하여 나타낸다.

▶ 저런 짓을 하지 않았으면 좋았을걸.

あんなことしなければよかった。

안나 고또 시나께레바 요깟따

▶ 저런 말을 하지 않았으면 좋았을걸.

あんなこと言(い)わなければよかった。

안나 고또 이와나께레바 요깟따

▶ 바보 같은 짓을 하고 말았어.

ばかなことをしてしまった。

바까나 고또오 시떼 시맛따

▶ 내가 한 일을 후회하고 있어.

自分(じぶん)のしたことを後悔(こうかい)している。

지분노 시따 고또오 코-까이시떼 이루

▶ 더 공부해 두었으면 좋았을걸.

もっと勉強(べんきょう)しておけばよかった。

못또 벵꾜-시떼 오께바 요깟따

単語 後悔(こうかい) 코-까이 후회 勉強(べんきょう) 벵꾜- 공부

DAY 093 감탄할 때

すてき는 주로 겉모양이 근사하고 멋진 것을 표현할 때 쓰이며, 인격이나 행동이 멋지고 근사할 때는 すばらしい라고 한다.

▶ 멋지군요.

素晴(すば)らしいですね。

스바라시-데스네

▶ 멋져!

素敵(すてき)!

스떼끼

▶ 정말 예쁘죠.

なんて綺麗(きれい)なんでしょう。

난떼 기레-난데쇼

▶ 에-, 이거 대단하군!

へえ、これはすごい!

헤- 고레와 스고이

▶ 아름답구나.

美(うつく)しいなあ。

우쯔꾸시-나

単語 素晴(すば)らしい 스바라시- 멋지다 素敵(すてき) 스떼끼 멋지다 綺麗(きれい) 기레- 예쁘다

DAY

094 안심할 때

우리는 무슨 일에 놀랐거나 조마조마 가슴을 졸이며 기대하고 있던 일이 이루어졌을 때 안도의 한숨을 쉬게 된다. 안심할 때 자신도 모르게 나오는 소리로는 ほっとした(안심했다), おどろいた(놀랐잖아) 등이 있다.

▶ 아, 한숨 돌렸어!

ああ、ほっとした!

아– 홋또시따

▶ 다행이야.

よかったね。

요깟따네

▶ 놀랐어!

驚(おどろ)いた!

오도로이따

▶ 그걸 듣고 가슴이 시원했어.

それを聞(き)いて胸(むね)がすっきりした。

소레오 기이떼 무네가 슥끼리시따

▶ 좋은 액땜이야.

いい厄介払(やっかいばら)いだ。

이– 약까이바라이다

単語 ほっとする 홋또스루 안심하다 すっきり 쓱끼리 개운하다

DAY 095 칭찬할 때

우리는 대체적으로 남을 칭찬하는 데는 인색한 편이다. 그러나 일본인은 본마음은 그렇지 않더라도 칭찬을 잘하는 편이다. 칭찬할 때 많이 쓰이는 일본어로는 すばらしい(멋지다), お上手ですね(잘하시네요) 등이 있다.

▶ 어울려요.

とても似合(にあ)いますよ。

도떼모 니아이마스요

▶ 고마워요. 저도 마음에 듭니다.

ありがとう。私(わたし)も気(き)に入(い)ってるんです。

아리가또- 와따시모 기니 잇떼룬데스

▶ 멋져요! 내가 가지고 싶었던 것은 이거예요.

すばらしい! 私(わたし)が欲(ほ)しかったのはこれですよ。

스바라시- 와따시가 호시깟따노와 고레데스요

▶ 훌륭합니다.

お見事(みごと)です。

오미고또데스

▶ 그에게 박수를 보냅시다.

彼(かれ)に拍手(はくしゅ)を送(おく)りましょう。

가레니 하꾸슈오 오꾸리마쇼

単語 似合(にあ)う 니아우 어울리다 見事(みごと) 미고또 훌륭하다 拍手(はくしゅ) 하꾸슈 박수

Chapter

06 비난과 화해를 할 때

우리말에는 셀 수 없을 정도로 상대를 비난할 때 쓰이는 욕설 표현이 많지만, 일본어에는 손을 꼽을 정도로 적다. 텔레비전 드라마나 영화 등에서 가끔 나오는 ばかやろ!나 このやろ! 등이 고작이며, 심하게 말할 때는 ちくしょう! 정도이다. 상대의 말을 신뢰할 수 없어 비난할 때는 주로 うそつき!가 쓰이며, 상대의 비난이나 욕설 등을 제지할 때는 금지를 나타내는 종조사 な를 동사의 기본형에 접속하여 사용한다.

DAY 096 비난할 때

외국인과 싸우고 비난하는 일은 많지 않지만, 만약을 위해 표현을 익혀 두면 도움이 될 수 있다. 상대방이 거짓말을 하면 嘘つき라고 하고, 허풍을 떨 때는 ふざけるな라고 하며 말을 가로막는다.

▶ 거짓말을 하지 마.

嘘(うそ)をつくな。

우소오 쓰꾸나

▶ 농담은 그만둬!

冗談(じょうだん)はやめてくれ!

죠-당와 야메떼 구레

▶ 바보 같은 소리 집어치워!

ばかなことはやめろ!

바까나 고또와 야메로

▶ 시치미 떼지 마!

とぼけるな!

도보께루나

単語 嘘(うそ) 우소 거짓말 とぼける 도보께루 시치미 떼다

DAY 097

험담할 때

일본어에는 우리말처럼 상대를 비난하는 욕설이 많지가 않다. 드라마나 영화, 만화, 소설 등에서 볼 수 있는 ばか(바보), やろう(녀석), ちくしょう(×자식) 정도이다.

▶ 겁쟁이!

臆病(おくびょう)もの!

오꾸뵤-모노

▶ 비열한 놈!

けち!

게찌

▶ 이 녀석!

このやろう!

고노 야로

▶ 이 바보!

このばか!

고노 바까

▶ 교활한 녀석!

ずるいやつめ!

즈루이 야쓰메

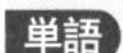

単語 臆病(おくびょう) 오꾸뵤- 겁 けち 게찌 비열하다 ずるい 즈루이 교활한

DAY 098

화해할 때

상대와 싸웠거나 말다툼을 하여 감정이 상했을 때는 화해(仲直り)를 해야 한다. 그래야 사이좋게(仲よく) 지낼 수 있기 때문이다.

▶ 화해하자.

仲直(なかなお)りしよう。

나까나오리 시요

▶ 화해했니?

仲直(なかなお)りした?

나까나오리시따

▶ 사이좋게 지내라.

仲(なか)良(よ)くしなさい。

나까요꾸 시나사이

▶ 없던 걸로 하자.

水(みず)に流(なが)そう。

미즈니 나가소

▶ 악의는 없었어.

悪気(わるぎ)はなかったよ。

와루기와 나깟따요

単語 仲直(なかなお)り 나까나오리 화해　仲良(なかよ)し 나까요시 사이좋은　悪気(わるぎ) 와루기 악의

Part 5

일상생활의 화제 표현

일본인은 개미로 비유될 만큼 열심히 일하는 민족이라고 한다. 일본인의 생활시간을 보면 24시간 중 수면시간이 약 8시간, 일하는 시간은 7시간이다. 그 외에는 식사시간이 아주 짧아 하루 1시간 반에 불과한 데에 반해, 통근시간은 평균 1시간(편도)을 넘는다. TV를 보거나 라디오를 듣는 시간은 3~4시간, 신문을 보는 시간이 50분인 반면, 교제 시간은 하루 평균 약 40분에 불과하다고 한다.

Chapter

01 가족에 대해서

조금 친해지면 ご兄弟はおありですか라든가 何人家族ですか라는 형제자매나 가족에 대한 화제가 시작된다. 일본어에서 자신의 가족을 상대에게 말할 때는 윗사람이건 아랫사람이건 모두 낮추어서 말하고 상대방의 가족을 말할 때는 비록 어린애라도 존경의 의미를 나타내는 접두어 ご(お)나 접미어 さん을 붙여서 높여 말하는 것이 우리와 큰 차이점이다. 단 가족끼리 부를 때는 윗사람은 높여서 말한다.

DAY 099 가족에 대해 말할 때

가족 인원수를 물을 때는 ご家族は何人ですか라고 하며, 이에 대한 응답 표현은 ○人です, 또는 ○人家族です라고 하면 된다.

▶ 가족은 몇 명입니까?

何人家族(なんにんかぞく)ですか。

난닝 가조꾸데스까

▶ 부모님과 여동생이 있습니다.

両親(りょうしん)と妹(いもうと)がいます。

료-신또 이모-또가 이마스

▶ 5인 가족입니다.

5人家族(ごにんかぞく)です。

고닝 카조꾸데스

▶ 가족을 보러 몇 번 정도 고향에 갑니까?

ご家族(かぞく)に会(あ)いに何回(なんかい)くらい帰省(きせい)しますか。

고카조꾸니 아이니 낭까이 쿠라이 키세-시마스까

単語 家族(かぞく) 가조꾸 가족　両親(りょうしん) 료-신 부모　妹(いもうと) 이모-또 여동생　帰省(きせい) 키세- 귀성

DAY 100

형제자매에 대해 말할 때

일본어에서는 우리와는 달리 자신의 가족을 상대에게 말할 때는 자신보다 윗사람이더라도 상대에게 낮추어 말하고, 상대방의 가족을 말할 때는 나이가 자신보다 어리더라도 접두어 ご(お)나 접미어 さん을 붙여 높여서 말한다.

▶ 형제자매는 있으십니까?

兄弟姉妹(きょうだいしまい)はおありですか。

쿄-다이 시마이와 오아리데스까

▶ 형제는 몇 분입니까?

ご兄弟(きょうだい)は何人(なんにん)ですか。

고쿄-다이와 난닌데스까

▶ 당신이 형제자매 중에서 제일 위입니까?

あなたが兄弟姉妹(きょうだいしまい)でいちばん年上(としうえ)ですか。

아나따가 쿄-다이 시마이데 이찌반 토시우에데스까

▶ 동생은 몇 살입니까?

弟(おとうと)さんはいくつですか。

오또-또상와 이꾸쯔데스까

▶ 여동생은 무엇을 하고 있습니까?

妹(いもうと)さんは何(なに)をしていますか。

이모-또상와 나니오시떼 이마스까

単語 兄弟姉妹(きょうだいしまい) 쿄-다이 시마이 형제자매 年上(としうえ) 토시우에 연상 弟(おとうと) 오또-또 남동생

DAY 101

부모·조부모·친척·자녀에 대해 말할 때

가족 간에 부를 때는 윗사람인 경우는 さん을 붙여 말하며, 아랫사람인 경우는 이름만을 부르거나, 이름 뒤에 애칭인 ちゃん을 붙여 부른다. 친족에 대한 호칭은 우리처럼 촌수로 구분하여 복잡하게 표현하지 않는다.

▶ 부모님 연세는 몇입니까?

ご両親(りょうしん)はおいくつですか。

고료-싱와 오이꾸쯔데쓰까

▶ 부모님과 함께 살고 있습니까?

ご両親(りょうしん)といっしょに住(す)んでいるんですか。

고료-신또 잇쇼니 슨데이룬데스까

▶ 할아버지와 할머니는 건강하십니까?

おじいさんとおばあさんはご健在(けんざい)ですか。

오지-산또 오바-상와 고켄자이데스까

▶ 아이는 있나요?

お子(こ)さんは?

오꼬상와

▶ 아이는 없습니다.

子供(こども)はいません。

고도모와 이마셍

単語 健在(けんざい) 켄자이 건강 お子(こ)さん 오꼬상 남의 아이의 존칭 子供(こども) 고도모 아이

Chapter

02 직장에 대해서

일본에서는 자신이 속해 있는 사람을 외부 사람에게 말을 할 경우에 우리와는 달리 자신의 상사라도 높여서 말하지 않는다. 예를 들면 "부장님은 지금 회의 중이십니다"라고 일본어로 표현할 때는 **部長はただいま会議中です**라고 해야 한다. 비록 외부 사람이 부장보다 직위가 낮더라도 자신이 속한 회사의 사람을 낮추어 말하는 것이다. 단, 직장 내에서 호출을 할 때 상사인 경우에는 さん을 붙여 말한다.

DAY 102 직장에 대해 말할 때

직업을 분류하면 크게 会社員(かいしゃいん)과 自営業(じえいぎょう)으로 나눌 수 있다. 일본에서는 공무원을 役人(やくにん)이라고도 하며, 회사원을 サラリーマン이라고 한다.

▶ 어느 회사에 근무합니까?

どの会社(かいしゃ)に勤(つと)めていますか。

도노 카이샤니 쯔또메떼 이마스까

▶ 저는 이 회사에 근무합니다.

私(わたし)はこの会社(かいしゃ)に勤(つと)めています。

와따시와 고노 카이샤니 쓰또메떼 이마스

▶ 어느 부서입니까?

部署(ぶしょ)はどこですか。

부쇼와 도꼬데스까

▶ 회사는 어디에 있습니까?

会社(かいしゃ)はどこにあるんですか。

카이샤와 도꼬니 아룬데스까

単語 会社(かいしゃ) 카이샤 회사 勤(つと)める 쯔또메루 근무하다 部署(ぶしょ) 부쇼 부서

DAY

103 출근할 때

시간이 '걸리다'라고 할 때는 かかる라는 동사를 쓰며, 교통편을 이용하여 출근할 때는 ~に乗って行く라고 한다. 우리는 회사 일을 마치고 집에 오는 것을 退勤이라고 하지만, 일본어에서는 보통 退社(たいしゃ)라고 한다.

▶ 제시간에 도착했어!

間(ま)に合(あ)ったぞ!

마니 앗따조

▶ 시간엄수야!

時間厳守(じかんげんしゅ)だ!

지깡겐슈다

▶ 자네, 또 지각이군.

君(きみ)、また遅刻(ちこく)だね。

기미 마따 치꼬꾸다네

▶ 타임카드 찍었니?

タイムカード押(お)した?

타이무카-도 오시따

単語 厳守(げんしゅ) 겐슈 엄수 遅刻(ちこく) 치꼬꾸 지각 押(お)す 오스 누르다, 찍다

DAY **104** **근무할 때**

회사에 入社(にゅうしゃ)하여 일을 할 수 없는 나이가 되면 退職(たいしょく)하기 마련이다. 일본의 회사는 대부분 終身雇用制(しゅうしんこようせい)를 채택하기 때문에 좀처럼 중간에 회사를 그만두는 일이 없다. 하지만 요즘은 이러한 제도가 무너져 転職(てんしょく)하는 사람도 늘어나고 있다.

▶ 스케줄을 확인해 보겠습니다.

スケジュールを確認(かくにん)してみます。

스케쥬-루오 카꾸닌시떼 미마스

▶ 이 서류를 복사해 주겠나?

この書類(しょるい)をコピーしてくれる?

고노 쇼루이오 코삐-시떼 구레루

▶ 이 복사기는 고장 났습니다.

このコピー機(き)はこわれています。

고노 코삐-끼와 고와레떼 이마스

▶ 일은 어때?

仕事(しごと)はどうだい?

시고또와 도-다이

▶ 회의가 길어질 것 같아.

会議(かいぎ)は長引(ながび)きそうだ。

카이기와 나가비끼 소-다

単語 確認(かくにん) 카꾸닌 확인 会議(かいぎ) 카이기 회의 長引(ながび)き 나가비끼 길어지다

DAY 105 퇴근할 때

회사나 근무처에서 퇴근 시의 상황에 따라 다양한 표현이 있으므로 자주 사용되는 표현들을 잘 익혀서 상황에 맞게 사용해 보자.

▶ 집에 돌아갈 시간이야.

家(いえ)に帰(かえ)る時間(じかん)だ。

이에니 가에루 지깐다

▶ 오늘은 바빴어.

今日(きょう)は忙(いそが)しかったよ。

쿄-와 이소가시깟따요

▶ 이제 끝내자.

もう終(おわ)りにしよう。

모- 오와리니 시요

▶ 이제 지쳤어. 오늘은 여기까지 하자.

もう疲(つか)れたよ。今日(きょう)はここまでにしよう。

모- 쯔까레따요 쿄-와 고꼬마데니 시요

▶ 수고했어요.

お疲(つか)れさま。

오쯔까레사마

単語 帰(かえ)る 가에루 돌아가다 終(おわ)り 오와리 끝내다 疲(つか)れる 쯔까레루 피곤하다

DAY **106**

직장에서의 인간관계

누구하고나 친숙해지려면 우선 상대가 하고 있는 업무나 일에 대해 관심을 표명하는 게 제일 좋은 방법이다. 여기서는 상대의 일과 자신의 일을 서로 주고받는 표현을 익혀서 일본인과의 대화의 폭을 넓히고, 친근감을 갖도록 하자.

▶ 그와는 마음이 맞니?

彼(かれ)とはウマが合(あ)う?

카레또와 우마가 아우

▶ 나는 모두와 잘 지내고 싶어.

私(わたし)はみんなとうまくやっていきたいんだ。

와따시와 민나또 우마꾸 얏떼 이끼따인다

▶ 넌 상사를 좋아하니?

あなたは上司(じょうし)が好(す)きなの?

아나따와 죠-시가 스끼나노

▶ 아냐, 그는 나를 너무 심하게 다뤄.

いや、彼(かれ)は私(わたし)にとてもつらくあたるんだ。

이야 카레와 와따시니 도떼모 쓰라꾸 아따룬다

▶ 그는 매우 엄격해.

彼(かれ)は本当(ほんとう)にきびしい。

카레와 혼또-니 기비시

単語 上司(じょうし) 죠-시 상사　つらく 쓰라꾸 심하게　きびしい 기비시- 엄격하다

Chapter

03 학교에 대해서

학생이냐고 물을 때는 보통 学生さんですか, 학년을 물을 때는 何年生ですか라고 한다. 또한 다니는 대학교를 물어왔을 때는 ...大学に行っています라고 하며, 어느 학교를 졸업했는지를 물을 때는 どこの学校を出ましたか라고 하고, 전공에 대해서 물을 때는 専攻は何ですか라고 한다. 또한 시험에 대해서 물을 때는 今度の試験はどうでしたか라고 한다.

107 출신 학교에 대해 말할 때

여기서는 상대가 지금 학교에 다니는 학생인지, 언제 졸업했는지, 그리고 전공은 무엇인지에 관한 여러 가지 질문과 답변을 익혀 보도록 하자.

▶ 학교는 이미 졸업했습니다.

大校(がっこう)はもう卒業(そつぎょう)しています。

각꼬-와 모- 소쯔교-시떼 이마스

▶ 어느 대학을 나왔습니까?

どちらの大学(だいがく)を出(で)ましたか。

도찌라노 다이가꾸오 데마시따까

▶ 어느 대학을 다니고 있습니까?

どちらの大学(だいがく)に行(い)っていますか。

도찌라노 다이가꾸니 잇떼 이마스까

単語 学校(がっこう) 각꼬- 학교 卒業(そつぎょう) 소쯔교- 졸업 大学(だいがく) 다이가꾸 대학

DAY 108

전공에 대해 말할 때

상대가 대학생이라는 것을 알게 되면 우선 전공을 물어보게 된다. 보통 ~を専攻しています(~을 전공하고 있습니다)라고 응답해도 무방하며, ~を勉強しています(~을 공부하고 있습니다)라고 할 수도 있다.

▶ 전공은 무엇입니까?

専攻(せんこう)は何(なん)ですか。

셍꼬-와 난데스까

▶ 무엇을 전공하셨습니까?

何(なに)を専攻(せんこう)なさいましたか。

나니오 셍꼬- 나사이마시다까

▶ 대학에서 무엇을 공부했습니까?

大学(だいがく)では何(なに)を勉強(べんきょう)しましたか。

다이가꾸데와 나니오 벵꾜- 시마시따까

▶ 학부와 대학원에서 일본 문학을 전공했습니다.

学部(がくぶ)と大学院(だいがくいん)で日本(にほん)の文学(ぶんがく)を専攻(せんこう)しました。

가꾸부또 다이가꾸인데 니혼노 붕가꾸오 셍꼬- 시마시따

▶ 경제를 전공하고 있습니까?

経済(けいざい)を専攻(せんこう)していますか。

게-자이오 셍꼬-시떼 이마스까

単語 専攻(せんこう) 셍꼬- 전공 学部(がくぶ) 가꾸부 학부 大学院(だいがくいん) 다이가꾸인 대학원

DAY 109 동아리·아르바이트에 대해 말할 때

동아리를 일본어로는 クラブ라고 한다. club을 일본식 발음으로 표기한 것이며, 한자로는 倶楽部(くらぶ)라고도 표기한다. 일본 대학생들도 용돈이나 학비 마련을 위해 아르바이트를 한다. 시간당 임금을 계산하며, 집에서 아르바이트 장소까지 교통비를 지급한다.

▶ 무슨 동아리에 들었어요?

何(なん)のクラブに入(はい)ってるんですか。

난노 쿠라부니 하잇떼룬데스까

▶ 대학시절에 무슨 동아리에서 활동했습니까?

大学時代(だいがくじだい)に何(なに)かクラブ活動(かつどう)をしましたか。

다이가꾸지다이니 나니까 쿠라부 카쓰도-오 시마시따까

▶ 어느 동아리에 소속되어 있습니까?

どのクラブに属(ぞく)していますか。

도노 쿠라부니 조꾸시떼 이마스까

▶ 아르바이트는 하고 있니?

アルバイトはしているの?

아루바이또와 시떼이루노

▶ 파트타임으로 일하고 있습니까?

パートで働(はたら)いているんですか。

파-또데 하따라이떼 이룬데스까

時代(じだい) 지다이 시대, 시절 活動(かつどう) 카쓰도- 활동 パート 파-또 파트타임 아르바이트

DAY 110

학생·학교에 대해 말할 때

学生さん은 대학생을 말하며, さん을 붙여 말한 것은 상대를 높여 말한 것이다. 이처럼 さん은 우리말의 '씨, 양' 등으로 해석되지만, 쓰임의 폭이 매우 넓어 직업을 나타내는 말에 붙어 상대를 존중하는 의미로도 쓰인다.

▶ 학생입니까?

学生(がくせい)さんですか。

각세-산데스까

▶ 몇 학년입니까?

何年生(なんねんせい)ですか。

난네세-데스까

▶ 학교는 집에서 가깝습니까?

学校(がっこう)は家(いえ)から近(ちか)いですか。

각꼬-와 이에까라 치까이데스까

▶ 지금 다니고 있는 학교는 어때요?

今(いま)、通(かよ)っている学校(がっこう)はどうですか。

이마 가욧떼이루 각꼬-와 도-데스까

▶ 캠퍼스는 넓고 조용합니다.

キャンパスは広(ひろ)くて静(しず)かです。

캄파스와 히로꾸떼 시즈까데스

単語 学生(がくせい) 각세- 학생 近(ちか)い 치까이 가까운 通(かよ)う 가요우 다니다

DAY 111 시험과 성적에 대해 말할 때

일본의 학제는 우리와 동일하여 小学校(しょうがっこう)(6년), 中学校(ちゅうがっこう)(3년), 高等学校(こうとうがっこう)(3년), 大学(だいがく)(4년)이다.

▶ 언제부터 중간고사가 시작됩니까?

いつから中間(ちゅうかん)テストが始(はじ)まりますか。

이쓰까라 츄-깐 테스또가 하지마리마스까

▶ 날새기로 공부해야 합니다.

徹夜(てつや)で勉強(べんきょう)しなければいけません。

데쓰야데 벵꾜시나께레바 이께마셍

▶ 이번 시험은 어땠어요?

今度(こんど)の試験(しけん)はどうでしたか。

곤도노 시껭와 도-데시따까

▶ 상당히 어려웠어요.

なかなか難(むずか)しかったですよ。

나까나까 무즈까시깟따데스요

▶ 시험 결과는 어땠어요?

試験(しけん)の結果(けっか)はどうでしたか。

시껜노 겟까와 도-데시따까

単語 中間(ちゅうかん) 츄깐 중간 徹夜(てつや) 데쓰야 철야 試験(しけん) 시껭 시험 結果(けっか) 겟까 결과

DAY 112

수업을 할 때 쓰이는 말

여기서는 수업시간에 기본적으로 사용할 수 있는 표현을 익히도록 하자.

▶ 5쪽까지 읽어 주세요.

5(ご)ページまで読(よ)んでください。

고페-지마데 욘데 구다사이

▶ 칠판의 글씨를 쓰세요.

黒板(こくばん)の字(じ)を書(か)いてください。

고꾸반노 지오 가이떼 구다사이

▶ 3쪽을 펼치세요.

3(さん)ページを開(あ)けてください。

삼 페-지오 아께떼 구다사이

▶ 책을 덮으세요.

本(ほん)を閉(と)じてください。

홍오 도지떼 구다사이

▶ 이 내용을 전부 외우세요.

この内容(ないよう)を全部(ぜんぶ)覚(おぼ)えてください。

고노 나이요-오 젬부 오보에떼 구다사이

単語 読(よ)む 요무 읽다 字(じ) 지 글씨 本(ほん) 홍 책 覚(おぼ)える 오보에루 외우다

Chapter

04 외모에 대해서

신장을 물을 때는 背はどのくらいありますか, 체중을 물을 때는 体重はどのくらいですか라고 한다. 다만, 상대의 신체에 관련된 질문을 할 때는 경우에 따라서는 약점을 건드릴 수도 있으므로 신중하게 질문할 필요가 있다. 잘생긴 남자를 말할 때는 주로 영어의 ハンサム(handsome)라고 말하며, 여자를 말할 때는 美人(びじん)이라고 한다. 예쁘다고 할 때는 きれい, 귀엽다고 할 때는 かわいい라고 한다.

DAY 113 키에 대해 말할 때

우리가 흔히 부르는 왜인(矮人)이라는 말은 키가 작은 일본인을 비하한 말이지만, 지금은 음식 문화의 개선으로 키가 큰 일본인을 많이 볼 수 있다.

▶ 키는 어느 정도 됩니까?

背(せ)はどのくらいありますか。

세와 도노쿠라이 아리마스까

▶ 키는 큰 편입니다.

背(せ)は高(たか)いほうです。

세와 다카이 호-데스

▶ 그녀는 키가 크고 날씬합니다.

彼女(かのじょ)は背(せ)が高(たか)く、すらっとしています。

가노죠와 세가 다까꾸 스랏또시떼 이마스

▶ 저 사람은 적당히 살쪘고 키도 적당합니다.

あの人(ひと)は中肉中背(ちゅうにくちゅうぜい)です。

아노 히또와 츄-니꾸 츄-제-데스

単語 背(せ) 세 키 高(たか)い 타까이 크다, 높다 中肉(ちゅうにく) 츄-니꾸 적당히 살찜

DAY 114

체중에 대해 말할 때

일본인은 불교의 영향으로 육식하지 못하고 생선이나 두부로 단백질을 보충하고 채식과 밥을 주식으로 하다 보니 단백질이 충분치 못해 체격이 왜소했다. 메이지 유신 후 육식 제한을 해제하고 육류 섭취가 늘고부터는 일본인의 평균 신장과 체중이 향상되었다.

▶ 체중은 어느 정도입니까?

体重(たいじゅう)はどのくらいですか。

타이쥬-와 도노쿠라이데스까

▶ 약간 체중이 늘어났습니다.

いくらか体重(たいじゅう)が増(ふ)えました。

이꾸라까 타이쥬-가 후에마시따

▶ 3킬로그램 줄었습니다.

3(さん)キロ減(へ)りました。

상 키로 헤리마시따

▶ 5킬로그램 빠졌습니다.

5(ご)キロ痩(や)せました。

고 키로 야세마시따

▶ 너무 살이 찐 것 같습니다.

ちょっと太(ふと)りすぎてるようです。

촛또 후또리스기떼루 요-데스

単語 体重(たいじゅう) 타이쥬- 체중 痩(や)せる 야세루 살이 빠지다 太(ふと)りすぎ 후또리스기 너무 살찐

DAY 115 외모에 대해 말할 때

다양한 화제로 상대 혹은 특정인의 외모에 대한 이야기를 할 때 상황에 따라 다양한 표현이 있으므로 자주 사용되는 표현들을 잘 익혀서 상황에 맞게 사용해 보자.

▶ 그녀의 얼굴은 계란형입니다.

かのじょ　かお　たまごがた
彼女の顔は卵型です。

가노죠노 가오와 다마고가따데스

▶ 그녀는 얼굴이 둥근형에 속합니다.

かのじょ　まるがお
彼女はどちらかというと丸顔です。

가노죠와 도찌라까또유-또 마루가오데스

▶ 그녀는 매우 매력적인 여성입니다.

かのじょ　みりょくてき　じょせい
彼女はとても魅力的な女性です。

가노죠와 도떼모 미료꾸떼끼나 죠세-데스

▶ 저 아가씨는 귀엽군요.

むすめ　かわい
あの娘は可愛らしいですね。

아노 무스메와 가와이라시-데스네

▶ 키가 크고 수염이 긴 저 신사는 누구입니까?

せ　たか　なが　しんし
あの背の高いひげの長い紳士はどなたですか。

아노 세노 타까이 히게노 나가이 신시와 도나따데스까

単語 卵(たまご) 다마고 계란　型(がた) 가따 모양　丸(まる) 마루 동그라미　娘(むすめ) 무스메 딸, 아가씨

몸의 특징에 대해 말할 때

일본인은 남방계 황인종인데 남방계 황인종 특징이 눈이 크고 쌍꺼풀이 있으며, 코가 높고 얼굴이 갸름하다. 주로 채집생활을 많이 했고 부드러운 음식을 먹어서 광대뼈나 턱이 별로 크지 않다. 턱을 비롯한 구강 구조가 덜 발달했기 때문에 덧니가 좀 많다.

▶ 아버지는 어깨가 넓고 다부집니다.

父(ちち)は肩幅(かたはば)が広(ひろ)くてがっしりしています。

치찌와 가따하바가 히로꾸떼 갓시리시떼 이마스

▶ 그녀의 허리선은 아름답습니다.

彼女(かのじょ)の腰(こし)の線(せん)は美(うつく)しいです。

가노죠노 고시노 셍와 우쯔꾸시-데스

▶ 나는 허리가 날씬한 여자를 좋아합니다.

私(わたし)は腰(こし)のほっそりした女性(じょせい)が好(す)きです。

와따시와 고시노 홋소리시따 죠세-가 스끼데스

▶ 나는 오른손잡이입니다.

私(わたし)は右利(みぎき)きです。

와따시와 미기키끼데스

▶ 그녀는 손발이 비교적 작은 편입니다.

彼女(かのじょ)は手足(てあし)が比較的(ひかくてき)小(ちい)さいほうです。

가노죠와 데아시가 히까꾸떼끼 치-사이 호-데스

単語 肩(かた) 가따 어깨　がっしり 갓시리 다부진　腰(こし) 고시 허리　ほっそり 홋소리 날씬한

Chapter

05 성격에 대해서

여기서는 ~はどんな人ですか(~은 어떤 사람입니까)라고 사람에 대한 질문을 상대로부터 받았을 경우에 특징을 한마디로 표현할 수 있는지 등에 관해서 다양한 표현을 익힌다. 남자답거나 여자다운 성격을 말할 때는 접미어 らしい를 접속하여 おとこらしい(남자답다), おんならしい(여자답다)라고 한다. 급한 성격을 말할 때는 短気라고 하며, 소극적인 성격은 引っ込み思案이라고 한다.

DAY 117 자신의 성격에 대해 말할 때

일본인은 남의 입장을 곤란하게 하는 것은 실례라 생각하여 자신의 생각을 직접 표현하여 입장을 드러내기보다는 예의를 지키고 배려해 주는 것을 미덕으로 여긴다.

▶ 무슨 일에 대해서도 낙천적입니다.

何事(なにごと)につけても楽天的(らくてんてき)です。

나니고또니 쓰께떼모 라꾸뗀떼끼데스

▶ 다소 비관적인 성격입니다.

いくぶん悲観的(ひかんてき)な性格(せいかく)です。

이꾸붕 히깐떼끼나 세-까꾸데스

▶ 그다지 사교적이 아닙니다.

あまり社交的(しゃこうてき)ではありません。

아마리 샤꼬-떼끼데와 아리마셍

▶ 자신이 외향적이라고 생각합니까?

ご自分(じぶん)が外向的(がいこうてき)だと思(おも)いますか。

고지붕가 가이꼬-떼끼다또 오모이마스까

単語 楽天的(らくてんてき) 라꾸뗀떼끼 낙천적 性格(せいかく) 세-까꾸 성격 社交的(しゃこうてき) 샤꼬-떼끼 사교적

DAY 118 사람의 성품에 대해 말할 때

일본인의 성격을 표현하는 말이 혼네(本音)와 다떼마에(建前)이다. '혼네'란 마음속의 본심, 본심으로 하는 말을, '다떼마에'란 혼네인 속마음을 드러내지 않고 겉으로 그냥 하는 말, 즉 상대방의 감정을 손상시키지 않기 위한 친절함을 말한다.

▶ 그는 어떤 사람입니까?

彼はどんな人ですか。

가레와 돈나 히또데스까

▶ 매우 마음이 따뜻한 남자예요.

とても心の暖かい男ですよ。

도떼모 고꼬로노 아따따까이 오또꼬데스요

▶ 그는 유머가 있어서 함께 있으면 즐거워요.

彼はユーモアがあって、いっしょにいると楽しいですよ。

가레와 유-모아가 앗떼 잇쇼니 이루또 다노시-데스요

▶ 동료들은 좀 유별나도 좋은 녀석들입니다.

連中はちょっと変わっているけど、いいやつらですよ。

렌쥬-와 춋또 가왓떼 이루께도 이- 야쯔라데스요

▶ 재치가 있다고는 할 수 없지만, 무척 근면한 사람입니다.

気がきくとは言えませんが、きわめて勤勉な人です。

기가 기꾸또와 이에마셍가 기와메떼 김벤나 히또데스

単語 心 고꼬로 마음 暖かい 아따따까이 따뜻한 気がきく 기가기꾸 재치 있는

DAY 119 **바람직한 성격에 대해 말할 때**

일본인들은 자신의 생각을 잘 나타내지 않으며, 남의 생각에 대한 부정이나 부탁, 거절 등을 간접적이고 우회적인 표현을 사용한다. 이렇게 일본인들은 속마음의 변화가 겉으로 크게 나타나지 않기 때문에 말투나 분위기를 잘 파악하는 것이 중요하다고 한다.

▶ 그의 장점은 유머 센스라고 생각합니다.

彼(かれ)の長所(ちょうしょ)はユーモアのセンスだと思(おも)います。

가레노 쵸-쇼와 유-모아노 센스다또 오모이마스

▶ 나는 붙임성이 있다고 생각하고 있습니다.

自分(じぶん)は愛想(あいそう)のいいほうだと思(おも)っています。

지붕와 아이소-노 이- 호-다또 오못떼 이마스

▶ 저는 누구하고도 협력할 수 있습니다.

私(わたし)は誰(だれ)とでも協力(きょうりょく)できます。

와따시와 다레또데모 쿄-료꾸 데끼마스

▶ 친구는 나를 언제나 밝다고 말해 줍니다.

友達(ともだち)は私(わたし)のことをいつも明(あか)るいと言(い)ってくれます。

도모다찌와 와따시노고또오 이쯔모 아까루이또 잇떼 구레마스

▶ 우호적이고 배려하는 마음이 있다고 들을 때도 있습니다.

友好的(ゆうこうてき)で思(おも)いやりがあると言(い)われることもあります。

유-꼬-떼끼데 오모이야리가 아루또 이와레루 고또모 아리마스

単語 長所(ちょうしょ) 쵸-쇼 장점 愛想(あいそう) 이아소- 붙임성 明(あか)るい 아가루이 밝은

DAY 120 바람직하지 못한 성격에 대해 말할 때

상냥한 말투와 미소로 상대를 대하는 일본인의 친절에 외국인들은 매혹된다. 일본인과 함께 술자리를 갖게 됐을 때, 친해졌다는 생각에 자기의 감정을 일본인에게 직설적으로 이야기하기도 하지만, 자리가 파할 때까지 그들은 자신의 생각을 쉽게 말하지 않는다.

▶ 덜렁댑니다. 그게 약점임을 알고 있습니다.

そそっかしいんです。それが弱点(じゃくてん)だとわかっています。

소속까시인데스 소레가 쟈꾸뗀다또 와깟떼 이마스

▶ 저는 성격이 급한 편입니다.

私(わたし)は気(き)が短(みじか)いほうです。

와따시와 기가 미지까이 호-데스

▶ 그는 수다쟁이에다가 자기에 대한 말밖에 하지 않습니다.

彼(かれ)はおしゃべりで、その上(うえ)自分(じぶん)のことしか話(はな)しません。

가레와 오샤베리데 소노우에 지분노 고또시까 하나시마셍

▶ 그는 사소한 것에 상당히 까다로운 사람입니다.

彼(かれ)は細(こま)かいことになかなか口(くち)うるさい人(ひと)です。

가레와 고마까이 고또니 나까나까 구찌우루사이 히또데스

▶ 그녀는 좀 마음이 좁고 완고한 것이 결점입니다.

彼女(かのじょ)はちょっと心(こころ)が狭(せま)くて頑固(がんこ)なところが欠点(けってん)です。

가노죠와 춋또 고꼬로가 세마꾸떼 강꼬나 도꼬로가 겟뗀데스

単語 弱点(じゃくてん) 쟈꾸뗀 약점　細(こま)かい 고마까이 사소한　うるさい 우루사이 시끄러운

Chapter

06 교제와 결혼에 대해서

이성을 보고 한눈에 반할 때는 一目惚れる, 연애중일 때는 恋愛中, 헤어질 때는 別れる, 이성에게 차였을 때는 ふられる라는 표현을 쓴다. 또한 상대에게 이성의 친구가 있느냐고 물을 때는 異性の友だちはいますか라고 하며, 데이트에 관해서 물을 때는 デートはどうでしたか, 이성과 헤어지고 싶을 때는 상대에게 もう会わないほうがいいね라고 하면 된다.

DAY 121 지인·친구와의 교제

일본인은 친근한 정도에 관계없이 알게 된 상대에게는 놀러 오라고 한다. 그렇지만 앞으로 오래 사귈 가능성이 없는 사람에게 그 말은 단순한 인사말, 즉 '다테마에'로 하는 경우가 대부분이다.

▶ 우리들은 사이가 좋습니다.

私(わたし)たちは仲(なか)よしです。

와따시따찌와 나까요시데스

▶ 그녀는 그저 친구예요.

彼女(かのじょ)はほんの友達(ともだち)ですよ。

가노죠와 혼노 도모다찌데스요

▶ 아키코 양은 언제부터 아는 사이였습니까?

明子(あきこ)さんはいつからの知(し)り合(あ)いですか。

아끼꼬상와 이쯔까라노 시리아이데스까

▶ 이 회사에서 가장 친한 사람은 누구입니까?

この会社(かいしゃ)でいちばん親(した)しい人(ひと)は誰(だれ)ですか。

고노 카이샤데 이찌반 시따시- 히또와 다레데스까

単語 知(し)り合(あ)い 시리아이 아는 사이 親(した)しい 시따시- 친한

DAY 122

이성과의 데이트·교제

일본인의 연애관(恋愛観)은 사람마다 차이가 있겠지만 굉장히 자유분방한 편이다. 여기서는 일본인 이성과 교제를 할 때 쓰이는 표현을 익히자.

▶ 이성 친구는 있습니까?

異性(いせい)の友達(ともだち)はいますか。

이세-노 도모다찌와 이마스까

▶ 기무라 씨는 남자 친구가 있습니까?

木村(きむら)さんはボーイフレンドがいますか。

기무라상와 보-이후렌도가 이마스까

▶ 특별히 교제하고 있는 여자는 없습니다.

特別(とくべつ)に交際(こうさい)している女性(じょせい)はおりません。

토꾸베쯔니 코-사이시떼이루 죠세-와 오리마셍

▶ 여동생과 만날 수 있도록 주선해 주지 않겠나?

妹(いもうと)さんとデートできるように計(はか)らってくれないかな。

이모-또상또 데-또 데끼루요-니 하까랏떼 구레나이까나

▶ 이번 월요일에 그녀와 데이트합니다.

今度(こんど)の月曜日(げつようび)に彼女(かのじょ)とデートします。

곤도노 게쯔요-비니 가노죠또 데-또시마스

単語 異性(いせい) 이세- 이성 特別(とくべつ) 토꾸베쯔 특별 交際(こうさい) 코-사이 교제

DAY 123 연애에 대해서 말할 때

일본어에는 '사랑'이라는 말을 愛와 恋로 말한다. 愛는 넓은 의미의 사랑을 말하고, 恋는 남녀 간의 사랑을 말한다. 또한 '애인'을 恋人와 愛人이라고 한다. 愛人은 불륜의 관계를 말하므로 우리말로 직역하여 愛人이라고 하지 않도록 주의하자.

▶ 첫사랑은 12살 때였습니다.

初恋は12歳の時でした。

하쯔코이와 쥬-니사이노 도끼데시따

▶ 그녀와 연애 중입니다.

彼女と恋愛中です。

가노죠또 렝아이쮸-데스

▶ 기무라는 내 여동생에게 첫눈에 반해 버렸습니다.

木村は僕のいもうとに一目ぼれしてしまいました。

기무라와 보꾸노 이모-또니 히또메보레시떼 시마이마시따

▶ 요코에게 프로포즈를 했는데 거절당했어.

洋子にプロポーズしたのに、ふられちゃった。

요-꼬니 푸로뽀-즈시따노니 후라레짯따

▶ 어울리는 커플이야.

お似合いのカップルだ。

오니아이노 캅뿌루다

単語 初恋 하쯔코이 첫사랑 恋愛 렝아이 연애 一目ぼれ 히또메보레 첫눈에 반하다

DAY 124 

결혼 상대의 타입에 대해 말할 때 1

일본인의 결혼은 연애결혼과 중매결혼으로 나눌 수 있다. 중매결혼은 일본의 독특한 관습인데 사회적으로 신용 있는 인물이 결혼적령기의 남녀를 맺어 주는 것이다. 상대의 사진, 경력, 가정환경 정보를 교환하고 쌍방이 마음에 들면 자리를 마련, 서로를 소개한다.

▶ 키가 크고 핸섬하고, 게다가 농담을 할 줄 아는 사람이 좋아.

背(せ)が高(たか)くてハンサムで、それに冗談(じょうだん)がわかる人(ひと)がいいわ。

세가 다까꾸떼 한사무데 소레니 죠-당가 와까루 히또가 이-와

▶ 스포츠를 좋아하고 나를 지켜 줄 것 같은 사람이 좋아.

スポーツ好(ず)きで私(わたし)を守(まも)ってくれるような人(ひと)がいいわ。

스뽀-쯔즈끼데 와따시오 마못떼 구레루 요-나 히또가 이-와

▶ 유머가 있는 사람을 좋아해.

ユーモアのある人(ひと)が好(す)きなの。

유-모아노 아루 히또가 스끼나노

▶ 포용력이 있고 융통성이 있는 사람을 좋아해요.

包容力(ほうようりょく)があって融通(ゆうずう)のきく人(ひと)が好(す)きですわ。

호-요-료꾸가 앗떼 유-즈-노 기꾸 히또가 스끼데스와

▶ 로맨틱하고 야심찬 남자를 좋아합니다.

ロマンチックで野心的(やしんてき)な男性(だんせい)が好(す)きです。

로만칙꾸데 야신떼끼나 단세-가 스끼데스

単語 守(まも)る 마모루 지키다 融通(ゆうずう) 유-즈- 융통 ロマンチック 로만칙꾸 로맨틱

DAY 125 결혼 상대의 타입에 대해 말할 때 2

앞 페이지에 이어서 결혼 상대에 대해 말하는 표현들을 익혀 적절하게 사용해 보자.

▶ 지적이고 온화한 사람과 있으면 가장 편해.

知的(ちてき)で穏(おだ)やかな人(ひと)といるといちばんほっとするの。

치떼끼데 오다야까나 히또또 이루또 이찌방 홋또스루노

▶ 어떤 사람과 결혼하고 싶습니까?

どんな人(ひと)と結婚(けっこん)したいですか。

돈나 히또또 겟꼰시따이데스까

▶ 직장이 안정된 사람과 결혼하고 싶어.

仕事(しごと)が安定(あんてい)している人(ひと)と結婚(けっこん)したいわ。

시고또가 안떼-시떼이루 히또또 겟꼰시따이와

▶ 눈이 크고 머리카락이 긴 여자를 좋아합니다.

目(め)が大(おお)きくて髪(かみ)の長(なが)い女性(じょせい)が好(す)きです。

메가 오-끼꾸떼 가미노 나가이 죠세-가 스끼데스

▶ 가정적인 사람과 결혼하고 싶습니다.

家庭的(かていてき)な人(ひと)と結婚(けっこん)したいと思(おも)います。

가떼-테끼나 히또또 겟꼰시따이또 오모이마스

単語 知的(ちてき) 치떼끼 지적 仕事(しごと) 시고또 직업, 일

DAY 126

약혼에서 결혼까지

우리도 마찬가지이지만 일본에서도 성인이 되면 부모에게 독립하여 혼자 사는 사람이 많다. 또한 결혼할 나이가 지났어도 독신생활을 고집하는 사람이 많아 사회문제로 대두되고 있다.

▶ 결혼했습니까, 독신입니까?

結婚(けっこん)してますか、獨身(どくしん)ですか。

겟꼰시떼 마스까 도꾸신데스까

▶ 누나는 결혼했습니까?

お姉(ねえ)さんは結婚(けっこん)してるんですか。

오네-상와 겟꼰시떼룬데스까

▶ 여동생은 요전 토요일에 결혼했습니다.

妹(いもうと)はこの前(まえ)の土曜日(どようび)に結婚(けっこん)しました。

이모-또와 고노 마에노 도요-비니 겟꼰시마시따

▶ 언제 그와 결혼하니?

いつ彼(かれ)と結婚(けっこん)するの?

이쯔 가레또 겟꼰스루노

▶ 몇 살에 결혼하고 싶습니까?

いくつで結婚(けっこん)したいと思(おも)いますか。

이꾸쯔데 겟꼰시따이또 오모이마스까

単語 結婚(けっこん) 겟꼰 결혼 獨身(どくしん) 도꾸신 독신 お姉(ねえ)さん 오네-상 누나

DAY 127

일본에서의 결혼식은 최근에는 기독교식으로 올리는 사람이 많아졌다. 그러나 신앙심과의 관계는 적고, 예식을 거행할 때의 패션과 분위기로 선택하는 경우가 많으며, 최근에는 종교 색을 배제한 채 하객 앞에서 결혼을 맹세하는 人前式이 인기가 있다.

▶ 중매결혼은 중매쟁이가 주선합니다.

見合(みあ)い結婚(けっこん)は仲人(なこうど)さんが整(ととの)えます。

미아이겟꽁와 나꼬-도상가 도또노에마스

▶ 당신은 중매로 결혼할 생각입니까?

あなたはお見合(みあ)いで結婚(けっこん)するつもりですか。

아나따와 오미아이데 겟꼰스루 쯔모리데스까

▶ 신식 결혼식을 합니까?

新式(しんしき)の結婚式(けっこんしき)をやりますか。

신시끼노 겟꼰시끼오 야리마스까

▶ 피로연은 호텔에서 합니까?

披露宴(ひろうえん)はホテルでやりますか。

히로-엥와 호떼루데 야리마스까

▶ 신혼여행은 괌으로 갑니다.

新婚旅行(しんこんりょこう)はグアムへ行(い)きます。

싱꼰료꼬-와 구아무에 이끼마스

披露宴(ひろうえん) 히로-엥 피로연 ホテル 호떼루 호텔 新婚旅行(しんこんりょこう) 싱꼰료꼬- 신혼여행

128 출산에 대해 말할 때

일본에서는 출산율이 낮아 국가에서 출산보조금을 지급할 정도로 출산을 적극적으로 장려하고 있다. 상대의 자녀를 물을 때는 お子さん이라고 하며, 자신의 아이를 말할 때는 子(こ) 또는 子供(こども)라고 표현한다.

▶ 곧 아내가 아이를 낳습니다.

妻(つま)に近(ちか)く子供(こども)が生(う)まれます。

쯔마니 치까꾸 고도모가 우마레마스

▶ 예정일은 언제입니까?

予定日(よていび)はいつですか。

요떼-비와 이쯔데스까

▶ 그녀는 임신 3개월입니다.

彼女(かのじょ)は妊娠(にんしん)3ヶ月(さんかげつ)です。

가노죠와 닌싱 상까게쯔데스

▶ 축하할 일이 생겼다면서요?

おめでたださうですね。

오메데따다 소-데스네

▶ 자녀는 몇 명 갖고 싶으세요?

お子(こ)さんは何人(なんにん)ほしいですか。

오꼬상와 난닝 호시-데스까

単語 妻(つま) 쯔마 처 生(う)まれる 우마레루 태어나다 予定(よてい) 요떼- 예정 妊娠(にんしん) 닌싱 임신

DAY 129 부부싸움과 이혼에 대해 말할 때

부부간의 싸움과 이혼에 대한 상황에 따라 사용될 수 있는 다양한 표현을 알아보자.

▶ 우리들은 자주 싸워.

私(わたし)たちはよくけんかする。

와따시다찌와 요꾸 겡까스루

▶ 이제 아내를 사랑하지 않아.

もう妻(つま)を愛(あい)していないんだ。

모- 쯔마오 아이시떼 이나인다

▶ 넌 변했어.

君(きみ)は変(か)わったよ。

기미와 가왓따요

▶ 너와 함께 있어도 재미없어.

あなたといてもつまらないの。

아나따또 이떼모 쯔마라나이노

▶ 이혼하자.

離婚(りこん)しよう。

리꽁시요

単語 けんか 겡까 싸움 愛(あい)する 아이스루 사랑하다 離婚(りこん) 리꽁 이혼

Chapter

07 취미와 오락에 대해서

상대와의 대화를 자연스럽게 풀어나가기 위해서는 자신이나 상대가 좋아하는 것과 흥미를 가지고 있는 것에 대한 화제를 삼으면 된다. 좋아하는 오락 등에 대해서 이야기하다 보면 짧은 시간에 허물없는 사이가 되어 있을 것이다. 취미와 오락만큼 다양한 소재를 가지고 있는 화제도 많지 않으므로 ご趣味は何ですか로 시작해서 여러 상황에 응용할 수 있도록 여기에 언급된 표현을 잘 익혀 두자.

DAY 130 취미에 대해 말할 때

상대에게 취미를 물어볼 때는 보통 ご趣味は何ですか(취미는 뭡니까?)라고 말하며, 무슨 일에 흥미가 있는지를 물을 때는 何に興味をお持ちですか라고 한다.

▶ 취미는 무엇입니까?

ご趣味(しゅみ)は何(なん)ですか。

고슈미와 난데스까

▶ 일 이외에 무슨 특별한 흥미가 있습니까?

仕事(しごと)以外(いがい)に何(なに)か特(とく)に興味(きょうみ)のあることはありますか。

시고또 이가이니 나니까 도꾸니 쿄-미노아루 고또와 아리마스까

▶ 취미 중에 하나는 기념우표를 모으는 것입니다.

趣味(しゅみ)の1つ(ひと)は記念切手(きねんきって)を集(あつ)めることです。

슈미노 히또쯔와 기넹깃떼오 아쯔메루 고또데스

▶ 골동품 수집에 흥미가 있습니다.

骨董品(こっとうひん)集(あつ)めに興味(きょうみ)があります。

곳또-힝 아쯔메니 쿄-미가 아리마스

単語 趣味(しゅみ) 슈미 취미 興味(きょうみ) 쿄-미 흥미 集(あつ)める 아쯔메루 모으다

Part 5 일상생활의 화제 표현

DAY 131 기분 전환에 대해 말할 때

대부분 사람들은 한가할 때 자신이 좋아하는 일이나 평소에 관심을 가지고 있는 일을 하게 마련이다. 暇(ひま)는 시간이 있는 한가로운 상태를 말한다.

▶ 기분 전환으로 어떤 것을 하십니까?

気晴(きば)らしにどんなことをなさいますか。

기바라시니 돈나 고또오 나사이마스까

▶ 일이 끝난 후에 어떻게 즐기십니까?

仕事(しごと)の後(あと)はどうやって楽(たの)しんでますか。

시고또노 아또와 도-얏떼 다노신데 마스까

▶ 한가한 때는 무엇을 하십니까?

お暇(ひま)な時(とき)は何(なに)をなさいますか。

오히마나 도끼와 나니오 나사이마스까

▶ 자주 근처를 산책하고 있습니다.

よく近所(きんじょ)を散歩(さんぽ)してます。

요꾸 긴죠오 삼보시떼마스

単語 気晴(きば)らし 기바라시 기분 전환 暇(ひま) 히마 여가 散歩(さんぽ) 삼보 산책

DAY 132

오락에 대해 말할 때

우리는 온라인게임을 즐기는 편이지만, 일본인은 비디오게임을 선호하는 편이다. 또한 일반 성인들은 국민적 오락으로 자리 잡은 파친코(パチンコ)를 즐긴다.

▶ 어떤 게임을 하고 싶으세요?

どんなゲームをしたいんですか。

돈나 게-무오 시따인데스까

▶ 포커 치는 법을 가르쳐 줄래요?

ポーカーのやり方(かた)を教(おし)えてくれますか。

포-까-노 야리카따오 오시에떼 구레마스까

▶ 가위바위보로 차례를 정합시다.

ジャンケンで順番(じゅんばん)を決(き)めましょう。

쟝껜데 쥼방오 기메마쇼

▶ 텔레비전 게임에 빠져 있습니다.

テレビゲームに夢中(むちゅう)になっています。

테레비- 게-무니 무쮸-니 낫떼 이마스

▶ 파친코를 해 보았습니까?

パチンコをやってみましたか。

파찡꼬오 얏떼 미마시따까

単語 ゲーム 게-무 게임 やり方(かた) 야리까따 사용법 順番(じゅんばん) 쥼방 순서

Chapter

08 여가생활에 대해서

한가할 때 무엇을 하는지를 물을 때는 お暇なときは何をなさいますか라고 하면 상대는 テレビだけ見ます(텔레비전만 봅니다)라든가 本を読みます(책을 읽습니다)라고 대답할 것이다. 어떤 음악을 좋아하는지를 알고 싶을 때는 どんな音楽が好きですか, 좋아하는 화가를 물어볼 때는 好きな画家は誰ですか, 어떤 책을 좋아하느냐고 물을 때는 どんな本が好きですか라고 한다.

DAY 133 텔레비전에 대해 말할 때

메이저 지상파 방송은 NHK 종합TV(뉴스), NHK 교육TV, 니혼 TV(야구해설에 정평), TBS(쇼에 강함), 후지TV(흥미 위주), TV아사히(정치뉴스), 도쿄방송(주식과 경제동향) 등이 있다.

▶ 텔레비전은 자주 봅니까?

テレビはよく見(み)ますか。

테레비와 요꾸 미마스까

▶ 이 연속극은 젊은 여성에게 인기가 있습니다.

この連属(れんぞく)ドラマは若(わか)い女性(じょせい)に人気(にんき)があるんですよ。

고노 렌조꾸도라마와 와까이 죠세-니 닝끼가 아룬데스요

▶ 버라이어티 쇼는 그다지 보지 않습니다.

バラエティ・ショーはあまり見(み)ません。

바라에띠 쇼-와 아마리 미마셍

▶ 보고 싶은 프로는 녹화해 두고 나중에 차분히 봅니다.

見(み)たい番組(ばんぐみ)は録画(ろくが)しておいて、あとでゆっくり見(み)るんです。

미따이 방구미와 로꾸가시떼 오이떼 아또데 육꾸리 미룬데스

単語 連属(れんぞく) 렌조꾸 연속 若(わか)い 와까이 젊은 録画(ろくが) 로꾸가 녹화

134 독서에 대해 말할 때

일본에는 전철에서 책을 읽는 사람들이 많으며 일본 국민의 독서 열기는 대단하다는 이야기를 매스컴을 통해 자주 들을 수 있다. 일본 사람들이 만화를 많이 읽는 것은 사실이지만 만화를 많이 읽는다고 책을 안 읽는 것은 결코 아니다.

▶ 책을 많이 읽습니까?

本(ほん)をたくさん読(よ)みますか。

홍오 닥상 요미마스까

▶ 바빠서 차분히 독서할 시간이 없습니다.

忙(いそが)しくて、ゆっくり読書(どくしょ)する時間(じかん)がありません。

이소가시꾸떼 육꾸리 도꾸쇼스루 지깡가 아리마셍

▶ 어떤 책을 늘 읽습니까?

いつもどんな本(ほん)を読(よ)みますか。

이쯔모 돈나 홍오 요미마스까

▶ 어떤 책을 고르십니까?

どんな本(ほん)の選(えら)び方(かた)をなさってますか。

돈나 혼노 에라비카따오 나삿떼마스까

▶ 좋아하는 작가는 누구입니까?

好(す)きな作家(さっか)はだれですか。

스끼나 삭까와 다레데스까

単語 読書(どくしょ) 도꾸쇼 독서 選(えら)び 에라비 선별 作家(さっか) 삭까 작가

DAY 135 신문과 잡지에 대해 말할 때

일본의 신문은 크게 종합일간지 3개와 경제지 2개가 전국지로 나오고 있다. 발행부수는 예전 기준으로 요미우리신문이 1015만 부일 때 아사히신문이 830만 부, 마이니치신문이 390만 부, 니혼게이자이신문이 310만 부, 산케이신문이 150만 부 순이다.

▶ 신문은 무엇을 구독하고 있습니까?

新聞(しんぶん)は何(なに)をとってますか。

심붕와 나니오 돗떼마스까

▶ 광고와 만화를 대충 보고 나서 사설을 읽습니다.

広告(こうこく)と漫画(まんが)に目(め)を通(とお)してから社説(しゃせつ)を読(よ)みます。

고-꼬꾸또 망가니 메오 도-시떼까라 샤세쯔오 요미마스

▶ 어떤 잡지를 좋아합니까?

どんな雑誌(ざっし)が好(す)きですか。

돈나 잣시가 스끼데스까

▶ 저에게 재미있는 잡지를 소개해 주지 않을래요?

私(わたし)におもしろい雑誌(ざっし)を紹介(しょうかい)してくれませんか。

와따시니 오모시로이 잣시오 쇼-까이시떼 구레마센까

単語 新聞(しんぶん) 심붕 신문 広告(こうこく) 고-꼬꾸 광고 社説(しゃせつ) 샤세쯔 사설 雑誌(ざっし) 잣시 잡지

DAY 136

영화에 대해 말할 때

일본은 섬나라라서 토속적인 이야기가 많다. 그래서 영화화할 수 있는 콘텐츠가 다양하다(사무라이, 귀신 이야기 등). 공포영화도 저주받은 비디오 이야기(링)에 저주받은 집(주온), 그리고 기니피그 같은 마니아 취향의 고어물, 심지어 좀비 스플래터 영화까지 만든다.

▶ 영화는 자주 보러 갑니까?

映画(えいが)にはよく行(い)きますか。

에-가니와 요꾸 이끼마스까

▶ 어떤 영화를 좋아하십니까?

どんな映画(えいが)がお好(す)きですか。

돈나 에-가가 오스끼데스까

▶ 그 영화는 어땠습니까?

その映画(えいが)はどうでした?

소노 에-가와 도-데시따

▶ 좋아하는 남자 배우, 여자 배우는 누구입니까?

好(す)きな男優(だんゆう)、女優(じょゆう)は誰(だれ)ですか。

스끼나 단유- 죠유-와 다레데스까

▶ 주말에 극장에 가지 않을래요?

週末(しゅうまつ)に映画館(えいがかん)へ行(い)きませんか。

슈-마쯔니 에-가깡에 이끼마센까

単語 映画(えいが) 에-가 영화 男優(だんゆう) 단유- 남자 배우 女優(じょゆう) 죠유- 여자 배우

Chapter

09 건강에 대해서

상대의 건강을 물을 때는 気分はどうですか라고 한다. 또, 어딘가 건강이 안 좋아 보일 때 どうしましたか로 질문을 하면, 이에 대한 응답으로 괜찮을 때는 大丈夫です, ご心配なく, 좋지 않을 때는 体調がひどく悪いんです라고 하면 된다. 상대가 아팠을 때 위로하는 표현으로는 早くよくなるといいですね나 どうぞお大事に 등이 있다. 여기서는 건강에 대한 표현과 몸이 안 좋을 때의 표현에 자신감을 갖도록 하였다.

DAY 137 건강에 대해 말할 때

건강은 무엇으로도 바꿀 수 없는 아주 소중한 것이다. 평소에 자신의 건강관리에 힘쓰도록 하자. 상대의 건강이 안 좋아 보일 때는 ご気分(きぶん)でも悪(わる)いんですか(어디 편찮으세요?)라고 물어보자.

▶ 기운이 없어 보이네요.

元気(げんき)がないようですね。

겡끼가 나이요-데스네

▶ 어디 편찮으세요?

ご気分(きぶん)でも悪(わる)いんですか。

고키분데모 와루인데스까

▶ 좀 안색이 안 좋은 것 같군요.

ちょっと顔色(かおいろ)がすぐれないようですね。

촛또 가오이로가 스구레나이 요-데스네

▶ 어디 안 좋으세요?

どこが悪(わる)いんですか。

도꼬가 와루인데스까

単語 気分(きぶん) 끼분 기분 顔色(かおいろ) 가오이로 안색

DAY 138

건강에 대해 대답할 때

상대가 자신의 건강에 대해서 신경을 써 주면 그만큼 자신에 관심이 있다는 것을 나타내므로 무척 고마운 일이 아닐 수 없다. 이럴 때는 먼저 감사를 표시하고 자신의 건강상태를 말하자.

▶ 오늘은 조금 좋아졌습니까?

今日(きょう)は少(すこ)し良(よ)くなりましたか。

쿄-와 스꼬시 요꾸 나리마시따까

▶ 완전히 나았습니까?

完全(かんぜん)に治(なお)りましたか。

칸젠니 나오리마시다까

▶ 아무데도 이상이 없습니다.

どこもおかしくありません。

도꼬모 오까시꾸 아리마셍

▶ 괜찮습니다. 걱정 마세요.

大丈夫(だいじょうぶ)です。ご心配(しんぱい)なく。

다이죠-부데스 고심빠이나꾸

▶ 컨디션은 좋습니다.

体調(たいちょう)はいいです。

타이쪼-와 이-데스

単語 治(なお)る 나오루 치료되다 心配(しんぱい) 심빠이 걱정 体調(たいちょう) 타이쪼- 컨디션

Part 5 일상생활의 화제 표현

DAY

139 상대를 위로할 때

여기서는 상대의 건강상태가 좋지 않거나 아플 때 따뜻하게 위로하는 표현을 익히도록 하였다. どうぞお大事(だいじ)には 관용적인 위로의 표현이므로 잘 익혀 두자.

▶ 몸이 좋지 않아서 힘들겠군요.

具合(ぐあい)が悪(わる)くて大変(たいへん)ですね。

구아이가 와루꾸떼 다이헨데스네

▶ 빨리 나으면 좋겠군요.

早(はや)く良(よ)くなるといいですね。

하야꾸 요꾸나루또 이-데스네

▶ 몸조리 잘하세요.

どうぞお大事(だいじ)に。

도-조 오다이지니

▶ 좀 쉬는 게 어때요?

少(すこ)し休(やす)んだらどうです?

스꼬시 야슨다라 도-데스

▶ 잠시 누워 있는 게 좋겠어요.

しばらく横(よこ)になったほうがいいですよ。

시바라꾸 요꼬니낫따 호-가 이-데스요

単語 具合(ぐあい) 구아이 컨디션 大事(だいじ)に 다이지니 소중하게 しばらく 시바라꾸 잠시

DAY 140

운동에 대해 말할 때

건강을 유지하기 위해서는 규칙적인 운동만큼 좋은 것은 없다. 바쁜 일상이지만 평소에 틈나는 대로 운동하는 습관을 기르도록 하자.

▶ 운동은 늘 합니까?

うんどう
いつも運動していますか。

이쯔모 운도-시떼 이마스까

▶ 운동을 무척 좋아합니다.

うんどう だいす
運動することが大好きです。

운도-스루 고또가 다이스끼데스

▶ 매일 아침 조깅을 하고 있습니다.

まいあさ
毎朝、ジョギングしています。

마이아사 조깅구시떼 이마스

▶ 매일 조금씩이라도 운동하려고 마음을 먹고 있습니다.

まいにちすこ うんどう こころ が
毎日少しでも運動するよう心掛けています。

마이니찌 스꼬시데모 운도-스루요- 고꼬로가께떼 이마스

▶ 일찍 자고 일찍 일어나는 것이 건강의 비결입니다.

はや ね はや お けんこう もと
早寝早起きは健康の元です。

하야네 하야오끼와 겡꼬-노 모또데스

単語 運動(うんどう) 운도- 운동　心掛ける(こころがける) 결심하다　早寝(はやね) 하야네 일찍 자기

Chapter
10 스포츠에 대해서

여가와 스포츠에 관한 화제는 상대와의 공통점을 발견할 수 있는 좋은 기회로 쉽게 친해질 수 있는 계기가 된다. 한가할 때 무엇을 하는지를 물을 때는 お暇なときは何をなさいますか, 어떤 스포츠를 하느냐고 물을 때는 どんなスポーツをやっていますか, 어떤 스포츠를 좋아하느냐고 물을 때는 どんなスポーツがお好きですか, 스포츠 관전을 권유할 때는 今度の週末に東京ドームへ行きませんかと라고 하면 된다.

DAY 141 스포츠에 대해 말할 때

축구(サッカー)는 프로화되고 월드컵을 치르면서 야구에 버금가는 인기 스포츠가 되었다. 스모(相撲(すもう))는 가장 인기 있는 스포츠지만 쇠퇴 기미를 보인다. K1은 이종격투기로 그 열기가 대단하다.

▶ 무슨 스포츠를 하십니까?

何(なに)かスポーツをおやりですか。

나니까 스뽀-쓰오 오야리데스까

▶ 골프와 야구를 합니다.

ゴルフと野球(やきゅう)をやります。

고루후또 야뀨-오 야리마스

▶ 여름에는 수영하러, 겨울에는 스키나 스케이트를 타러 갑니다.

夏(なつ)は水泳(すいえい)に、冬(ふゆ)はスキーやスケートに行(い)きます。

나쯔와 스이에-니 후유와 스끼-야 스께-또니 이끼마스

▶ 어렸을 때부터 등산을 좋아했습니다.

子供(こども)のころから登山(とざん)が好(す)きでした。

고도모노 고로까라 도장가 스끼데시따

単語 野球(やきゅう) 야뀨- 야구 水泳(すいえい) 스이에- 수영 登山(とざん) 도장 등산

DAY **142** **스포츠를 관전할 때**

甲子園에서 매년 두 번 열리는 전국 고교야구 선수권 대회는 프로야구 못지않은 인기를 자랑하는 대회로 NHK를 통해 전경기가 실황 중계됨은 물론이고, 스포츠 뉴스에서도 어김없이 헤드라인을 장식한다.

▶ 스포츠는 직접 하는 것보다 보는 것에 흥미가 있습니다.

スポーツは自分(じぶん)でやるより観(み)るほうに興味(きょうみ)があります。

스뽀-쓰와 지분데 야루요리 미루 호-니 쿄-미가 아리마스

▶ 밤에는 항상 텔레비전으로 야간경기를 보고 있습니다.

夜(よる)はいつもテレビでナイターを見(み)ています。

요루와 이쯔모 테레비데 나이따-오 미떼 이마스

▶ 복싱 시합을 보는 것은 좋아합니까?

ボクシングの試合(しあい)を観(み)るのは好(す)きですか。

보꾸싱구노 시아이오 미루노와 스끼데스까

▶ 이번 주말에 도쿄돔에 가지 않을래요?

今度(こんど)の週末(しゅうまつ)に東京(とうきょう)ドームへ行(い)きませんか。

곤도노 슈-마쯔니 도-꾜-도-무에 이끼마센까

▶ 어디와 어디 시합입니까?

どことどこの試合(しあい)ですか。

도꼬또 도꼬노 시아이데스까

単語 ナイター 나이따- 야간경기 試合(しあい) 시아이 시합 ドーム 도-무 돔

DAY 143 여러 가지 스포츠에 대해 말할 때

일본의 프로 선수는 일반인들의 동경의 대상이 됨은 물론이며, 신랑감 후보로도 상당한 인기를 자랑한다. 특히, 美人スポーツキャスター(미인 스포츠 중계 아나운서)와 프로야구 선수 커플은 흔히 볼 수 있는 이상적 커플의 하나로 ワイドショー에도 자주 등장한다.

▶ 야구는 가장 활발한 스포츠 중 하나입니다.

野球は最も盛んなスポーツの1つです。

야뀨-와 못또모 사깐나 스뽀-쓰노 히또쯔데스

▶ 요즘에는 축구에 흥미가 있습니다.

最近はサッカーに興味があります。

사이낑와 삭까-니 쿄-미가 아리마스

▶ 스키 같은 겨울 스포츠를 좋아합니다.

スキーのような冬のスポーツが好きです。

스끼-노 요-나 후유노 스뽀-쓰가 스끼데스

▶ 월드컵으로 축구를 좋아하게 되었습니다.

ワールドカップでサッカーが好きになりました。

와-루도캅뿌데 삭까-가 스끼니나리마시따

▶ 여름에는 다이빙, 요트 등을 하러 갑니다.

夏にはダイビング、ヨットなどに出かけます。

나쯔니와 다이빙구 욧또 나도니 데까께마스

単語 盛んな 사깐나 활발한 サッカー 삭까- 축구 ヨット 욧또 요트

Chapter

11 날씨와 계절에 대해서

우리는 아는 사람을 만났을 때 일상적으로 쓰는 말이 "안녕하세요"이지만, 일본어에서는 영어처럼 아침(おはようございます), 낮(こんにちは), 저녁(こんばんは) 인사를 구분하여 쓰고 있다. 친한 사이라면 아침에 만났을 때 おはよう라고만 해도 무방하며, 더욱 줄여서 オッス라고도 한다. 근황을 물을 때는 お元気ですか라고 하며, 이에 대한 응답으로는 おかげさまで元気です라고 한다.

DAY 144 날씨에 대한 인사말

일본은 국토가 남북으로 길어서 남과 북의 기후가 서로 다르므로 지방에 따라 기후에 관한 인사 표현이 천차만별이다. 날씨에 관한 인사를 다양하게 알아 두자.

▶ 날씨가 좋군요.

いい天気(てんき)ですね。

이- 텡끼데스네

▶ 이런 날씨가 계속되면 좋겠군요.

こんな天気(てんき)が続(つづ)くといいですね。

곤나 텡끼가 쯔즈꾸또 이-데스네

▶ 별로 날씨가 좋지 않군요.

あまり天気(てんき)が良(よ)くないですね。

아마리 텡끼가 요꾸나이데스네

▶ 또 비가 올 것 같군요.

また雨(あめ)になりそうですね。

마따 아메니 나리소-데스네

単語 あまり 아마리 별로 雨(あめ) 아메 비

DAY 145 **날씨를 묻는 표현과 일기예보**

날씨를 물어봤을 때의 응답 표현은 대부분 정보의 인용처를 밝혀 ~によると ~そうだ(~에 의하면 ~라고 한다)의 문형을 이용한다.

▶ 오늘은 날씨가 어떻습니까?

今日(きょう)はどんな天気(てんき)ですか。

교-와 돈나 텡끼데스까

▶ 오늘 일기예보는?

今日(きょう)の天気予報(てんきよほう)は?

쿄-노 텡끼요호-와

▶ 일기예보에 의하면 내일은 비가 온답니다.

天気予報(てんきよほう)によると明日(あす)は雨(あめ)だそうです。

텡끼요호-니 요루또 아스와 아메다 소-데스

▶ 오늘 일기예보로는 오전 중에는 흐리고, 오후에는 비가 내립니다.

今日(きょう)の天気予報(てんきよほう)では、午前中(ごぜんちゅう)は曇(くも)り、午後(ごご)は雨(あめ)です。

쿄-노 텡끼요호-데와 고젠쮸-와 구모리 고고와 아메데스

単語 天気予報(てんきよほう) 텡끼요호- 일기예보

DAY 146

맑고 흐린 날씨에 대해 말할 때

비가 올 것 같을 때는 はっきりしないお天気ですね(날씨가 우중충하군요)라고 하며, 또 비가 올 때는 あいにくのお天気ですね(운 나쁘게도 비가 오는군요)라고 한다.

▶ 날씨가 개었어요.

晴(は)れてきましたよ。

하레떼 기마시따요

▶ 요즘 날씨가 계속해서 좋군요.

このところすばらしい天気(てんき)が続(つづ)いてますね。

고노도꼬로 스바라시- 텡끼가 쓰즈이떼마스네

▶ 점점 흐려지네요.

だんだん曇(くも)ってきましたよ。

단당 구못떼 기마시따요

▶ 당장이라도 비가 내릴 것 같군요.

今(いま)にも雨(あめ)が降(ふ)りそうですね。

이마니모 아메가 후리소-데스네

Part 5 일상생활의 화제 표현

単語 晴(は)れ 하레 맑음 だんだん 단단 점점 曇(くも)り 구모리 흐림

DAY 147 바람이 부는 날씨에 대해 말할 때

날씨에 대한 화제는 부드러운 대화의 시작이나 화제의 전환이 필요한 때 상황에 따라 다양한 표현이 있으므로 자주 사용되는 표현들을 잘 익혀서 상황에 맞게 사용해 보자.

▶ 밖에는 바람이 세차겠죠?

外(そと)は風(かぜ)が強(つよ)いでしょう?

소또와 가제가 쓰요이데쇼

▶ 바람이 심하게 불고 있군요.

風(かぜ)がひどく吹(ふ)いていますね。

가제가 히도꾸 후이떼 이마스네

▶ 바람이 완전히 멎었습니다.

風(かぜ)がすっかりおさまりました。

가제가 슥까리 오사마리마시따

▶ 정말 기분이 좋은 바람이죠.

なんて気持(きも)ちのいい風(かぜ)でしょう。

난떼 기모찌노 이- 가제데쇼

単語 外(そと) 소또 밖 風(かぜ) 가제 바람 強(つよ)い 쓰요이 강하다 吹(ふ)く 후꾸 바람 불다

DAY 148 비 오는 날씨에 대해 말할 때

비가 심하게 내릴 때에는 ひどい降(ふ)りですね(심하게 내리는군요)라고 하며, 또 소나기처럼 비가 지나갈 때는 通(とお)り雨(あめ)ですよ(지나가는 비예요)라고 한다.

▶ (비가) 심하게 내리는군요.

ひどい降(ふ)りですねえ。

히도이 후리데스네

▶ 억수같이 쏟아지는군요.

どしゃ降(ぶ)りになりますね。

도샤부리니 나리마스네

▶ 그저 지나가는 비예요.

たんなる通(とお)り雨(あめ)ですよ。

단나루 도-리아메데스요

▶ 만약을 위해 우산을 가지고 가는 게 좋겠어요.

念(ねん)のため傘(かさ)は持(も)って行(い)くほうがいいですよ。

넨노따메 가사와 못떼이꾸 호-가 이-데스요

▶ 이제 비는 그쳤습니까?

もう雨(あめ)は止(や)みましたか。

모- 아메와 야미마시따까

単語 ひどい 히도이 심하게　どしゃ 도샤 억수

DAY 149 따뜻한 날씨에 대해 말할 때

계절이 바뀌어 날씨가 따뜻해질 때의 상황에 따라 다양한 표현이 있으므로 자주 사용되는 표현들을 잘 익혀서 상황에 맞게 사용해 보자.

▶ 점점 따뜻해지는군요.

だんだん暖(あたた)かくなってきましたね。

단당 아따따까꾸낫떼 기마시따네

▶ 따뜻해서 기분이 좋군요.

暖(あたた)かくて気持(きも)ちがいいですね。

아따따까꾸떼 기모찌가 이-데스네

▶ 오늘은 따스하군요.

今日(きょう)はぽかぽか暖(あたた)かいですね。

쿄-와 뽀까뽀까 아따따까이데스네

▶ 이 시기 치고는 제법 따뜻하군요.

この時期(じき)にしてはかなり暖(あたた)かいですね。

고노 지끼니 시떼와 가나리 아따따까이데스네

▶ 이제 곧 따뜻해지겠지요.

もうじき暖(あたた)かくなるでしょうね。

모-지끼 아따따까꾸 나루데쇼-네

単語 ぽかぽか 뽀까뽀까 따뜻한 날씨를 표현하는 말 もうじき 모-지끼 곧

DAY 150

더운 날씨에 대해 말할 때

한여름의 습기가 많고 찌는 듯한 무더운 날씨를 말할 때는 보통 蒸し暑い나 ムシムシ로 표현한다. 밤에 더워서 잠 못 이루는 '열대야'는 熱帯夜(ねったいや)라고 한다.

▶ 오늘은 상당히 덥군요.

今日(きょう)はなかなか暑(あつ)いですね。

쿄-와 나까나까 아쯔이데스네

▶ 오늘도 다시 더워질 것 같군요.

今日(きょう)もまた暑(あつ)くなりそうですよ。

쿄-모 마따 아쯔꾸나리 소-데스요

▶ 창문을 열어도 될까요? 푹푹 찌니까요.

窓(まど)を開(あ)けてもいいですか。むしむししますから。

마도오 아께떼모 이-데스까 무시무시시마스까라

▶ 이 더위는 견딜 수 없습니다.

この暑(あつ)さには耐(た)えられません。

고노 아쯔사니와 다에라레마센

▶ 더운 것은 괜찮은데, 이 습기에는 질렸습니다.

暑(あつ)いのは平気(へいき)ですが、この湿気(しっけ)にはまいりますよ。

아쯔이노와 헤-끼데스가 고노 식께니와 마이리마스요

単語 なかなか 나까나까 상당히 暑(あつ)く 아쯔꾸 더운 湿気(しっけ) 식께 습기

DAY 151

차가운 날씨에 대해 말할 때

일본은 가늘고 긴 細長い(ほそなが) 지형으로 인해 남쪽에는 거의 눈이 내리지 않지만, 북쪽에는 눈이 많이 내린다. 겨울에 사람을 만났을 때 하는 인사말로는 寒いですね(춥군요)가 있지만 ひえますねぇ라고 하면 한겨울의 추위가 뼛속까지 스며드는 느낌이 든다.

▶ 좀 차가워졌군요.

ちょっと冷(ひ)え込(こ)んできましたね。

촛또 히에꼰데 기마시따네

▶ 추워졌어요.

寒(さむ)くなりましたね。

사무꾸 나리마시다네

▶ 쌀쌀하군요.

冷(ひ)え冷(び)えしますね。

히에비에시마스네

▶ 저는 추워서 죽겠습니다. 당신은?

私(わたし)は寒(さむ)くてたまりません。あなたは?

와따시와 사무꾸떼 다마리마셍 아나따와

▶ 겨울이 되면 추워집니다.

冬(ふゆ)になると寒(さむ)くなります。

후유니 나루또 사무꾸나리마스

単語 冷(ひ)える 히에루 차갑다 冷(ひ)え込(こ)む 히에꼬무 차가워지다

DAY 152

계절에 대해 말할 때

일본도 우리와 마찬가지로 사계절의 변화가 뚜렷하다. 봄의 따뜻한 날씨라면 暖かいですね, 여름의 더운 날씨라면 暑いですね, 가을의 시원한 날씨라면 涼しいですね, 겨울의 추운 날씨라면 寒いですね라고 먼저 화제를 꺼내면 훨씬 대화가 부드러워질 것이다.

▶ 당신이 가장 좋아하는 계절은?

あなたのいちばん好(す)きな季節(きせつ)は?

아나따노 이찌반 스끼나 기세쯔와

▶ 완전히 봄이군요.

すっかり春(はる)ですね。

슥까리 하루데스네

▶ 장마에 들어섰습니다.

梅雨(つゆ)に入(はい)っています。

쯔유니 하잇떼 이마스

▶ 태풍이 다가오고 있습니다.

台風(たいふう)が近(ちか)づいています。

타이후-가 치까즈이떼 이마스

単語 季節(きせつ) 기세쯔 계절 梅雨(つゆ) 쯔유 장마 台風(たいふう) 타이후- 태풍 紅葉(こうよう) 코-요- 단풍

Chapter

12 시간과 연월일에 대해서

시간을 물을 때는 何時ですか라고 하며, 이에 대한 응답으로는 정각이면 ちょうど를 쓰고 정각을 지났을 때는 すぎ를 써서 표현한다. 월이나 요일 또는 날짜를 물을 때는 의문의 뜻을 나타내는 조수사 何를 써서 何月(なんがつ), 何曜日(なんようび), 何日(なんにち)라고 묻고, 연도를 물을 때는 何年(なんねん)이라고 하면 된다.

DAY 153 시간을 묻고 답할 때

바쁘게 살아가는 현대인에게 시간(時間[じかん])은 매우 긴밀한 관계에 있다. 時[じ]를 물을 때는 何時[なんじ], 분을 물을 때는 何分[なんぷん], 초를 물을 때는 何秒[なんびょう]라고 한다.

▶ 지금 몇 시입니까?

いま　なんじ
今、何時ですか。

이마 난지데스까

▶ 8시 5분입니다.

はちじごふん
8時5分です。

하찌지 고훈데스

▶ 9시 5분 전입니다.

くじごふんまえ
9時5分前です。

구지 고훔마에데스

▶ 11시 15분이 지났습니다.

じゅういちじじゅうごふんす
11時15分過ぎです。

쥬-이찌지 쥬-고훈스기데스

単語 過[す]ぎ 스기 지나침

DAY 154 시간에 대해 말할 때

일본인은 시간에 대한 강박관념이 투철하여 약속시간 10분 전에 약속 장소 근방에 가 있다가 시간에 맞춰 나타난다. 총리대신의 하루 일정은 분(分) 단위로 언론에 예고된다.

▶ 몇 시에 약속이 있습니까?

何時(なんじ)に約束(やくそく)がありますか。

난지니 약소꾸가 아리마스까

▶ 4시 무렵에는 돌아오겠습니다.

4時頃(よじごろ)には戻(もど)って来(き)ます。

요지고로니와 모돗떼 기마스

▶ 시간이 없어요.

時間(じかん)がありませんよ。

지깡가 아리마셍요

▶ 아침에는 몇 시 무렵에 일어납니까?

朝(あさ)は何時(なんじ)ごろ起(お)きますか。

아사와 난지고로 오끼마스까

▶ 어젯밤은 몇 시에 잤습니까?

昨夜(さくや)は何時(なんじ)に寝(ね)ましたか。

사꾸야와 난지니 네마시따까

単語 約束(やくそく) 약소꾸 약속　昨夜(さくや) 사꾸야 어젯밤

DAY 155 시계에 대해 말할 때

일본에서 '1초도 안 틀리는 시계'가 인기를 끈 적이 있다. 이 시계는 라디오 전파를 잡아내는 기능이 있다. 매 시간 방송국 시보(時報)를 듣고 틀린 시각을 스스로 바로잡는다. 시간관념이 철저한 일본인에겐 시간마다 초침을 교정하는 시계가 필요할 만하다.

▶ 내 시계는 11시입니다.

わたしの時計(とけい)では11時(じゅういちじ)です。

와따시노 도께-데와 쥬-이찌지데스

▶ 내 시계는 정확합니다.

わたしの時計(とけい)は正確(せいかく)です。

와따시노 도께-와 세-까꾸데스

▶ 당신 시계는 좀 빠른 것 같습니다.

あなたのはちょっと進(すす)んでいると思(おも)います。

아나따노와 춋또 스슨데 이루또 오모이마스

▶ 이 시계는 몇 초밖에 늦지 않습니다.

この時計(とけい)は数秒(すうびょう)しか遅(おく)れていません。

고노 도께-와 스-뵤-시까 오꾸레떼 이마셍

▶ 자명종을 7시에 맞춰 놨는데 울리지 않았습니다.

目覚(めざ)ましを7時(しちじ)にセットしたのに、鳴(な)りませんでした。

메자마시오 시찌지니 셋또시따노니 나리마센데시따

単語 時計(とけい) 도께- 시계 正確(せいかく) 세-까꾸 정확 目覚(めざ)まし 메자마시 자명종

DAY 156

요일과 연월일에 대해 말할 때

연도를 물을 때는 何年(なんねん), 월을 물을 때는 何月(なんがつ), 요일을 물을 때는 何曜日(なにようび), 줄여서 何曜日(なんようび)라고도 한다. 일을 물을 때는 何日(なんにち)라고 한다.

▶ 오늘은 며칠입니까?

今日(きょう)は何日(なんにち)ですか。

쿄-와 난니찌데스까

▶ 오늘은 무슨 요일입니까?

今日(きょう)は何曜日(なんようび)ですか。

쿄-와 낭요-비데스까

▶ 오늘은 몇 월 며칠입니까?

今日(きょう)は何月(なんがつ)何日(なんにち)ですか。

쿄-와 낭가쯔 난니찌데스까

▶ 당신의 생일은 언제?

あなたの誕生日(たんじょうび)は?

아나따노 탄죠-비와

▶ 몇 년 생입니까?

何年(なんねん)の生(う)まれですか。

난넨노 우마레데스까

単語 何月(なんがつ) 난가쯔 몇 월 何日(なんにち) 난니찌 몇 일 何年(なんねん) 난넨 몇 년

Chapter 13

미용과 세탁에 대해서

이발소나 미용실에 가면 이발사나 미용사가 どのようにしましょうか(어떻게 할까요)라고 묻는다. 이때 자신이 원하는 헤어스타일을 말해야 한다. 따라서 면도를 할 것인지, 이발만 할 것인지, 머리는 감을 것인지, 드라이를 할 것인지, 파마를 할 것인지 분명하게 말할 수 있는 표현을 익혀야 한다. 미용실에서 파마를 부탁할 때는 パーマをかけてください라고 하면 된다.

DAY 157 이발소에서

이발소에서 이발이란 머리카락을 가지런히 잘라 모양을 다듬는 것이다. 이발소는 理容室(りようしつ), 床屋(とこや)라고도 한다. 친근감을 담아 床屋(とこや)さん이라고 부르는 경우도 많다.

▶ 어떻게 할까요?

どのようにしましょうか。

도노요-니 시마쇼-까

▶ 이발과 면도를 부탁합니다.

散髪(さんぱつ)とひげそりをお願(ねが)いします。

삼빠쯔또 히게소리오 오네가이시마스

▶ 머리를 조금 잘라 주세요.

髪(かみ)を少(すこ)し刈(か)ってください。

가미오 스꼬시 갓떼 구다사이

▶ 머리를 염색을 해 주세요.

髪(かみ)の毛(け)を染(そ)めてください。

가미노께오 소메떼 구다사이

単語 散髪(さんぱつ) 삼빠쯔 이발 ひげそり 히게소리 면도 染(そ)める 소메루 염색하다

DAY 158 미용실에서

미용실의 미용은 머리 손질만을 말하는 것이 아니라, 얼굴이나 모습을 아름답게 하는 일 전반을 가리키는 것이다. 미용실은 美容室(びようしつ), beauty salon, hair salon 등 여러 가지로 불리고 있다.

▶ 커트입니까, 파마입니까?

カットですか、パーマですか。

캇또데스까 파-마데스까

▶ 커트를 해 주세요.

カットしてください。

캇도시떼 구다사이

▶ 지금 헤어스타일을 조금 바꾸고 싶은데요.

今(いま)のヘアスタイルを少(すこ)し変(か)えたいんですが。

이마노 헤아스따이루오 스꼬시 가에따인데스가

▶ 이 부분은 너무 짧지 않도록 해 주세요.

この部分(ぶぶん)は短(みじか)すぎないようにしてください。

고노 부붕와 미지까스기나이 요-니 시떼 구다사이

単語 カット 캇또 커트 パーマ 파-마 파마 ヘアスタイル 헤아스따이루 헤어스타일

DAY 159 세탁소에서

세탁소 하면 흔히 주택가를 떠올린다. 그러나 일본에서는 도심 한가운데에 있는 '미사즈 히트'라는 작은 세탁소가 붐을 일으켰다. 더러워진 옷을 급히 세탁해야 하는 경우에도 이용되지만 주로 출근길에 맡기고 퇴근길에 찾는 독신 남녀, 맞벌이 부부들이 애용한다.

▶ 클리닝을 부탁해요.

クリーニングをお願(ねが)いします。

쿠리-닝구오 오네가이시마스

▶ 언제 됩니까?

いつ仕上(しあ)がりますか。

이쯔 시아가리마스까

▶ 와이셔츠 3장과 바지가 있습니다.

ワイシャツ3枚(さんまい)とズボンがあります。

와이샤쯔 삼마이또 즈봉가 아리마스

▶ 이 얼룩은 질까요?

このしみは取(と)れるでしょうか。

고노 시미와 도레루데쇼-까

▶ 내일 아침까지 부탁합니다.

明日(あした)の朝(あさ)までにお願(ねが)いします。

아시따노 아사마데니 오네가이시마스

単語 仕上(しあ)がり 시아가리 마무리 ズボン 즈봉 바지 しみ 시미 얼룩

Chapter 14

음주와 흡연에 대해서

밤이 되면 번화가와 역의 여기저기서 술에 취해 앉아 있거나, 벤치에 누워 있는 사람들의 모습을 발견할 수 있다. 그것은 대단히 평범한 회사원, 혹은 학생들이다. 약간 눈살을 찌푸릴 뿐, 그것을 지나치게 나무라지는 않는 것이 일본인이다. 또한 일본에서는 모여서 술을 마실 기회가 많다. 망년회, 신년회, 송별회, 환영회, 사원여행에서의 연회 등 온갖 형태로 집단적으로 술을 마신다.

DAY 160 술을 마시자고 할 때

일본인과 친밀하게 사귀고 싶거나 같은 직장에서 일을 마치고 귀가 길에 一杯いかがですか(한잔하시겠어요?)라고 권하며 잠깐 한잔하는 것도 일본어를 할 수 있는 좋은 기회이다.

▶ 어디서 한잔하는 건 어때?

どこかで一杯(いっぱい)やるのはどう?

도꼬까데 입빠이 야루노와 도

▶ 오늘 밤 한잔하러 가지 않을래요?

今晩(こんばん)、飲(の)みに行(い)きませんか。

곰반 노미니 이끼마센까

▶ 맥주를 마시러 가는 건 어때?

ビールを飲(の)みに行(い)くのはどうだい?

비-루오 노미니 이꾸노와 도-다이

▶ 귀가 길에 선술집에 들러 잠깐 한잔하자.

帰(かえ)りに居酒屋(いざかや)へ寄(よ)ってちょっと一杯(いっぱい)やろうよ。

가에리니 이자까야에 욧떼 춋또 입빠이야로-요

単語 一杯(いっぱい) 입빠이 한 잔 飲(の)み 노미 마심, 술마심 寄(よ)る 요루 들르다

DAY 161 술을 마시면서

일본인도 우리와 마찬가지로 함께 술을 마시면서 건배를 할 때는 乾杯(かんぱい)라고 외친다. 그러나 우리와는 달리 술을 권할 때는 한 손으로 따라도 된다. 그리고 상대방이 잔에 술이 조금 남아 있을 때는 첨잔하는 것도 한국과는 크게 다른 점이다.

▶ 맥주 한 잔 받아요.

ビールを一杯(いっぱい)どうぞ。

비-루오 입빠이 도-조

▶ 소주는 어때?

焼酎(しょうちゅう)はどうだい?

쇼-쮸-와 도-다이

▶ 자, 마셔요, 마셔.

さあ、どうぞどうぞ。

사- 도-조 도-조

▶ 좀 더 마시겠어요?

もう少(すこ)しいかがですか。

모- 스꼬시 이까가데스까

▶ 건배!

乾杯(かんぱい)!

감빠이

単語 焼酎(しょうちゅう) 쇼-쮸- 소주 乾杯(かんぱい) 감빠이 건배

DAY 162 음주와 금주에 대해 말할 때

일본인이 즐겨 마시는 술에는 청주(우리가 잘못 알고 쓰는 正宗은 상표 이름)를 비롯하여, 焼酎(소주)와 ビール(맥주), ウイスキ(위스키) 등이 있다. 이 중 청주는 일본 전래의 술로서 お酒(오사케)라고 하며, 모든 술을 가리키는 집합명사로도 사용된다.

▶ 어느 정도 술을 마십니까?

どのくらい酒を飲みますか。

도노쿠라이 사께오 노미마스까

▶ 저는 술을 못하는 편입니다.

私はどちらかと言うと「下戸」です。

와따시와 도찌라까또 유-또 게꼬 데스

▶ 숙취는 없습니까?

二日酔いはしませんか。

후쯔까요이와 시마센까

▶ 당신은 지나치게 술을 마셔요.

あなたは飲みすぎますよ。

아나따와 노미스기마스요

▶ 술을 끊으려고 합니다.

お酒をやめようと思っています。

오사께 오 야메요-또 오못떼 이마스

単語 酒 사께 술 下戸 게꼬 술 못하는 사람 二日酔い 후쯔까요이 숙취

DAY 163

담배를 피울 때

담배는 우리와는 달리 윗사람 앞에서도 피울 수 있다. 상대 앞에서 담배를 피울 때는 タバコを吸ってもいいですか(담배를 피워도 되겠습니까?)라고 반드시 허락을 받고 피우도록 하자.

▶ 여기서 담배를 피워도 될까요?

ここでタバコを吸(す)ってもいいでしょうか。

고꼬데 다바꼬오 슷떼모 이-데쇼-까

▶ 여기서는 담배를 피우지 말았으면 좋겠어.

ここではタバコを吸(す)ってもらいたくないの。

고꼬데와 다바꼬오 슷떼 모라이따꾸나이노

▶ 여기는 금연입니다.

ここは禁煙(きんえん)になっています。

고꼬와 깅엔니 낫떼 이마스

▶ 담배 한 대 피우시겠어요?

タバコを一本(いっぽん)いかがですか。

다바꼬오 입뽕 이까가데스까

▶ 불 좀 빌려주시겠어요?

火(ひ)を貸(か)していただけますか。

히오 가시떼 이따다께마스까

単語 タバコ 다바꼬 담배 禁煙(きんえん) 깅엔 금연 一本(いっぽん) 입뽕 한 개피 火(ひ) 히 불

DAY 164 흡연·금연에 대해 말할 때

선진국치고는 흡연에 관대한 편인 일본에서도 점차 흡연자들이 설 땅이 좁아지고 있다. 이미 시내 주요 지점을 중심으로 길거리 금연이 실시되어 철퇴를 맞은 애연가들에게는 충격이 아닐 수 없다.

▶ 아버지는 상당한 애연가입니다.

父(ちち)はかなりの愛煙家(あいえんか)です。

치찌와 가나리노 아이엥까데스

▶ 식사 후의 한 대는 정말로 맛있습니다.

食事後(しょくじご)の一服(いっぷく)は実(じつ)にうまいです。

쇼꾸지고노 입뿌꾸와 지쯔니 우마이데스

▶ 특히 초조할 때 피우면 기분이 좋아집니다.

特(とく)にいらいらした時(とき)に吸(す)うと気分(きぶん)が良(よ)くなります。

토꾸니 이라이라시따 도끼니 스우또 기붕가 요꾸나리마스

▶ 2년 전에 금연했습니다.

2年前(にねんまえ)に禁煙(きんえん)しました。

니넴 마에니 킹엔시마시따

▶ 아직 담배를 피우고 있니? 금연 중이라고 생각했는데.

まだタバコを吸(す)ってる? 禁煙中(きんえんちゅう)だと思(おも)ったのに。

마다 다바꼬오 슷떼루 깅엔쮸-다또 오못따노니

単語 愛煙家(あいえんか) 아이엥까 애연가 食事(しょくじ) 쇼꾸지 식사 一服(いっぷく) 입뿌꾸 한 대

빨리 경찰을 불러주세요!
急いで警察を呼んでください!
이소이데 게-사쯔오 욘데구다사이

Part 6

통신과 교통에 관한 표현

이제 유선전화는 물론 휴대전화도 바쁘게 살아가는 현대인의 필수품이 되었다. 여기서 전화 통화에 관련된 다양한 표현은 물론, 인터넷, 우편, 은행 등 통신에 관한 표현을 착실히 익히도록 하자. 또한 외국에 나가서 대중교통을 이용하여 돌아다니는 것은 색다른 맛을 느끼게 해 준다. 외출을 하기 전에 우선 교통에 관한 표현은 물론 대중교통에 대한 정보를 입수하여 길을 잃거나 헤매는 일이 없도록 하자.

Chapter

01 전화를 걸고 받을 때

전화는 상대의 얼굴을 보지 않기 때문에 처음에는 불안하지만, 횟수를 반복하는 사이에 자신감이 붙는다. 여기서는 일정한 패턴에 익숙해지도록 하여 차분하게 메모를 할 수 있도록 한다. 익숙해질 때까지는 전해야 할 용건을 미리 메모해 두어 그것을 보면서 말하면 확실한 의사전달이 이루어진다. 언제 걸려올지 모르는 전화를 기다리는 것보다 이쪽에서 직접 거는 것이 마음 편한 경우도 있다.

DAY 165 전화를 걸 때

전화를 걸 때는 반드시 もしもし、キムですが、田中さんをお願いします라고 먼저 자신의 신분이나 소속단체를 밝히고 전화통화를 할 상대를 부탁한다.

▶ 여보세요, 다나카 씨를 부탁합니다.

もしもし、田中(たなか)さんをお願(ねが)いします。

모시모시 다나까상오 오네가이시마스

▶ 여보세요, 요시다 씨 댁입니까?

もしもし、吉田(よしだ)さんのお宅(たく)ですか。

모시모시 요시다산노 오따꾸데스까

▶ 경리부 기무라 씨와 통화를 하고 싶은데요.

経理部(けいりぶ)の木村(きむら)さんとお話(はな)ししたいんですが。

게-리부노 기무라산또 오하나시 시따인데스가

▶ 내선 10번을 부탁합니다.

内線(ないせん)の10番(じゅうばん)をお願(ねが)いします。

나이센노 쥬-방오 오네가이시마스

単語 お宅(たく) 오따꾸 댁　経理部(けいりぶ) 게-리부 경리부　内線(ないせん) 나이센 내선

DAY 166 상대가 부재중일 때

전화 통화에서는 상대방을 알 수 없는 경우가 많기 때문에 각별한 전화 예절과 대화 방법이 필요하다. 상황에 따라 다양한 표현이 있으므로 자주 사용되는 표현들을 잘 익혀서 상황에 맞게 사용해 보자.

▶ 언제 돌아오십니까?

いつお戻(もど)りになりますか。

이쯔 오모도리니 나리마스까

▶ 무슨 연락할 방법은 없습니까?

何(なん)とか連絡(れんらく)する方法(ほうほう)はありませんか。

난또까 렌라꾸스루 호-호-와 아리마센까

▶ 그녀에게 연락할 수 있는 다른 번호는 없습니까?

彼女(かのじょ)に連絡(れんらく)できる他(ほか)の番号(ばんごう)はありませんか。

가노죠니 렌라꾸데끼루 호까노 방고-와 아리마센까

▶ 나중에 다시 한 번 걸게요.

あとでもう一度(いちど)かけなおします。

아또데 모- 이찌도 가께나오시마스

単語 方法(ほうほう) 호-호- 방법 他(ほか) 호까 다른 かけなおす 가케나오스 다시 걸다

DAY 167

전화를 받을 때

전화를 받을 때는 우선 もしもし, ○○でございますが(여보세요, ○○입니다만)라고 자신의 이름이나 회사의 이름 등을 밝히는 것도 전화 에티켓의 하나이다. 전화 상대를 바꿔 줄 때는 ちょっとお待ちください(잠깐 기다려 주십시오)라고 한다.

▶ 제가 전화를 받겠습니다.

私(わたし)が電話(でんわ)に出(で)ましょう。

와따시가 뎅와니 데마쇼

▶ 접니다만.

私(わたし)ですが。

와따시데스가

▶ 누구십니까?

どちら様(さま)でしょうか。

도찌라사마데쇼-까

▶ 잠시 기다려 주십시오.

少々(しょうしょう)お待(ま)ちください。

쇼-쇼- 오마찌 구다사이

▶ 기무라 씨, 다나카 선생님한테 전화입니다.

木村(きむら)さん、田中先生(たなかせんせい)からお電話(でんわ)です。

기무라상 다나까 센세-까라 오뎅와데스

単語 どちら様(さま) 도찌라사마 어느 분 先生(せんせい) 센세- 선생님

DAY 168

전화를 받을 수 없을 때

전화가 걸려 왔을 때 찾는 사람이 전화를 받을 수 없는 상황일 경우, 즉 부재중이거나 회의 중, 외출 중일 때 적절하게 대응하는 표현을 익히도록 하자.

▶ 미안합니다. 아직 출근하지 않았습니다.

すみません。まだ出社(しゅっしゃ)しておりません。

스미마셍 마다 슛샤시떼 오리마셍

▶ 잠깐 자리를 비웠습니다.

ちょっと席(せき)をはずしております。

춋또 세끼오 하즈시떼 오리마스

▶ 미안합니다. 오늘은 쉽니다.

すみません、今日(きょう)は休(やす)みを取(と)っております。

스미마셍 쿄-와 야스미오 돗떼 오리마스

▶ 방금 점심을 먹으러 나갔는데요.

ただいま昼食(ちゅうしょく)に出(で)ておりますが。

다다이마 츄-쇼꾸니 데떼 오리마스가

▶ 미안합니다, 지금 회의 중입니다.

すみません、ただいま会議中(かいぎちゅう)です。

스미마셍 다다이마 카이기쮸-데스

単語 出社(しゅっしゃ) 슛샤 출근 休み(やすみ) 야스미 휴일 昼食(ちゅうしょく) 츄-쇼꾸 점심

DAY 169 메시지를 부탁할 때

전화를 걸었을 때 원하는 상대의 부재로 다른 사람에게 메시지를 부탁할 경우 각별한 전화예절과 대화 방법이 필요하므로 자주 사용되는 표현들을 잘 익혀서 상황에 맞게 사용해 보자.

▶ 전해 주시겠습니까?

伝言(でんごん)していただけますか。

뎅곤시떼 이따다께마스까

▶ 기무라한테 전화가 왔다고 전해 주십시오.

木村(きむら)から電話(でんわ)があったとお伝(つた)えください。

기무라까라 뎅와가 앗따또 오쓰따에 구다사이

▶ 돌아오면 나에게 전화를 주도록 말해 주세요.

戻(もど)りましたら、私(わたし)に電話(でんわ)をくれるように言(い)ってください。

모도리마시따라 와따시니 뎅와오 구레루 요-니 잇떼 구다사이

▶ 돌아오면 전화하도록 말할까요?

帰(かえ)ったら電話(でんわ)するように言(い)いましょうか。

가엣따라 뎅와스루 요-니 이이마쇼-까

▶ 메시지를 전해 드릴까요?

伝言(でんごん)をお伝(つた)えしましょうか。

뎅공오 오쓰따에 시마쇼-까

単語 伝言(でんごん) 뎅곤 전하는 말

DAY 170 전화 트러블

타인에게 전화를 잘못 걸었거나 잘못 걸린 전화를 받는 상황에 따라 다양한 표현이 있으므로 자주 사용되는 표현들을 잘 익혀서 상황에 맞게 사용해 보자.

▶ 번호가 틀린 것 같습니다만.

番号(ばんごう)をお間違(まちが)えのようですが。

방고-오 오마찌가에노 요-데스가

▶ 몇 번에 거셨습니까?

何番(なんばん)へおかけですか。

남방에 오까께데스까

▶ 미안합니다, 번호를 잘못 걸었습니다.

すみません、番号(ばんごう)をかけ間違(まちが)えました。

스미마셍 방고-오 가께마찌가에마시따

▶ 미안합니다, 여기에는 마쓰모토라는 이름을 가진 사람이 없습니다.

すみません、こちらには松本(まつもと)という名(な)の者(もの)はおりません。

스미마셍 고찌라니와 마쓰모또또유- 나노 모노와 오리마셍

▶ 실례했습니다. 끊어져 버렸습니다.

失礼(しつれい)しました。切(き)れてしまいました。

시쯔레-시마시따 기레떼 시마이마시따

単語 かけ間違(まちが)え 가께마찌가에 전화를 잘못 걺 失礼(しつれい) 시쯔레- 실례

Chapter

02 우체국과 은행을 이용할 때

여기서는 우체국이나 은행 창구에서 쓰이는 표현에 대해서 최소한의 지식을 익힌다. 원하는 창구를 모를 때는 ...窓口はどこですか라고 물으면 된다. 일본 **郵便局**의 로고는 〒이며, 우표를 뜻하는 **切手**(キッテ)의 テ에서 유래되었다. 은행에서 구좌를 개설할 때는 キャッシュカード도 만들어 두면 편리하다. 은행 창구 이외도 캐시코너가 있어서 현금 입출금과 송금을 거의 여기에서 해결할 수 있다.

DAY 171 은행 창구에서

일본의 화폐단위는 ￥(엔)으로서 시중에서 사용되고 있는 화폐의 종류는 경화가 1, 5, 10, 50, 100, 500￥(엔)의 여섯 가지이며, 지폐는 1000, 2000, 5000, 10000￥(엔) 네 가지이다.

▶ 은행은 어디에 있습니까?

ぎんこう
銀行はどこにありますか。

깅꼬-와 도꼬니 아리마스까

▶ 5만 엔을 인출하고 싶은데요.

ごまんえん ひ だ
5万円引き出したいのですが。

고망엥 히끼다시따이노데스가

▶ 공제잔고는 얼마나 됩니까?

ひ だ ざんだか
引き出し残高はいくらになりますか。

히끼다시잔다까와 이꾸라니 나리마스까

▶ 현금자동인출기는 어디에 있습니까?

げんきん じ どう し はらい き
現金自動支払機はどこにありますか。

겡낀 지도-시하라이끼와 도꼬니 아리마스까

単語 銀行(ぎんこう) 깅꼬- 은행 現金(げんきん) 겡낀 현금 支払(しはらい) 시하라이 지불

DAY 172

우체국에서

보통 우체국의 업무시간은 월요일부터 금요일까지로 오전 9시부터 오후 5시까지 하며 토·일요일 및 경축일은 쉰다. 또 우표나 엽서는 우체국 외에 kiosk(전철역에 있는 매장) 등 [〒]mark가 있는 상점에서도 판매한다.

▶ 근처에 우체국이 있습니까?

近(ちか)くに郵便局(ゆうびんきょく)はありますか。

치까꾸니 유-빙쿄꾸와 아리마스까

▶ 우표를 5장 주세요.

切手(きって)を5枚(ごまい)ください。

깃떼오 고마이 구다사이

▶ 이 편지 요금은 얼마입니까?

この手紙(てがみ)の送料(そうりょう)はいくらですか。

고노 데가미노 소-료-와 이꾸라데스까

▶ 항공편이라면 얼마나 듭니까?

航空便(こうくうびん)だといくらかかりますか。

코-꾸-빈다또 이꾸라 가까리마스까

▶ 이걸 등기로 보내 주세요.

これを書留(かきとめ)にしてください。

고레오 가끼또메니 시떼 구다사이

単語 手紙(てがみ) 데가미 편지 航空便(こうくうびん) 코-꾸-빈 항공편 書留(かきとめ) 가끼또메 등기

DAY

173 환전하거나 수표를 바꿀 때

출국하기 전에 미리 은행이나 공항의 환전소에서 일본 화폐(엔)로 바꾸는 게 좋다. 고액을 바꾼다면 분실 시에도 안전한 여행자수표를 준비하는 게 좋고 액면가는 고액보다 소액으로 마련하는 것이 사용하기 편리하다.

▶ 환전 창구는 어디인가요?

りょうがえ　まどぐち

両替の窓口はどちらですか。

료-가에노 마도구찌와 도찌라데스까

▶ 오늘 환율은 얼마입니까?

きょう　こうかん

今日の交換レートはいくらですか。

쿄-노코-깐 레-또와 이꾸라데스까

▶ 여행자수표를 사고 싶은데요.

りょこうしゃ こぎって　か

旅行者小切手を買いたいのですが。

료-꼬-샤 고깃떼오 가이따이노데스가

▶ 여행자용 수표를 현금으로 바꾸고 싶은데요.

りょこうしゃよう こぎって　げんきん　か

旅行者用小切手を現金に換えたいのですが。

료꼬-샤요- 고깃떼오 겡낀니 가에따이노데스가

▶ 수표 전부 서명이 필요합니까?

こぎって　いちまいいちまい　しょめい　ひつよう

小切手の一枚一枚に署名が必要ですか。

고깃떼노 이찌마이 이찌마이니 쇼메이가 히쯔요-데스까

単語 両替(りょうがえ) 료-가에 환전　交換(こうかん) 코-깐 교환　小切手(こぎって) 고깃떼 수표

DAY 174

예금하거나 대출을 받을 때

우리나라에서 은행을 이용해 본 경험이 있는 사람이라면 일본에서 은행을 이용하는 데는 별 어려움이 없다. 통장을 개설할 때는 외국인 등록증이나 여권을 지참해야 한다. 자유롭게 입출금할 수 있는 보통 예금 통장을 만드는 것이 편리하다.

▶ 예금하고 싶은데요.

預金(よきん)したいのですが。

요낀시따이노데스가

▶ 계좌를 개설하고 싶은데요.

口座(こうざ)を設(もう)けたいのですが。

코-자오 모-께따이노데스가

▶ 보통예금계좌로 해 주세요.

普通預金口座(ふつうよきんこうざ)にしてください。

후쓰-요낑 코-자니 시떼 구다사이

▶ 정기예금과 적금 중에 어느 것이 좋겠어요?

定期預金(ていきよきん)と積立預金(つみたてよきん)ではどちらがいいでしょうか。

데-끼요낀또 쓰미타떼요낀데와 도찌라가 이-데쇼-까

▶ 이율은 몇 퍼센트입니까?

利息(りそく)は何(なん)パーセントですか。

리소꾸와 난파-센또데스까

単語 預金(よきん) 요낀 예금 設(もう)ける 모-께루 개설하다 積立(つみたて) 쓰미타떼 적금

Chapter 03

길을 묻고 답할 때

여기서는 길을 잃었을 때 길을 묻는 방법과 다른 사람이 길을 물어 왔을 때 안내하는 요령 등도 제시되어 있다. 길을 물을 때 많이 쓰이는 패턴으로는 ...へ行く道を教えてくださいが 있다. 일본의 경우는 도로의 표지판이나 주소지 등이 명확하게 정리되어 있어 지도 한 장만 있어도 어디든 원하는 목적지에 혼자서도 찾아갈 수 있다.

DAY 175 길을 물을 때

낯선 지역을 방문했을 때 주위 사람들에게 목적지에 대한 정보를 얻는 방법과 상황에 따라 다양한 표현이 있으므로 자주 사용되는 표현들을 잘 익혀서 상황에 맞게 사용해 보자.

▶ 미안합니다, 역은 어떻게 가면 좋을까요?

すみません、駅(えき)へはどう行(い)ったらよいでしょうか。

스미마셍 에끼에와 도- 잇따라 요이데쇼-까

▶ 팔레스 호텔로 가는 길을 가르쳐 줄래요?

パレスホテルへ行(い)く道(みち)を教(おし)えてくれますか。

파레스 호떼루에 이꾸 미찌오 오시에떼 구레마스까

▶ 미안합니다, 책방을 찾고 있는데, 이 근처에 있습니까?

すみません、本屋(ほんや)を探(さが)してるんですが、この辺(へん)にありますか。

스미마셍 홍야오 사가시떼룬데스가 고노 헨니 아리마스까

▶ 우에노 공원은 이 길로 가면 됩니까?

上野公園(うえのこうえん)はこの道(みち)でいいんでしょうか。

우에노 코-엥와 고노 미찌데 이인데쇼-까

単語 行く道(いくみち) 이꾸미찌 가는 길　本屋(ほんや) 홍야 서점　辺(へん) 헨 근처　公園(こうえん) 코-엥 공원

DAY **176** 길을 가르쳐 줄 때

낯선 이가 목적지에 대한 정보를 얻고자 할 때에 길 안내 방법과 상황에 따라 다양한 표현이 있으므로 자주 사용되는 표현들을 잘 익혀서 상황에 맞게 사용해 보자.

▶ 어디에 가십니까?

どこへいらっしゃるのですか。

도꼬에 이랏샤루노데스까

▶ 이 길로 곧장 가세요.

この道(みち)を真(ま)っ直(す)ぐ行(い)ってください。

고노 미찌오 맛스구 잇떼 구다사이

▶ 두 번째 모퉁이에서 왼쪽으로 도세요.

2つ(ふた)目(め)の角(かど)を左(ひだり)に曲(ま)がりなさい。

후따쯔메노 카도오 히다리니 마가리나사이

▶ 지금 온 길을 돌아가야 합니다.

今(いま)来(き)た道(みち)を戻(もど)らないといけません。

이마 기따 미찌오 모도라나이또 이께마셍

▶ 여기서 걸어서 약 3분 정도입니다.

ここから歩(ある)いてほんの3分(さんぷん)ほどです。

고꼬까라 아루이떼 혼노 삼뿡 호도데스

単語 真(ま)っ直(す)ぐ 맛스구 곧장 曲(ま)がる 마가루 꺾다 ほんの 혼노 대략

DAY 177 길을 물어 올 때

일본에 여행을 갔을 때 일본인과 얼굴이 비슷하기 때문에 길을 물어 오는 경우가 적지 않다. 또한 한국에 여행을 온 일본인이 길을 물어 올 수도 있으므로 다음 표현을 잘 익혀 두어 자신 있게 대처하자.

▶ 미안합니다. 잘 모르겠습니다.

すみません。よくわかりません。

스미마셍 요꾸 와까리마셍

▶ 저도 여기는 처음이라서요.

私(わたし)もここは初(はじ)めてなものですから。

와따시모 고꼬와 하지메떼나모노데스까라

▶ 저는 여행자입니다.

私(わたし)は旅行者(りょこうしゃ)なのです。

와따시와 료꼬-샤나노데스

▶ 미안하지만, 이 주변은 그다지 잘 모릅니다.

すみませんが、このあたりはあまりよく知(し)らないんです。

스미마셍가 고노 아따리와 아마리 요꾸 시라나인데스

▶ 다른 사람에게 물어보십시오.

だれかほかの人(ひと)に聞(き)いてください。

다레까 호까노 히또니 기이떼 구다사이

単語 あたり 아따리 주변

Chapter

04 대중교통을 이용할 때

여기서는 열차, 전철, 지하철, 버스, 택시, 비행기를 이용하는 경우에 필요한 표현을 다루었다. 역이나 차 안에서 일본인이 말을 걸어 왔을 때 대처하는 방법도 포함되어 있으므로 실제로 응용해 본다. 정류장이나 역을 물을 때는 **電車駅·バス停·タクシー乗り場はどこですか**라고 한다. 택시를 이용할 때는 ~までお願いします라고 기사에게 말하면 목적지까지 데려다 준다.

DAY 178 택시를 이용할 때

~までお願いします(~까지 가주세요)라고 기사에게 말하면 목적지까지 실어다 준다. 목적지를 잘 모를 때는 주소를 보이며 この住所までお願いします(이 주소로 가주세요)라고 하면 된다.

▶ 택시승강장은 어디에 있습니까?

タクシー乗(の)り場(ば)はどこですか。

타꾸시-노리바와 도꼬데스까

▶ 트렁크를 열어 주시겠어요?

トランクを開(あ)けてください。

토랑꾸오 아께떼 구다사이

▶ (주소를 보이며) 이 주소로 가 주세요.

ここへ行(い)ってください。

고꼬에 잇떼 구다사이

▶ 여기서 세워 주세요.

ここで止(と)めてください。

고꼬데 도메떼 구다사이

単語 タクシー 타꾸시- 택시 乗(の)り場(ば) 노리바 승강장 トランク 토랑꾸 트렁크

DAY 179 버스를 이용할 때

시내버스가 싸고 편리하므로 관광안내소 등에서 노선도를 받아 두자. 일본에서는 요금을 직접 요금함에 넣는 경우가 많고, 시내버스 요금은 대부분 정해져 있지만 지역에 따라 거리별로 요금이 달라지므로 버스를 탈 때 미리 표를 받아 두었다가 계산하면 된다.

▶ 어느 버스를 타면 됩니까?

どのバスに乗(の)ればいいですか。

도노 바스니 노레바 이-데스까

▶ 갈아타야 합니까?

乗(の)り換(か)えなければなりませんか。

노리까에나께레바 나리마센까

▶ 여기서 내려요.

ここで降(お)ります。

고꼬데 오리마스

▶ 버스 터미널은 어디에 있습니까?

バスターミナルはどこにありますか。

바스타-미나루와 도꼬니 아리마스까

▶ 돌아오는 버스는 어디서 탑니까?

帰(かえ)りのバスはどこから乗(の)るのですか。

가에리노 바스와 도꼬까라 노루노데스까

単語 バス 바스 버스　乗(の)り換(か)え 노리까에 환승　ターミナル 타-미나루 터미널

DAY 180 지하철·전철을 이용할 때

일본은 지상으로 달리는 열차를 덴샤(電車), 지하로 달리는 열차를 치카테쯔(地下鉄)로 구분한다. 일본의 대도시에는 지하철과 전철이 거미줄처럼 얽혀 있기 때문에 자신이 가고자 하는 목적지를 잘 선택해서 타야 한다.

▶ 전철 노선도를 주시겠습니까?

でんしゃ ろせんず
電車の路線図をください。

덴샤노 로센즈오 구다사이

▶ 이 근처에 지하철역이 있습니까?

ちか ちかてつ えき
この近くに地下鉄の駅はありませんか。

고노 치까꾸니 치까떼쯔노 에끼와 아리마센까

▶ 자동매표기는 어디에 있습니까?

きっぷ はんばいき
切符販売機はどこですか。

깁뿌함바이끼와 도꼬데스까

▶ 신주쿠로 가려면 어느 선을 타면 됩니까?

しんじゅく い せん の
新宿へ行くにはどの線に乗ればいいですか。

신쥬꾸에 이꾸니와 도노센니 노레바 이-데스까

▶ 우에노공원으로 가려면 어디로 나가면 됩니까?

うえのこうえん い で
上野公園へ行くにはどこから出たらいいですか。

우에노 코-엥에 이꾸니와 도꼬까라 데따라 이-데스까

単語 路線図(ろせんず) 로센즈 노선도 切符(きっぷ) 깁뿌 티켓 販売機(はんばいき) 함바이끼 판매기

DAY 181

열차를 이용할 때

대도시 주위를 운행하는 근거리 열차는 지하철이나 전철처럼 바로 표를 구입할 수 있지만, 신칸센(新幹線), 신토카이센(新東海道線), 도호쿠센(東北線)과 같은 장거리 열차와 고속열차는 좌석을 미리 예약해 두어야 하며, 지정석은 추가요금을 지불해야 한다.

▶ 매표소는 어디입니까?

切符売り場はどこですか。(きっぷうりば)

깁뿌우리바와 도꼬데스까

▶ 오사카까지 편도 주세요.

大阪までの片道切符をください。(おおさか / かたみちきっぷ)

오-사까마데노 가따미찌 깁뿌오 구다사이

▶ 예약 창구는 어디입니까?

予約の窓口はどこですか。(よやく / まどぐち)

요야꾸노 마도구찌와 도꼬데스까

▶ 급행열차입니까?

急行列車ですか。(きゅうこうれっしゃ)

큐-꼬-렛샤데스까

▶ 3번 홈은 어디입니까?

3番ホームはどこですか。(さんばん)

삼방 호-무와 도꼬데스까

単語 片道(かたみち) 가따미찌 편도 予約(よやく) 요야꾸 예약 急行(きゅうこう) 큐-꼬- 급행 列車(れっしゃ) 렛샤 열차

DAY 182 비행기를 이용할 때

항공기는 설령 예약을 해 두었더라도 여행지 또는 환승지에 3일 이상 체재하는 경우에는 출발 72시간 전에 다음 목적지까지의 예약을 항공사에 재확인해야 한다. 재확인을 하지 않으면 예약이 자동으로 취소되거나 예약이 되어 있지 않는 경우도 있다.

▶ 비행기 예약을 부탁합니다.

フライトの予約(よやく)をお願(ねが)いします。

후라이또노 요야꾸오 오네가이시마스

▶ 내일 홋카이도행 비행기 있습니까?

明日(あした)の北海道(ほっかいどう)行(ゆ)きの便(びん)はありますか。

아시따노 혹까이도 유끼노 빙와 아리마스까

▶ 일본항공 카운터는 어디입니까?

日本航空(にほんこうくう)のカウンターはどこですか。

니홍코-꾸-노 카운따-와 도꼬데스까

▶ 지금 체크인할 수 있습니까?

今(いま)チェックインできますか。

이마 첵꾸인 데끼마스까

▶ 이 짐은 기내로 가지고 갑니다.

この荷物(にもつ)は機内(きない)持(も)ち込(こ)みです。

고노 니모쯔와 기나이 모찌꼬미데스

単語 フライト 후라이또 비행편 航空(こうくう) 코-꾸- 항공 荷物(にもつ) 니모쯔 수화물

Chapter

05 자동차를 운전할 때

여기서는 렌터카를 빌릴 때, 주유소(ガソリンスタンド)에서 기름을 넣을 때, 운전을 하면서 부딪치는 교통위반이나 사고, 주정차, 세차, 보험 등 운전에 관한 표현을 익힌다. 사고가 났을 때 유용하게 쓸 수 있는 표현으로는 **事故よ! 助けて!**가 있다. 차를 빌려서 관광을 할 경우에는 우리와 교통의 흐름이 반대이므로 주의해서 운전을 해야 한다. 운전석도 우리는 왼쪽에 있지만, 일본은 오른쪽에 있다.

DAY 183 렌터카를 이용할 때

렌터카를 빌릴 때는 여권과 국제면허증이 필요하다. 만일을 위해 보험도 잊지 말고 꼭 들어 두자. 관광시즌에는 한국에서 출발하기 전에 미리 렌터카 회사에 예약하는 게 좋다. 신청할 때는 지불보증으로 신용카드를 요구하는 경우가 많으므로 카드를 준비해 두자.

▶ (공항에서) 렌터카 카운터는 어디에 있습니까?

レンタカーのカウンターはどこですか。

렌따카-노 카운따-와 도꼬데스까

▶ 어느 정도 운전할 예정이십니까?

どのくらいドライブする予定(よてい)ですか。

도노쿠라이 도라이부스루 요떼-데스까

▶ 차를 3일간 빌리고 싶습니다.

車(くるま)を三日間(みっかかん)借(か)りたいです。

구루마오 믹까깡 가리따이데스

▶ 이것이 제 국제운전면허증입니다.

これが私(わたし)の国際運転免許証(こくさいうんてんめんきょしょう)です。

고레가 와따시노 고꾸사이 운뗌 멩꾜쇼-데스

単語 借(か)りる 가리루 빌리다 国際(こくさい) 고꾸사이 국제 免許証(めんきょしょう) 멩꾜쇼- 면허증

DAY 184

차종을 고를 때

렌터카 서비스를 이용하여 차종을 고르는 상황에 따라 다양한 표현이 있으므로 자주 사용되는 표현들을 잘 익혀서 상황에 맞게 사용해 보자.

▶ 어떤 차가 있습니까?

どんな車(くるま)がありますか。

돈나 구루마가 아리마스까

▶ 렌터카 목록을 보여 주시겠어요?

レンタカーリストを見(み)せてもらえますか。

렌따카- 리스또오 미세떼 모라에마스까

▶ 어떤 타입의 차가 좋으시겠습니까?

どのタイプの車(くるま)がよろしいですか。

도노 타이뿌노 구루마가 요로시-데스까

▶ 중형차를 빌리고 싶은데요.

中型車(ちゅうがたしゃ)を借(か)りたいのですが。

츄-가따샤오 가리따이노데스가

▶ 오토매틱밖에 운전하지 못합니다.

オートマチックしか運転(うんてん)できません。

오-또마칙꾸시까 운뗀 데끼마셍

単語 中型車(ちゅうがたしゃ) 츄-가따샤 중형차 オートマチック 오-또마칙꾸 오토매틱, 자동변속

DAY **185**

렌터카 요금과 보험

렌터카 서비스를 이용할 때 이용 요금과 관련 보험에 대한 문의 상황에 따라 다양한 표현이 있으므로 자주 사용되는 표현들을 잘 익혀서 상황에 맞게 사용해 보자.

▶ 선불이 필요합니까?

前金(まえきん)が必要(ひつよう)ですか。

마에낑가 히쯔요-데스까

▶ 보증금은 얼마입니까?

保証金(ほしょうきん)はいくらですか。

호쇼-낑와 이꾸라데스까

▶ 1주간 요금은 얼마입니까?

一週間(いっしゅうかん)の料金(りょうきん)はいくらですか。

잇슈-깐노 료-낑와 이꾸라데스까

▶ 특별요금은 있습니까?

特別料金(とくべつりょうきん)はありますか。

토꾸베쯔료-낑와 아리마스까

▶ 그 요금에 보험은 포함되어 있습니까?

その料金(りょうきん)に保険(ほけん)は含(ふく)まれていますか。

소노 료-낑니 호껭와 후꾸마레떼 이마스까

単語 前金(まえきん) 마에낑 선불 保証金(ほしょうきん) 호쇼-낑 보증금 料金(りょうきん) 료-낑 요금 保険(ほけん) 호껭 보험

DAY **186** **차를 운전하면서**

여기서는 주유소에서 기름을 넣을 때, 주정차, 세차 등의 표현을 익힌다. 차를 빌려서 관광을 할 경우에는 우리와 교통의 흐름이 반대이므로 주의해서 운전을 해야 한다. 운전석도 우리는 왼쪽에 있지만, 일본은 오른쪽에 있다.

▶ 긴급연락처를 알려 주시겠어요?

緊急連絡先(きんきゅうれんらくさき)を教(おし)えてください。

킹뀨-렌라꾸사끼오 오시에떼 구다사이

▶ 도로지도를 주시겠습니까?

道路地図(どうろちず)をいただけますか。

도-로치즈오 이따다께마스까

▶ 닛코는 어느 길로 가면 됩니까?

日光(にっこう)へはどの道(みち)を行(い)けばいいですか。

닉꼬-에와 도노 미찌오 이께바 이-데스까

▶ 곧장입니까, 아니면 왼쪽입니까?

まっすぐですか、それとも左(ひだり)ですか。

맛스구데스까 소레또모 히다리데스까

▶ 하코네까지 몇 킬로미터입니까?

箱根(はこね)まで何(なん)キロですか。

하코네마데 낭키로데스까

単語 連絡先(れんらくさき) 렌라꾸사끼 연락처　地図(ちず) 지즈 지도　左(ひだり) 히다리 왼쪽

DAY 187 주유·주차할 때

자동차에 주유를 하거나 주차를 할 경우 상황에 따라 다양한 표현이 있으므로 자주 사용되는 표현들을 잘 익혀서 상황에 맞게 사용해 보자.

▶ 이 근처에 주유소가 있습니까?

この近(ちか)くにガソリンスタンドはありますか。

고노 치까꾸니 가소린스딴도와 아리마스까

▶ 가득 넣어 주세요.

満(まん)タンにしてください。

만딴니 시떼 구다사이

▶ 선불입니까, 후불입니까?

先払(さきばらい)ですか、後払(あとばらい)ですか。

사끼바라이데스까 아또바라이데스까

▶ 여기에 주차해도 됩니까?

ここに車(くるま)を駐車(ちゅうしゃ)してもいいですか。

고꼬니 구루마오 츄-샤시떼모 이-데스까

単語 ガソリンスタンド 가소린스딴도 주유소 満(まん)タン 만딴 가득 先払(さきばらい) 사끼바라이 선불

DAY 188

차가 고장 났을 때

자동차에 고장이 났거나 문제가 발생했을 경우 상황에 따라 다양한 표현이 있으므로 자주 사용되는 표현들을 잘 익혀서 상황에 맞게 사용해 보자.

▶ 배터리가 떨어졌습니다.

バッテリーがあがってしまいました。

밧떼리-가 아갓떼 시마이마시따

▶ 펑크가 났습니다.

パンクしました。

팡꾸시마시따

▶ 시동이 걸리지 않습니다.

エンジンがかからないんです。

엔징가 가까라나인데스

▶ 브레이크가 잘 안 듣습니다.

ブレーキのききがあまいです。

부레-끼노 기끼가 아마이데스

▶ 고칠 수 있습니까?

修理(しゅうり)できますか。

슈-리 데끼마스까

単語 バッテリー 밧떼리- 배터리 パンク 팡꾸 펑크 修理(しゅうり) 슈-리 수리

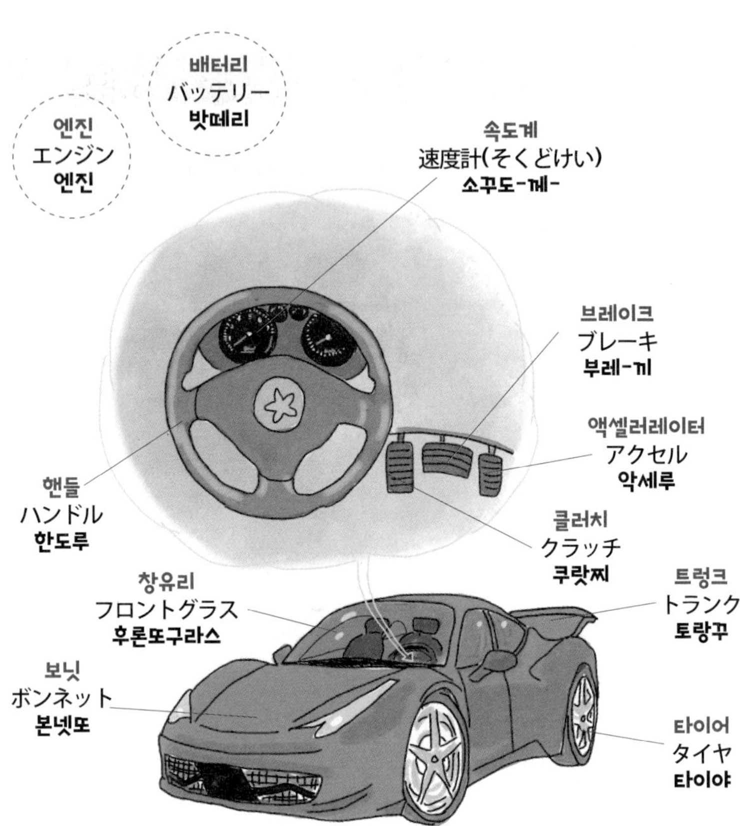

도로표지판

양보	YIELD	譲れ
일시정지	STOP	一時停止
좌측통행	KEEP LEFT	左側通行
추월금지	DO NOT PASS	追い越し禁止
진입금지	DO NOT ENTER	進入禁止
제한속도	SPEED LIMIT	制限速度
일방통행	ONE WAY	一方通行
주차금지	NO PARKING	駐車禁止

Part 7

여행과 출장에 관한 표현

일본 여행은 그 자체만으로 가슴을 설레게 한다. 막연하게 아무런 준비 없이 여행이나 출장을 떠나는 것보다는 기본적인 일본어 회화를 익혀 두어야 함은 물론이고, 또한 여행 계획을 잘 짜 두어야 훨씬 안전하고 즐거운 여행을 할 수 있다. 여기서는 여행 시 필요한 숙박, 쇼핑, 관광 등에 관한 다양한 표현을 익혀 보자.

Chapter 01

출국 비행기 안에서

한국 출발의 항공회사의 편에는 대개 한국인 승무원이 탑승하고 있어서 말이 통하지 않아도 큰 불편은 없다. 비행기를 처음 타거나 배정된 좌석을 찾기 힘들 땐 항공사 스튜어디스에게 도움을 청하면 된다. 만약 외국비행기에 탑승했을 경우 의사소통이 어렵더라도 좌석권을 스튜어디스에게 보여 주기만 하면 직원들이 알아듣고 서비스를 제공해 준다.

DAY 189 기내 서비스를 받을 때

출국심사를 마치고 비행기에 탑승하면 이제 한국 땅을 떠나게 된다. 국제선의 기내는 그 항공사가 소속하는 나라의 영토 취급을 한다.

▶ 어떤 음료가 있습니까?

どんな飲(の)み物(もの)がありますか。

돈나 노미모노가 아리마스까

▶ 맥주를 주시겠습니까?

ビールをいただけますか。

비-루오 이따다께마스까

▶ 베개와 모포를 주세요.

枕(まくら)と毛布(もうふ)をください。

마꾸라또 모-후오 구다사이

▶ 식사는 언제 나옵니까?

食事(しょくじ)はいつ出(で)ますか。

쇼꾸지와 이쯔 데마스까

単語 飲(の)み物(もの) 노미모노 음료수　枕(まくら) 마꾸라 베개　毛布(もうふ) 모-후 모포

DAY 190 입국카드 작성과 면세품 구입

입국카드를 비행기에서 미리 작성해 두면 입국심사를 받을 때 별다른 질문을 받지 않고도 통과할 수 있으므로 기내에서 작성해 두는 것이 좋다. 또한 선물용으로 면세품을 기내에서 구입할 수 있으므로 미리 사 두는 게 좋다.

▶ 이것은 입국카드입니까?

これは入国(にゅうこく)カードですか。

고레와 뉴-꼬꾸 카-도데스까

▶ 이 서류 작성법을 가르쳐 주시겠어요?

この書類(しょるい)の書(か)き方(かた)を教(おし)えてください。

고노 쇼루이노 가키까따오 오시에떼 구다사이

▶ 기내에서 면세품을 판매합니까?

免税品(めんぜいひん)を機内販売(きないはんばい)していますか。

멘제-힝오 기나이 함바이 시떼 이마스까

▶ 어떤 담배가 있습니까?

どんなタバコがありますか。

돈나 다바꼬가 아리마스까

▶ (면세품 사진을 가리키며) 이것은 있습니까?

これはありますか。

고레와 아리마스까

単語 入国(にゅうこく) 뉴-꼬꾸 입국 書(か)き方(かた) 가키까따 작성법 免税品(めんぜいひん) 멘제-힝 면세품

DAY 191

몸이 불편하거나 궁금한 사항을 물을 때

비행기 탑승 중에 몸이 불편하거나 필요한 상황에 대해 문의를 하는 상황에 따라 다양한 표현이 있으므로 자주 사용되는 표현들을 잘 익혀서 상황에 맞게 사용해 보자.

▶ 비행기 멀미약은 있습니까?

飛行機(ひこうき)酔(よ)いの薬(くすり)はありますか。

히꼬-끼요이노 구스리와 아리마스까

▶ 좀 몸이 불편합니다. 약을 주시겠어요?

少(すこ)し気分(きぶん)が悪(わる)いのです。何(なん)か薬(くすり)をください。

스꼬시 기붕가 와루이노데스 낭까 구스리오 구다사이

▶ 추운[더운]데요.

寒(さむ)い[暑(あつ)い]のですが。

사무이[아쯔이]노데스가

▶ 아까 부탁한 물이 아직 안 나왔습니다.

先(さき)ほど頼(たの)んだ水(みず)がまだです。

사끼호도 다논다 미즈가 마다데스

▶ 헤드폰 상태가 안 좋습니다.

ヘッドホーンの調子(ちょうし)が悪(わる)いです。

헷도호-온 쵸-시가 와루이데스

単語 酔(よ)い 요이 멀미 薬(くすり) 구스리 약 先(さき)ほど 사끼호도 조금 전 調子(ちょうし) 쵸-시 상태

DAY 192

페리(선박)를 이용할 때

한일공동승차권(직행표)으로 서울 및 전국 주요 도시에서 철도 → 부산 → 부관훼리 → 시모노세키 → 신간선(신깐센) → 도쿄 및 전국 주요 도시까지 경제적이고 편리한 일본여행 루트를 이용할 수 있다.

▶ (승선권을 보이며) 제 선실은 어딘가요?

私(わたし)の船室(せんしつ)はどこですか。

와따시노 센시쯔와 도꼬데스까

▶ 어느 것이 제 침구입니까?

どれが私(わたし)の寝具(しんぐ)ですか。

도레가 와따시노 싱구데스까

▶ 매점은 어디에 있습니까?

売店(ばいてん)はどこにありますか。

바이뗑와 도꼬니 아리마스까

▶ 식당은 있습니까?

食堂(しょくどう)はありますか。

쇼꾸도-와 아리마스까

▶ 배멀미가 납니다.

船酔(ふなよ)いにかかりました。

후나요이니 가까리마시따

単語 船室(せんしつ) 센시쯔 선실　寝具(しんぐ) 싱구 침구　売店(ばいてん) 바이뗑 매점　船酔(ふなよ)い 후나요이 뱃멀미

Chapter 02

공항에 도착해서

여행 목적지에 도착해서 세관통과와 입국심사를 받을 때 주고받는 대화 등에 대해서 예비지식을 갖출 필요가 있다. 外国人이라고 표시한 곳에 줄을 서서 여권과 출입국신고서를 제출하면 입국심사에서는 여권 및 비자의 유효기간을 검사하고 입국목적, 체재기간 등을 묻는다. 그러나 미리 출입국신고서에 방문목적, 체제기간, 묵을 곳의 주소, 이름, 전화 등을 정확히 기재하면 별도의 질문을 받지 않는다.

DAY 193 입국심사를 받을 때

外国人이라고 표시한 곳에 줄을 서서 여권과 출입국신고서를 제출하면 입국심사에서는 여권·비자의 유효 기간을 검사하고 입국목적, 체재 기간 등을 묻는다.

▶ 입국 목적은 무엇입니까?

入国(にゅうこく)の目的(もくてき)は何(なん)ですか。

뉴-꼬꾸노 모꾸떼끼와 난데스까

▶ 얼마나 체류하십니까?

何日間(なんにちかん)の滞在(たいざい)ですか。

난니찌깡노 타이자이데스까

▶ 어디에 머무십니까?

どこに滞在(たいざい)しますか。

도꼬니 타이자이시마스까

▶ (메모를 보이며) 숙박처는 이 호텔입니다.

宿泊先(しゅくはくさき)はこのホテルです。

슈꾸하꾸사끼와 고노 호떼루데스

単語 目的(もくてき) 모꾸떼끼 목적　滞在(たいざい) 타이자이 체류　宿泊先(しゅくはくさき) 슈꾸하꾸사끼 숙박처

DAY 194

짐을 찾을 때

입국심사가 끝나면 ターンテーブル가 있는 곳으로 가서 자신이 타고 온 항공사와 편명이 표시된 턴테이블로 나오는 짐을 그 주위에서 기다렸다 찾으면 된다.

▶ 짐은 어디서 찾습니까?

手荷物(てにもつ)はどこで受(う)け取(と)りますか。

테니모쯔와 도꼬데 우께또리마스까

▶ 이건 714편 턴테이블입니까?

これは714便(びん)のターンテーブルですか。

고레와 나나햐꾸쥬-욘빈노 타-ㄴ테-부르데스까

▶ 714편 짐은 나왔습니까?

714便(びん)の荷物(にもつ)はもう出(で)てきましたか。

나나햐꾸 쥬-욘빈노 니모쯔와 모- 데떼 키마시따까

▶ 제 짐이 보이지 않습니다.

私(わたし)の手荷物(てにもつ)が見(み)つかりません。

와따시노 데니모쯔가 미쓰까리마셍

▶ 이게 수화물인환증입니다.

これが手荷物引換証(てにもつひきかえしょう)です。

고레가 데니모쯔 히끼까에쇼-데스

単語 受(う)け取(と)り 우께또리 수취 荷物(にもつ) 니모쯔 짐 引換証(ひきかえしょう) 히끼까에쇼- 인환증

DAY 195 세관검사를 받을 때

자신의 짐을 다 찾은 후에는 세관 카운터 앞으로 가서 직원에게 짐과 여권을 건네준다. 세관 신고 때 짐을 열어보는 경우는 거의 없지만, 만약 과세 대상이 있어도 신고를 하지 않았다가 적발될 경우에는 압류를 당하거나 무거운 벌금을 물게 되므로 주의한다.

▶ 여권과 신고서를 보여 주십시오.

パスポートと申告書(しんこくしょ)を拝見(はいけん)します。

파스뽀-또또 싱꼬꾸쇼오 하이껜시마스

▶ 세관신고서는 가지고 계십니까?

税関申告書(ぜいかんしんこくしょ)をお持(も)ちですか。

제-깐싱꼬꾸쇼오 오모찌데스까

▶ 신고할 것은 있습니까?

申告(しんこく)するものはありますか。

싱꼬꾸스루 모노와 아리마스까

▶ 이 가방을 열어 주십시오.

このバッグを開(あ)けてください。

고노 박구오 아께떼 구다사이

▶ 내용물은 무엇입니까?

中身(なかみ)は何(なん)ですか。

나까미와 난데스까

単語 パスポート 파스뽀-또 여권 申告書(しんこくしょ) 싱꼬꾸쇼 신고서 税関(ぜいかん) 제-깐 세관

DAY 196

공항 내의 관광안내소에서

공항 내의 관광안내소에서 필요한 정보를 문의하는 상황에 따라 다양한 표현이 있으므로 자주 사용되는 표현들을 잘 익혀서 상황에 맞게 사용해 보자.

▶ 관광안내소는 어디에 있습니까?

観光案内所(かんこうあんないじょ)はどこですか。

캉꼬-안나이죠와 도꼬데스까

▶ 시가 지도와 관광 팸플릿을 주시겠어요?

市街地図(しがいちず)と観光(かんこう)パンフレットをください。

시가이치즈또 캉꼬- 팡후렛또오 구다사이

▶ 매표소는 어디에 있습니까?

切符売場(きっぷうりば)はどこですか。

깁뿌우리바와 도꼬데스까

▶ 호텔 리스트는 있습니까?

ホテルリストはありますか。

호떼루리스또와 아리마스까

▶ 여기서 렌터카를 예약할 수 있습니까?

ここでレンタカーの予約(よやく)ができますか。

고꼬데 렌따카-노 요야꾸가 데끼마스까

単語 観光(かんこう) 캉꼬- 관광 市街(しがい) 시가이 시가 パンフレット 팡후렛또 팜플렛

DAY 197 포터를 이용할 때

공항, 역, 터미널, 호텔 등의 내의 포터에서 필요한 상황에 따라 다양한 표현이 있으므로 자주 사용되는 표현들을 잘 익혀서 상황에 맞게 사용해 보자.

▶ 포터를 찾고 있습니다.

ポーターを探(さが)しています。

포-타-오 사가시떼 이마스

▶ 이 짐을 택시승강장까지 옮겨 주세요.

この荷物(にもつ)をタクシー乗(の)り場(ば)まで運(はこ)んでください。

고노 니모쯔오 타꾸시- 노리바마데 하꼰데 구다사이

▶ 이 짐을 버스정류소까지 옮겨 주세요.

この荷物(にもつ)をバス乗(の)り場(ば)まで運(はこ)んでください。

고노 니모쯔오 바스 노리바마데 하꼰데 구다사이

▶ 카트는 어디에 있습니까?

カートはどこにありますか。

카-또와 도꼬니 아리마스까

▶ 짐을 호텔로 보내 주세요.

荷物(にもつ)をホテルに届(とど)けてください。

니모쯔오 호떼루니 토도께떼 구다사이

単語 ポーター 포-타- 포터 運(はこ)ぶ 하꼬부 나르다 届(とど)ける 보내다

Chapter
03 호텔을 이용할 때

호텔의 예약과 체크인, 프런트나 벨보이와의 대화에서 지불을 마치고 체크아웃할 때까지 일본을 여행하면서 관광을 즐기는 데 필요한 표현을 익히자. 호텔에 도착하면 프런트에 가서 予約しましたが라며 이름을 말하고 예약을 확인한다. 호텔에 머물면서 필요한 것을 부탁하고자 할 때는 ...をお願いします라고 한다. 호텔에는 안내문 및 룸서비스에 대한 세부사항이 적힌 리스트가 놓여 있는데 이것을 잘 이용하자.

DAY 198 관광안내소에서 호텔을 예약할 때

호텔을 현지에서 찾을 때는 공항이나 시내의 観光案内所에서 물어보도록 하자. 예약을 해 주는 곳도 있기는 하지만, 우선 가능하면 한국에서 출발하기 전에 예약을 해 두는 것이 좋다.

▶ 여기서 호텔 예약할 수 있습니까?

ここでホテルの予約(よやく)ができますか。

고꼬데 호떼루노 요야꾸가 데끼마스까

▶ 공항까지 데리러 옵니까?

空港(くうこう)まで迎(むか)えに来(き)てくれますか。

쿠-꼬-마데 무까에니 기떼 구레마스까

▶ 그 호텔은 어디에 있습니까?

そのホテルはどこにありますか。

소노 호떼루와 도꼬니 아리마스까

▶ 다른 호텔을 소개해 주십시오.

他(ほか)のホテルを紹介(しょうかい)してください。

호까노 호떼루오 쇼-까이시떼 구다사이

単語 迎(むか)え 무까에 마중 紹介(しょうかい) 쑈-까이 소개

DAY 199 전화로 호텔을 예약할 때

전화로 호텔 등의 숙박처에 예약을 하는 상황에 따라 다양한 표현이 있으므로 자주 사용되는 표현들을 잘 익혀서 상황에 맞게 사용해 보자.

▶ 숙박요금은 얼마입니까?

宿泊料金(しゅくはくりょうきん)はおいくらですか。

슈꾸하꾸료-낑와 오이꾸라데스까

▶ 1박에 얼마입니까?

一泊(いっぱく)いくらですか。

입빠꾸 이꾸라데스까

▶ 요금에 조식은 포함되어 있나요?

料金(りょうきん)に朝食(ちょうしょく)は含(ふく)まれていますか。

료-낀니 쵸-쇼꾸와 후꾸마레떼 이마스까

▶ 예약을 하고 싶은데요.

予約(よやく)をしたいのですが。

요야꾸오 시따이노데스가

▶ 몇 박을 하실 겁니까?

何泊(なんぱく)なさいますか。

남빠꾸 나사이마스까

単語 宿泊(しゅくはく) 슈꾸하꾸 숙박　朝食(ちょうしょく) 쵸-쇼꾸 조식　含(ふく)まれる 후꾸마레루 포함하다

DAY **200**

프런트에서 체크인할 때

호텔의 체크인 시각은 보통 오후 2시부터이다. 호텔 도착 시간이 오후 6시를 넘을 때는 예약이 취소되는 경우도 있으므로 늦을 경우에는 호텔에 도착시간을 전화로 말해 두는 것이 좋다. 방의 형태, 설비, 요금, 체재 예정 등을 체크인할 때 확인하도록 하자.

▶ 예약은 하셨습니까?

予約(よやく)はされていますか。

요야꾸와 사레떼 이마스까

▶ 예약은 한국에서 했습니다.

予約(よやく)は韓国(かんこく)で済(す)ませました。

요야꾸와 캉꼬꾸데 스마세마시다

▶ 아직 예약을 하지 않았습니다.

まだ予約(よやく)はしていません。

마다 요야꾸와 시떼 이마셍

▶ 오늘 밤 빈방은 있습니까?

今夜(こんや)、空(あ)き部屋(べや)はありますか。

공야 아끼베야와 아리마스까

▶ 성함을 말씀하십시오.

お名前(なまえ)をどうぞ。

오나마에오 도-조

単語 済(す)ませる 스마세루 완료하다 空(あ)き 아끼 빈

DAY 201

방을 결정할 때

호텔 등의 숙박처에서 체크인할 때 방을 결정하는 상황에 따라 다양한 표현이 있으므로 자주 사용되는 표현들을 잘 익혀서 상황에 맞게 사용해 보자.

▶ 조용한 방으로 부탁합니다.

静(しず)かな部屋(へや)をお願(ねが)いします。

시즈까나 헤야오 오네가이 시마스

▶ 전망이 좋은 방으로 부탁합니다.

眺(なが)めのいい部屋(へや)をお願(ねが)いします。

나가메노 이- 헤야오 오네가이 시마스

▶ 좀 더 좋은 방은 없습니까?

もっとよい部屋(へや)はありませんか。

못또 요이 헤야와 아리마센까

▶ 좀 더 큰 방으로 바꿔 주세요.

もう少(すこ)し大(おお)きい部屋(へや)にかえてください。

모- 스꼬시 오-끼- 헤야니 가에떼 구다사이

▶ 숙박카드에 기입해 주십시오.

宿泊(しゅくはく)カードにご記入(きにゅう)ください。

슈꾸하꾸 카-도니 고키뉴- 구다사이

単語 眺(なが)め 나가메 전망　記入(きにゅう) 키뉴- 기입

202 체크인에 문제가 생겼을 때

호텔 등의 숙박처에서 체크인할 때 체크인의 문제가 생기는 상황에 따라 다양한 표현이 있으므로 자주 사용되는 표현들을 잘 익혀서 상황에 맞게 사용해 보자.

▶ 다시 한 번 확인해 주시겠어요?

もう一度(いちど)調(しら)べていただけますか。

모- 이찌도 시라베떼 이따다께마스까

▶ 예약을 취소하지 마세요.

予約(よやく)を取(と)り消(け)さないでください。

요야꾸오 도리께사나이데 구다사이

▶ (예약되어 있지 않을 때) 다시 한 번 제 예약을 확인해 주십시오.

もう一度(いちど)私(わたし)の予約(よやく)を調(しら)べてください。

모- 이찌도 와따시노 요야꾸오 시라베떼 구다사이

▶ 방을 취소하지 않았습니다.

部屋(へや)をキャンセルしていません。

헤야오 칸세루시떼 이마셍

▶ 다른 호텔을 찾으십시오.

ほかのホテルを探(さが)してください。

호까노 호떼루오 사가시떼 구다사이

単語 調(しら)べる 시라베루 확인하다　キャンセル 칸세루 취소

DAY 203 룸서비스를 부탁할 때

호텔 등의 숙박처에서 룸서비스를 부탁하는 상황에서 사용되는 표현들을 잘 익혀서 상황에 맞게 사용해 보자.

▶ 룸서비스를 부탁합니다.

ルームサービスをお願(ねが)いします。

루-무사-비스오 오네가이시마스

▶ 내일 아침 8시에 아침을 먹고 싶은데요.

明日(あした)の朝(あさ)8時(はちじ)に朝食(ちょうしょく)を食(た)べたいのですが。

아시따노 아사 하찌지니 쵸-쇼꾸오 다베따이노데스가

▶ 세탁 서비스는 있습니까?

洗濯(せんたく)のサービスはありますか。

센따꾸노 사-비스와 아리마스까

▶ 모닝콜을 부탁합니다.

モーニングコールをお願(ねが)いします。

모-닝구코-루오 오네가이시마스

▶ 방 번호를 말씀하십시오.

お部屋(へや)番号(ばんごう)をどうぞ。

오헤야 방고-오 도-조

単語 ルームサービス 루-무사-비스 룸서비스 洗濯(せんたく) 센따꾸 세탁

204 룸서비스가 들어올 때

호텔 등의 숙박처에서 룸서비스를 이용하는 상황에서 사용되는 표현들을 잘 익혀서 상황에 맞게 사용해 보자.

▶ (노크하면) 누구십니까?

どなたですか。

도나따데스까

▶ 잠시 기다리세요.

ちょっと待(ま)ってください。

촛또 맛떼 구다사이

▶ 들어오세요.

お入(はい)りください。

오하이리 구다사이

▶ 이건 팁입니다.

これはチップです。

고레와 칩뿌데스

単語 どなた 도나따 어느 분, 누구 チップ 칩뿌 팁

DAY
205 호텔의 시설을 이용할 때

호텔 내의 시설이나 설비, 서비스 내용은 체크인할 때 확인해 두도록 하자. 예약이나 트러블, 문의 사항은 대부분 프런트 데스크에 부탁하면 해결해 주지만, 클리닝, 룸서비스 등의 내선번호는 방에 준비되어 있는 안내서에 적혀 있다.

▶ 자판기는 있습니까?

じどうはんばいき

自動販売機はありますか。

지도-함바이끼와 아리마스까

▶ 식당은 어디에 있습니까?

しょくどう

食堂はどこですか。

쇼꾸도-와 도꼬데스까

▶ 바는 언제까지 합니까?

あ

バーはいつまで開いていますか。

바-와 이쯔마데 아이떼 이마스까

▶ 이메일을 체크하고 싶은데요.

メールをチェックしたいのですが。

메-루오 첵꾸시따이노데스가

▶ 팩스는 있습니까?

ファックスはありますか。

확꾸스와 아리마스까

単語 バー 바- 바　メール 메-루 메일　ファックス 확꾸스 팩스

DAY 206

호텔 방이 100% 안전하다고 과신해서는 안 된다. 비품이 제대로 갖추어져 있지 않거나 불의의 사고로 다치거나, 종업원을 가장해 방에 들어와 물건을 훔치는 경우도 있다. 문제가 생기면 그냥 넘어가지 말고 반드시 프런트 데스크에 연락을 취해 해결하자.

▶ 문이 잠겨 방에 들어갈 수 없습니다.

鍵(かぎ)がかかって部屋(へや)に入(はい)れないんです。

카기가 가깟떼 헤야니 하이레나인데스

▶ 열쇠를 방에 두고 나왔습니다.

鍵(かぎ)を部屋(へや)に忘(わす)れました。

카기오 헤야니 와스레마시다

▶ 카드키는 어떻게 사용하죠?

カードキーはどうやって使(つか)うのでしょう?

카-도키-와 도-얏떼 쓰까우노데쇼

▶ 방 번호를 잊어버렸습니다.

部屋(へや)の番号(ばんごう)を忘(わす)れました。

헤야노 방고-오 와스레마시따

▶ 옆방이 무척 시끄럽습니다.

となりの部屋(へや)がとてもうるさいんです。

도나리노 헤야가 도떼모 우루사인데스

単語 鍵(かぎ) 카기 열쇠 カードキー 카-도키- 카드키 となり 도나리 옆

DAY **207**

체크아웃을 준비할 때

아침 일찍 호텔을 떠날 때는 가능하면 전날 밤 짐을 꾸려 다음 날 아침 짐을 가지러 오도록 미리 벨캡틴에게 부탁해 두면 좋다. 택시를 부르거나 공항버스 시각을 알아 두고 체크아웃 예약도 전날 밤 해 두면 편하게 출발할 수 있다.

▶ 체크아웃은 몇 시입니까?

チェックアウトタイムは何時(なんじ)ですか。

책꾸아우또 타이무와 난지데스까

▶ 몇 시에 떠날 겁니까?

ご出発(しゅっぱつ)は何時(なんじ)ですか。

고슛빠쯔와 난지데스까

▶ 하룻밤 더 묵고 싶은데요.

もう一泊(いっぱく)したいのですが。

모- 입빠꾸 시따이노데스가

▶ 하루 일찍 떠나고 싶은데요.

一日早く(いちにちはや)発(た)ちたいのですが。

이찌니찌 하야꾸 다찌따이노데스가

▶ 오후까지 방을 쓸 수 있나요?

午後(ごご)まで部屋(へや)を使(つか)えますか。

고고마데 헤야오 쓰까에마스까

単語 チェックアウト 책꾸아우또 체크아웃 出発(しゅっぱつ) 슛빠쯔 출발 午後(ごご) 고고 오후

DAY 208 체크아웃할 때

여행을 마치고 카운터로 체크아웃하러 가기 전에 방을 나갈 때는 잊은 물건이 없는지 확인하도록 하자. 카운터에 맡긴 물건이 있으면 반드시 수취한다.

▶ (전화로) 체크아웃을 하고 싶은데요.

チェックアウトをしたいのですが。

첵꾸아우또오 시따이노데스가

▶ 1234호실 홍길동입니다.

1234号室(ごうしつ)のホンギルドンです。

센니햐꾸 산쥬-용 고-시쯔노 홍기루동데스

▶ 포터를 보내 주세요.

ポーターをお願(ねが)いします。

포-타오 오네가이시마스

▶ 맡긴 귀중품을 꺼내 주세요.

預(あず)けておいた貴重品(きちょうひん)を出(だ)してください。

아즈께떼 오이따 기쵸힝오 다시떼 구다사이

▶ 출발할 때까지 짐을 맡아 주시겠어요?

出発(しゅっぱつ)まで荷物(にもつ)を預(あず)かってもらえますか。

슛빠쯔마데 니모쯔오 아즈깟떼 모라에마스까

単語 貴重品(きちょうひん) 기쵸힝 귀중품 預(あず)かる 아즈까루 맡다

DAY **209** **계산을 할 때**

물건을 구매하거나 서비스 등을 이용하고 계산을 하는 상황에서 사용되는 표현들을 잘 익혀서 상황에 맞게 사용해 보자.

▶ 계산을 부탁합니다.

会計(かいけい)をお願(ねが)いします。

카이께-오 오네가이시마스

▶ 신용카드도 됩니까?

クレジットカードで支払(しはら)いできますか。

쿠레짓또카-도데 시하라이 데끼마스까

▶ 여행자수표도 됩니까?

トラベラーズチェックで支払(しはら)いできますか。

토라베라-즈첵꾸데 시하라이 데끼마스까

▶ 전부 포함된 겁니까?

全部込(ぜんぶこ)みですか。

젬부 꼬미데스까

▶ 계산이 틀린 것 같은데요.

計算違(けいさんちが)いがあるようです。

케-산치가이가 아루요-데스

単語 会計(かいけい) 카이케- 계산 支払(しはら)い 시하라이 지불 込(こ)み 꼬미 포함

Chapter
04 식당을 이용할 때

상대에게 함께 식사할 것을 권유할 때는 一緒に食事でもいかがですか라고 한다. 이에 상대가 동의를 하면 식당을 정하고 예약이 가능한지 여부를 확인한 다음 식당으로 들어선다. 종업원의 안내에 따라 테이블이 정해지면 주문을 받는다. 메뉴를 보고 싶을 때는 종업원에게 メニューを見せてくれますか라고 하고, 주문할 요리가 정해지면 메뉴를 가리키며 これをください라고 하면 된다.

DAY 210 식당을 찾을 때

일본요리를 맛볼 수 있는 곳은 고급 레스토랑에서 저렴한 대중음식점에 이르기까지 다양하므로 자신의 취향대로 가면 된다. 일본의 대중식당은 보통 바깥 쇼윈도에 모형음식이 전시되어 있다.

▶ 이 근처에 맛있게 하는 음식점은 없습니까?

この近(ちか)くにおいしいレストランはありませんか。

고노 치까꾸니 오이시- 레스또랑와 아리마센까

▶ 이곳에 한국 식당은 있습니까?

この町(まち)に韓国(かんこく)レストランはありますか。

고노 마찌니 캉꼬꾸 레스또랑와 아리마스까

▶ 식당이 많은 곳은 어디입니까?

レストランが多(おお)いのはどの辺(あた)りですか。

레스또랑가 오-이노와 도노 아따리데스까

▶ 이곳 사람들이 많이 가는 식당이 있습니까?

地元(じもと)の人(ひと)がよく行(い)くレストランはありますか。

지모또노 히또가 요꾸 이꾸 레스또랑와 아리마스까

単語 レストラン 레스또랑 음식점 町(まち) 마찌 지역, 동네 地元(じもと) 지모또 해당 지역

DAY 211 메뉴를 볼 때

말이 잘 통하지 않더라도 대부분의 식당이 메뉴와 함께 그 요리에 관한 사진이 있으므로 메뉴를 보면 그 요리 내용을 대충 알 수 있다. 메뉴를 보고 싶을 때는 종업원에게 メニューを見せてくれますか라고 한다.

▶ 메뉴 좀 보여 주세요.

メニューを見(み)せてください。

메뉴-오 미세떼 구다사이

▶ 메뉴에 대해서 가르쳐 주세요.

メニューについて教(おし)えてください。

메뉴-니 쓰이떼 오시에떼 구다사이

▶ 이 지방의 명물요리가 있습니까?

この地方(ちほう)の名物料理(めいぶつりょうり)はありますか。

고노 치호-노 메-부쯔료-리와 아리마스까

▶ 무엇을 권하시겠습니까?

何(なに)がおすすめですか。

나니가 오스스메데스까

▶ 나중에 다시 오실래요?

またあとで来(き)てもらえますか。

마따 아또데 기떼 모라에마스까

単語 地方(ちほう) 치호- 지방 名物(めいぶつ) 메-부쯔 명물 すすめる 스스메루 추천하다

DAY 212 요리를 주문할 때

주문할 요리가 정해지면 메뉴를 가리키며 これをください라고 하면 일본어를 모르더라도 종업원은 금방 알아차리고 요리 주문을 받을 수 있다.

▶ (웨이터) 주문하시겠습니까?

ご注文(ちゅうもん)をおうかがいできますか。

고츄-몽오 오우까가이 데끼마스까

▶ (웨이터를 부르며) 주문받으세요.

注文(ちゅうもん)をしたいのですが。

츄-몽오 시따이노데스가

▶ (웨이터) 음료는 무엇으로 하시겠습니까?

飲(の)み物(もの)は何(なに)になさいますか。

노미모노와 나니니 나사이마스까

▶ 여기서 잘하는 요리는 무엇입니까?

ここの自慢料理(じまんりょうり)は何(なん)ですか。

고꼬노 지만료-리와 난데스까

▶ (메뉴를 가리키며) 이것과 이것으로 주세요.

これとこれをお願(ねが)いします。

고레또 고레오 오네가이시마스

単語 注文(ちゅうもん) 츄-몽 주문 自慢(じまん) 지만 자랑

DAY 213

먹는 법·재료를 물을 때

음식점에서 처음 대하는 음식을 먹는 방법이나 식재료를 물어 보는 상황에서 다양한 표현이 있으므로 자주 사용되는 표현들을 잘 익혀서 상황에 맞게 사용해 보자.

▶ 먹는 법을 가르쳐 주시겠어요?

食べ方を教えてください。(た かた おし)

다베까따오 오시에떼 구다사이

▶ 이건 어떻게 먹으면 됩니까?

これはどうやって食べたらいいですか。(た)

고레와 도-얏떼 다베따라 이-데스까

▶ 이 고기는 무엇입니까?

このお肉は何ですか。(にく なん)

고노 오니꾸와 난데스까

▶ 이것은 재료로 무엇을 사용한 겁니까?

これは材料に何を使っているのですか。(ざいりょう なに つか)

고레와 자이료-니 나니오 쓰깟떼 이루노데스까

単語 食べ方(た かた) 다베까따 먹는 법 肉(にく) 니꾸 고기 材料(ざいりょう) 자이료- 재료

214 필요한 것을 부탁할 때

식사 도중에 종업원을 부를 때는 すみません(여보세요)라고 하며, 음식이나 음료를 추가로 더 시킬 때는 손으로 가리키며 おかわりどうぞ라고 하면 된다.

▶ 빵을 좀 더 주세요.

もう少(すこ)しパンをください。

모- 스꼬시 팡오 구다사이

▶ 물 한 잔 주세요.

水(みず)を一杯(いっぱい)ください。

미즈오 입빠이 구다사이

▶ 소금 좀 갖다 주시겠어요?

塩(しお)をいただけますか。

시오오 이따다께마스까

▶ 젓가락을 떨어뜨렸습니다.

箸(はし)を落(お)としてしまいました。

하시오 오또시떼 시마이마시따

▶ ~를 하나 더 주세요.

~おかわりお願(ねが)いします。

오까와리 오네가이 시마스

単語 パン 팡 빵 塩(しお) 시오 소금 ~おかわり ~오까와리 ~를 하나 더

Part 7 여행과 출장에 관한 표현

DAY 215

디저트·식사를 마칠 때

음식점에서 디저트를 주문하거나 식사를 마칠 때 사용되는 표현들을 잘 익혀서 상황에 맞게 사용해 보자.

▶ 디저트를 주세요.

デザートをください。

데자-또오 구다사이

▶ 디저트는 뭐가 있나요?

デザートは何(なに)がありますか。

데자-또와 나니가 아리마스까

▶ 이걸 치워 주시겠어요?

これを下(さ)げてください。

고레오 사게떼 구다사이

▶ 맛있는데요!

これはおいしいです。

고레와 오이시-데스

▶ (동석한 사람에게) 담배를 피워도 되겠습니까?

タバコを吸(す)ってもいいですか。

다바꼬오 슷떼모 이-데스까

単語 デザート 데자-또 디저트　下(さ)げる 사게루 치우다　おいしい 오이시- 맛있다

DAY 216 요리가 늦게 나올 때

음식점에서 주문한 메뉴가 늦게 나오는 경우에 사용되는 표현들을 잘 익혀서 상황에 맞게 사용해 보자.

▶ 주문한 게 아직 안 나왔습니다.

注文(ちゅうもん)したものが来(き)ていません。

츄-몬시따 모노가 기떼 이마셍

▶ 어느 정도 기다려야 합니까?

どのくらい待(ま)ちますか。

도노쿠라이 마찌마스까

▶ 아직 시간이 많이 걸립니까?

まだだいぶ時間(じかん)がかかりますか。

마다 다이부 지깡가 가까리마스까

▶ 조금 서둘러 주시겠어요?

少(すこ)し急(いそ)いでくれませんか。

스꼬시 이소이데 구레마센까

単語 だいぶ 다이부 상당히 急(いそ)ぐ 이소구 서둘러

DAY 217 주문을 취소하거나 바꿀 때

음식점에서 주문한 메뉴를 교환하거나 기타 물건을 교환하는 경우에 사용되는 표현들을 잘 익혀서 상황에 맞게 사용해 보자.

▶ 이건 주문하지 않았는데요.

これは注文(ちゅうもん)していませんが。

고레와 츄-몬시떼 이마셍가

▶ 주문을 확인해 주시겠어요?

注文(ちゅうもん)を確(たし)かめてください。

츄-몽오 다시까메떼 구다사이

▶ 주문을 취소하고 싶은데요.

注文(ちゅうもん)をキャンセルしたいのですが。

츄-몽오 칸세루 시따이노데스가

▶ 주문을 바꿔도 되겠습니까?

注文(ちゅうもん)を変(か)えてもいいですか。

츄-몽오 가에떼모 이-데스까

▶ 유리컵이 더럽습니다.

グラスが汚(よご)れています。

구라스가 요고레떼 이마스

単語 確(たし)かめる 다시까메루 확인하다 グラス 구라스 유리컵 汚(よご)れ 요고레 오염

DAY 218 요리에 문제가 있을 때

테이블에는 각 담당의 웨이터가 정해져 있으므로 무언가를 부탁하거나 식사 중에 문제가 발생하면 먼저 담당 웨이터를 부른다. 식사 중에 나이프나 포크를 떨어뜨렸으면 자신이 줍지 말고 웨이터를 불러 다시 가져오도록 한다.

▶ 수프에 뭐가 들어 있습니다.

スープに何(なに)か入(はい)っています。

수-뿌니 나니까 하잇떼 이마스

▶ 요리가 덜 된 것 같네요.

ちょっと火(ひ)が通(とお)っていないようですが。

촛또 히가 도옷떼 이나이 요-데스가

▶ 이 요리를 데워 주세요.

この料理(りょうり)を温(あたた)めてください。

고노 료-리오 아따따메떼 구다사이

▶ 너무 많아서 먹을 수 없습니다.

ちょっと多(おお)すぎて食(た)べられません。

촛또 오-스기떼 다베라레마셍

単語 スープ 수-뿌 수프 温(あたた)める 아따따메루 데우다 多(おお)すぎ 오-스기 너무 많은

DAY 219 지불방법을 말할 때

식사가 끝나면 손을 들어 すみません이라고 웨이터나 웨이트리스를 불러 お勘定をお願いします라고 계산서를 부탁한다. 계산서에 세금과 봉사료가 포함되어 있는 경우에 팁은 필요 없다. 신용카드로 계산하려면 クレジットカードで支払えますか라고 하면 된다.

▶ 여기서 지불할 수 있나요?

ここで払(はら)えますか。

고꼬데 하라에마스까

▶ 따로따로 지불하고 싶은데요.

別々(べつべつ)に支払(しはら)いをしたいのですが。

베쯔베쯔니 시하라이오 시따이노데스가

▶ 제 몫은 얼마인가요?

私(わたし)の分(ぶん)はいくらですか。

와따시노 붕와 이꾸라데스까

▶ 팁은 포함되어 있습니까?

チップは含(ふく)まれていますか。

칩뿌와 후꾸마레떼 이마스까

▶ 제가 내겠습니다.

私(わたし)のおごりです。

와따시노 오고리데스

単語 払(はら)い 하라이 지불

DAY 220 계산할 때

비용이나 요금을 계산할 때 사용되는 표현들을 잘 익혀서 상황에 맞게 사용해 보자.

▶ 계산해 주세요.

お勘定(かんじょう)お願(ねが)いします。

오깐죠- 오네가이시마스

▶ 전부 해서 얼마입니까?

全部(ぜんぶ)でおいくらですか。

젬부데 오이꾸라데스까

▶ 이 요금은 무엇입니까?

この料金(りょうきん)は何(なん)ですか。

고노 료-낑와 난데스까

▶ 계산이 틀린 것 같습니다.

計算(けいさん)が違(ちが)っているようです。

게-상가 치갓떼이루 요-데스

▶ 봉사료는 포함되어 있습니까?

サービス料(りょう)は入(はい)っていますか。

사-비스료-와 하잇떼 이마스까

単語 勘定(かんじょう) 깐죠- 계산 料金(りょうきん) 료-낑 요금 サービス料(りょう) 사-비스료- 서비스료

Chapter

05 관광을 할 때

관광의 첫걸음은 관광안내소에서 시작된다. 대부분 시내 중심가에 있으며 볼거리 소개부터 버스 예약까지 다양한 서비스를 한다. 시내지도, 지하철, 버스 노선도 등이 구비되어 있으므로 정보수집에 매우 편리하다. 미술관이나 박물관은 휴관일을 확인하고 나서 예정을 잡자. 요일에 따라서 개관을 연장하거나 할인요금이나 입장료가 달라지는 곳도 있으므로 가이드북을 보고 확인하자.

DAY 221 시내의 관광안내소에서

단체여행인 경우는 현지 가이드의 안내에 따라 관광을 하면 되지만, 개인여행인 경우는 현지의 観光案内所(かんこうあんないじょ)를 잘 활용하는 것도 즐거운 여행이 되는 하나의 방법이다.

▶ 이 도시의 관광안내 팸플릿이 있습니까?

この町(まち)の観光案内(かんこうあんない)パンフレットはありますか。

고노 마찌노 캉꼬-안나이 팡후렛또와 아리마스까

▶ 여기서 볼만한 곳을 가르쳐 주시겠어요?

ここの見(み)どころを教(おし)えてください。

고꼬노 미도꼬로오 오시에떼 구다사이

▶ 여기서 표를 살 수 있습니까?

ここで切符(きっぷ)が買(か)えますか。

고꼬데 깁뿌가 가에마스까

▶ 여기서 걸어서 갈 수 있습니까?

ここから歩(ある)いて行(い)けますか。

고꼬까라 아루이떼 이께마스까

単語 案内(あんない) 안나이 안내 パンフレット 팡후렛또 팜플렛

DAY 222 투어를 이용할 때

관광지 등에서 투어를 이용하여 관광을 하고자 할 때 사용되는 표현들을 잘 익혀서 상황에 맞게 사용해 보자.

▶ 관광버스 투어는 있습니까?

観光(かんこう)バスツアーはありますか。

캉꼬바스 쯔아-와 아리마스까

▶ 어떤 투어가 있습니까?

どんなツアーがあるんですか。

돈나 쯔아-가 아룬데스까

▶ 오전[오후] 코스는 있습니까?

午前(ごぜん)[午後(ごご)]のコースはありますか。

고젱[고고]노 코-스와 아리마스까

▶ 야간관광은 있습니까?

ナイトツアーはありますか。

나이또 쯔아-와 아리마스까

▶ 식사는 나옵니까?

食事(しょくじ)は付(つ)いていますか。

쇼꾸지와 쯔이떼 이마스까

単語 ツアー 쯔아- 투어 午前(ごぜん) 고젱 오전 午後(ごご) 고고 오후 ナイト 나이또 나이트

DAY 223

관광버스 안에서

관광지 등에서 관광버스를 이용하여 관광을 할 때 사용되는 표현들을 잘 익혀서 상황에 맞게 사용해 보자.

▶ 저것은 무엇입니까?

あれは何(なん)ですか。

아레와 난데스까

▶ 저것은 무슨 강입니까?

あれは何(なん)という川(かわ)ですか。

아레와 난또 이우 가와데스까

▶ 여기서 얼마나 머뭅니까?

ここでどのくらい止(と)まりますか。

고꼬데 도노쿠라이 도마리마스까

▶ 몇 시에 버스로 돌아오면 됩니까?

何時(なんじ)にバスに戻(もど)ってくればいいですか。

난지니 바스니 모돗떼구레바 이-데스까

単語 川(かわ) 가와 강 止(と)まり 도마리 멈춤

DAY 224

관광을 하면서

관광지 등에서 관광을 하면서 관광지에 대한 질문을 할 때 사용되는 표현들을 잘 익혀서 상황에 맞게 사용해 보자.

▶ 전망대는 어떻게 오릅니까?

展望台(てんぼうだい)へはどうやって上(あ)がるのですか。

템보-다이에와 도-얏떼 아가루노데스까

▶ 저 건물은 무엇입니까?

あの建物(たてもの)は何(なん)ですか。

아노 다떼모노와 난데스까

▶ 누가 여기에 살았습니까?

誰(だれ)が住(す)んでいたのですか。

다레가 슨데이따노데스까

▶ 언제 세워졌습니까?

いつごろ建(た)てられたのですか。

이쯔고로 다떼라레따노데스까

▶ 퍼레이드는 언제 있습니까?

パレードはいつありますか。

파레-도와 이쯔 아리마스까

単語 展望台(てんぼうだい) 템보-다이 전망대 建物(たてもの) 다떼모노 건물 建(た)てる 다떼루 세우다

DAY 225 관람을 할 때

여행을 하면서 그 도시의 정보지 등에서 뮤지컬이나 연극(가부키), 콘서트 등 보고 싶은 것을 찾아서 미리 호텔의 인포메이션이나 관광안내소에서 예약을 해 두는 것이 좋다. 표는 극장의 창구에서 사는 것이 가장 확실하다.

▶ 입장료는 얼마입니까?

入場料(にゅうじょうりょう)はいくらですか。

뉴-죠-료-와 이꾸라데스까

▶ 이 티켓으로 모든 전시를 볼 수 있습니까?

このチケットですべての展示(てんじ)が見(み)られますか。

고노 치켓또데 스베떼노 덴지가 미라레마스까

▶ 무료 팸플릿은 있습니까?

無料(むりょう)のパンフレットはありますか。

무료-노 팡후렛또와 아리마스까

▶ 재입관할 수 있습니까?

再入館(さいにゅうかん)できますか。

사이뉴-깐 데끼마스까

▶ 짐을 맡아 주세요.

荷物(にもつ)を預(あず)かってください。

니모쯔오 아즈깟떼 구다사이

単語 入場料(にゅうじょうりょう) 뉴-죠-료- 입장료　展示(てんじ) 덴지 전시　無料(むりょう) 무료- 무료

DAY **226**

사진 촬영을 허락받을 때

미술관이나 박물관에서는 사진 촬영이 금지되어 있는 곳이 많으므로 게시판을 잘 살펴야 한다. 삼각대, 플래시는 거의 금지되어 있다. 함부로 다른 사람에게 카메라를 향하는 것은 예의에 어긋나므로, 찍고 싶은 상대에게 허락을 받고 나서 사진을 찍어야 한다.

▶ 여기서 사진을 찍어도 됩니까?

ここで写真(しゃしん)を撮(と)ってもいいですか。

고꼬데 샤싱오 돗떼모 이-데스까

▶ 여기서 플래시를 터뜨려도 됩니까?

ここでフラッシュをたいてもいいですか。

고꼬데 후랏슈오 다이떼모 이-데스까

▶ 비디오 촬영을 해도 됩니까?

ビデオ撮影(さつえい)してもいいですか。

비데오 사쯔에- 시떼모 이-데스까

▶ 당신 사진을 찍어도 되겠습니까?

あなたの写真(しゃしん)を撮(と)ってもいいですか。

아나따노 샤싱오 돗떼모 이-데스까

▶ 함께 사진을 찍으시겠습니까?

一緒(いっしょ)に写真(しゃしん)を撮(と)ってもらえませんか。

잇쇼니 샤싱오 돗떼 모라에마센까

単語 フラッシュ 후랏슈 플래쉬 撮影(さつえい) 사쯔에- 촬영 一緒(いっしょ)に 잇쇼니 함께

DAY 227

사진 촬영을 부탁할 때

관광지 등에서 다른 사람에게 사진 촬영을 부탁할 때 사용되는 표현들을 잘 익혀서 상황에 맞게 사용해 보자.

▶ 사진 좀 찍어 주시겠어요?

私(わたし)の写真(しゃしん)を撮(と)ってもらえませんか。

와따시노 샤싱오 돗떼 모라에마센까

▶ 셔터를 누르면 됩니다.

シャッターを押(お)すだけです。

샷따-오 오스다께데스

▶ 여기서 우리들을 찍어 주십시오.

ここから私(わたし)たちを写(うつ)してください。

고꼬까라 와따시타찌오 우쯔시떼 구다사이

▶ 한 장 더 부탁합니다.

もう一枚(いちまい)お願(ねが)いします。

모- 이찌마이 오네가이 시마스

▶ 나중에 사진을 보내 드리겠습니다.

あとで写真(しゃしん)を送(おく)ります。

아또데 샤싱오 오꾸리마스

単語 シャッター 샷따- 셔터

DAY 228 기념품점에서

관광지 등의 기념품점에서 기념품의 구입과 문의를 할 때 사용되는 표현들을 잘 익혀서 상황에 맞게 사용해 보자.

▶ 그림엽서는 있습니까?

絵(え)ハガキはありますか。

에하가끼와 아리마스까

▶ 기념품으로 인기 있는 것은 무엇입니까?

おみやげで人気(にんき)があるのは何(なん)ですか。

오미야게데 닝끼가 아루노와 난데스까

▶ 이 박물관의 오리지널 상품입니까?

この博物館(はくぶつかん)のオリジナル商品(しょうひん)ですか。

고노 하꾸부쯔깐노 오리지나루 쇼-힌데스까

▶ 건전지는 어디서 살 수 있나요?

電池(でんち)はどこで買(か)えますか。

덴찌와 도꼬데 가에마스까

単語 絵(え)ハガキ 에하가끼 그림엽서　おみやげ 오미야게 선물, 기념품

Chapter

06 쇼핑을 할 때

값싸고 좋은 물건을 사기 위해서는 현지인의 도움을 받거나 미리 쇼핑 정보를 통해 알아 두는 것도 하나의 방법이다. 가게를 찾을 때는 ~はどこにありますか라고 묻고, 가게에 들어서면 점원이 いらっしゃいませ라고 반갑게 맞이한다. 물건을 고를 때는 あれを見せてください, 가격을 흥정할 때는 少し割引きできませんか, 지불할 때는 全部でいくらになりますか라고 한다.

DAY 229 쇼핑센터를 찾을 때

여행에서 쇼핑도 빼놓을 수 없는 즐거움의 하나다. 꼭 필요한 품목은 미리 계획을 세워서 구입해야만 충동구매를 피할 수 있고, 귀국 시 세관에서 통관 절차가 간단하다.

▶ 쇼핑센터는 어디에 있습니까?

ショッピングセンターはどこにありますか。

숍핑구 센따-와 도꼬니 아리마스까

▶ 쇼핑 가이드는 있나요?

ショッピングガイドはありますか。

숍핑구 가이도와 아리마스까

▶ 면세점은 있습니까?

めんぜいてん
免税店はありますか。

멘제-뗑와 아리마스까

▶ 이 주변에 백화점은 있습니까?

あた
この辺りにデパートはありますか。

고노 아따리니 데빠-또와 아리마스까

単語 ショッピング 숍핑구 쇼핑 ガイド 가이도 가이드 デパート 데빠-또 백화점

가게를 찾을 때

쇼핑은 여행의 커다란 즐거움 중 하나이다. 싼 가게, 큰 가게, 멋진 가게, 대규모의 쇼핑센터 등을 사전에 알아 두면 편리하다. 일요일에 쉬는 가게가 있을 수 있으므로 영업시간이나 휴업일을 미리 확인해 두자.

▶ 가장 가까운 슈퍼는 어디에 있습니까?

一番近(いちばんちか)いスーパーはどこですか。

이찌반 치까이 스-빠-와 도꼬데스까

▶ 편의점을 찾고 있습니다.

コンビニを探(さが)しています。

콤비니오 사가시떼 이마스

▶ 좋은 스포츠 용품점을 가르쳐 주시겠어요?

いいスポーツ用具店(ようぐてん)を教(おし)えてください。

이- 스뽀-쯔 요-구뗑오 오시에떼 구다사이

▶ 그건 어디서 살 수 있나요?

それはどこで買(か)えますか。

소레와 도꼬데 가에마스까

▶ 그 가게는 오늘 문을 열었습니까?

その店(みせ)は今日(きょう)開(あ)いていますか。

소노 미세와 쿄- 아이떼 이마스까

単語 スーパー 스-빠- 슈퍼 コンビニ 콤비니 편의점

DAY 231 가게에 들어서서

가게에 들어서면 제일 먼저 종업원이 いらっしゃいませ라고 반갑게 인사를 한다. 이때 손님은 가볍게 인사를 하고 찾고자 하는 물건을 말하면 친절하게 안내해 줄 것이다.

▶ (점원) 어서 오십시오.

いらっしゃいませ。

이랏샤이마세

▶ 뭔가 찾으십니까?

何(なに)かお探(さが)しですか。

나니까 오사가시데스까

▶ 그냥 구경하는 겁니다.

見(み)ているだけです。

미떼이루 다께데스

▶ 필요한 것이 있으시면 말씀하십시오.

何(なに)かご用(よう)がありましたら、お知(し)らせください。

나니까 고요-가 아리마시따라 오시라세 구다사이

単語 探(さがす) 사가스 찾다 用(よう) 요- 필요

DAY 232 물건을 찾을 때

가게에 들어가면 점원에게 가볍게 인사를 하자. 何をお探しですか(뭐를 찾으십니까?)라고 물었을 때 살 마음이 없는 경우에는 見ているだけです(보고 있습니다)라고 대답한다. 말을 걸었는데 대답을 하지 않거나 무시하는 것은 상대에게 실례가 된다.

▶ 여기 잠깐 봐 주시겠어요?

ちょっとよろしいですか。

촛또 요로시-데스까

▶ 코트를 찾고 있습니다.

コートを探(さが)しているのです。

코-또오 사가시떼 이루노데스

▶ 아내에게 선물할 것을 찾고 있습니다.

妻(つま)へのプレゼントを探(さが)しています。

쯔마에노 푸레젠또오 사가시떼 이마스

▶ 캐주얼한 것을 찾고 있습니다.

カジュアルなものを探(さが)しています。

카쥬아루나 모노오 사가시떼 이마스

▶ 샤넬은 있습니까?

シャネルは置(お)いてありますか。

샤네루와 오이떼 아리마스까

単語 コート 코-또 코트 妻(つま) 쯔마 처, 부인 カジュアル 카쥬아루 캐주얼

DAY 233 구체적으로 찾는 물건을 말할 때

구체적인 물건이나 상품을 찾을 때 사용되는 표현들을 잘 익혀서 상황에 맞게 사용해 보자.

▶ 저걸 보여 주시겠어요?

あれを見(み)せてください。

아레오 미세떼 구다사이

▶ 면으로 된 것이 필요한데요.

綿素材(めんそざい)のものが欲(ほ)しいんですが。

멘 소자이노 모노가 호시인데스가

▶ 이것과 같은 것은 있습니까?

これと同(おな)じものはありますか。

고레또 오나지 모노와 아리마스까

▶ 이것뿐입니까?

これだけですか。

고레다께데스까

▶ 30세 정도의 남자에게는 뭐가 좋을까요?

30歳(さい)くらいの男性(だんせい)には何(なに)がいいですか。

산줏사이 쿠라이노 단세-니와 나니가 이-데스까

単語 綿(めん) 멘 면 素材(そざい) 소자이 소재 同(おな)じ 오나지 같은

DAY 234

물건을 보고 싶을 때

가게에 들어가서 상품에 함부로 손을 대지 않도록 하자. 가게에 진열되어 있는 상품은 어디까지나 샘플이기 때문에 손을 대는 것은 살 마음이 있다고 상대가 받아들일 수도 있다. 보고 싶을 경우에는 옆에 있는 점원에게 부탁을 해서 꺼내 오도록 해야 한다.

▶ 그걸 봐도 될까요?

それを見(み)てもいいですか。

소레오 미떼모 이-데스까

▶ 몇 가지 보여 주세요.

いくつか見(み)せてください。

이꾸쓰까 미세떼 구다사이

▶ 이 가방을 보여 주시겠어요?

このバッグを見(み)せてもらえますか。

고노 박구오 미세떼 모라에마스까

▶ 다른 것을 보여 주시겠어요?

別(べつ)のものを見(み)せていただけますか。

베쯔노 모노오 미세떼 이따다께마스까

▶ 더 품질이 좋은 것은 없습니까?

もっと質(しつ)のいいのはありませんか。

못또 시쯔노 이-노와 아리마센까

単語 別(べつ) 베쯔 다른 質(しつ) 시쯔 질

DAY

235 색상을 고를 때

구입하고자 물건이나 상품의 색상을 고를 때 사용되는 표현들을 잘 익혀서 상황에 맞게 사용해 보자.

▶ 무슨 색이 있습니까?

何色(なにいろ)がありますか。

나니이로가 아리마스까

▶ 빨간 것은 있습니까?

赤(あか)いのはありますか。

아까이노와 아리마스까

▶ 너무 화려합니다.

派手(はで)すぎます。

하데스기마스

▶ 더 화려한 것은 있습니까?

もっと派手(はで)なのはありますか。

못또 하데나노와아리마스까

▶ 더 수수한 것은 있습니까?

もっと地味(じみ)なのはありますか。

못또 지미나노와 아리마스까

単語 赤(あか)い 아까이 빨간 派手(はで) 하데 화려한 地味(じみ) 지미 수수함

DAY 236

디자인·사이즈를 고를 때

구입하고자 물건이나 상품의 디자인이나 사이즈를 고를 때 사용되는 표현들을 잘 익혀서 상황에 맞게 사용해 보자.

▶ 다른 스타일은 있습니까?

ほかの型(かた)はありますか。

호까노 가따와 아리마스까

▶ 이런 디자인은 좋아하지 않습니다.

このデザインは好(す)きではありません。

고노 데자잉와 스끼데와 아리마셍

▶ 다른 디자인은 있습니까?

他(ほか)のデザインはありますか。

호까노 데자잉와 아리마스까

▶ 사이즈는 이것뿐입니까?

サイズはこれだけですか。

사이즈와 고레다께데스까

▶ 더 큰 것은 있습니까?

もっと大(おお)きいのはありますか。

못또 오-끼-노와 아리마스까

単語 型(かた) 가따 형태 デザイン 데자잉 디자인 サイズ 사이즈 사이즈

DAY 237

품질에 대해 물을 때

구입하고자 물건이나 상품의 재질이나 품질을 물을 때에 사용되는 표현들을 잘 익혀서 상황에 맞게 사용해 보자.

▶ 재질은 무엇입니까?

材質(ざいしつ)は何(なん)ですか。

자이시쯔와 난데스까

▶ 일제입니까?

日本製(にほんせい)ですか。

니혼세-데스까

▶ 질은 괜찮습니까?

質(しつ)はいいですか。

시쯔와 이-데스까

▶ 이건 실크 100%입니까?

これはシルク100%(ひゃく)ですか。

고레와 시루꾸 하꾸 파-센또데스까

▶ 이건 수제입니까?

これはハンドメイドですか。

고레와 한도메이도데스까

単語 材質(ざいしつ) 자이시쯔 재질 日本製(にほんせい) 니혼세- 일본산 ハンドメイド 한도메이도 수제

DAY **238**

가격을 물을 때

구입하고자 물건이나 상품의 가격을 물을 때에 사용되는 표현들을 잘 익혀서 상황에 맞게 사용해 보자.

▶ 전부 해서 얼마가 됩니까?

全部(ぜんぶ)でいくらになりますか。

젬부데 이꾸라니 나리마스까

▶ 하나에 얼마입니까?

1つ(ひとつ)、いくらですか。

히또쯔 이꾸라데스까

▶ 이건 세일 중입니까?

これはセール中(ちゅう)ですか。

고레와 세-루쮸데스까

▶ 세금이 포함된 가격입니까?

税金(ぜいきん)は含(ふく)まれた額(がく)ですか。

제이낑와 후꾸마레따 가꾸데스까

▶ 너무 비쌉니다.

高(たか)すぎます。

다까스기마스

単語 セール 세-루 세일 税金(ぜいきん) 제이낑 세금

DAY 239 구입 결정과 지불 방법

지불할 때는 全部でいくらになりますか라고 한다. 거의 모든 가게에서 현금, 신용카드, 여행자수표 등으로 물건 값을 계산할 수 있지만, 여행자수표를 사용할 때는 여권 제시를 요구하는 가게도 있으며, 번잡한 가게나 작은 가게는 여행자수표를 꺼릴수도 있다.

▶ 이걸로 하겠습니다.

これにします。

고레니 시마스

▶ 이것을 10개 주세요.

これを10個(じゅっこ)ください。

고레오 죽-꼬 구다사이

▶ 지불은 어떻게 하시겠습니까?

お支払(しはら)いはどうなさいますか。

오시하라이와 도- 나사이마스까

▶ 카드도 됩니까?

カードで支払(しはら)いできますか。

카-도데 시하라이 데끼마스까

▶ 여행자수표도 받나요?

トラベラーズチェックで支払(しはら)いできますか。

토라베라-즈 첵꾸데 시하라이 데끼마스까

単語 支払(しはら)い 시하라이 지불

포장을 부탁할 때

구입한 상품이나 물건의 포장을 부탁할 때에 사용되는 표현들을 잘 익혀서 상황에 맞게 사용해 보자.

▶ 봉지를 주시겠어요?

袋(ふくろ)をいただけますか。

후꾸로오 이따다께마스까

▶ 봉지에 넣기만 하면 됩니다.

袋(ふくろ)に入(い)れるだけでけっこうです。

후꾸로니 이레루다께데 겟꼬-데스

▶ 이걸 선물용으로 포장해 주시겠어요?

これをギフト用(よう)に包(つつ)んでもらえますか。

고레오 기후또요-니 쓰쓴데 모라에마스까

▶ 따로따로 포장해 주세요.

別々(べつべつ)に包(つつ)んでください。

베쯔베쯔니 쓰쓴데 구다사이

▶ 이거 넣을 박스 좀 얻을 수 있나요?

これを入(い)れるボックスをいただけますか。

고레오 이레루 복꾸스오 이따다께마스까

単語 袋(ふくろ) 후꾸로 봉지 ギフト 기후또 선물 別々(べつべつ) 베쯔베쯔 따로 따로

DAY **241** ## 구입한 물건을 교환할 때

가게에 클레임을 제기할 때는 감정적으로 대하지 말고 침착하게 요점을 말해야 한다. 보통 한번 돈을 지불하고 나면 흠집이 났거나 더럽더라도 구입한 고객의 책임이 되어 버린다. 사기 전에 물건을 잘 확인하자.

▶ 여기에 얼룩이 있습니다.

ここにシミが付(つ)いています。

고꼬니 미가 쓰이떼 이마스

▶ 새 것으로 바꿔드리겠습니다.

新(あたら)しいものとお取(と)り替(か)えします。

아따라시- 모노또 오또리까에 시마스

▶ 구입 시에 망가져 있었습니까?

ご購入時(こうにゅうじ)に壊(こわ)れていましたか。

고코-뉴-지니 고와레떼 이마시따까

▶ 샀을 때는 몰랐습니다.

買(か)ったときには気(き)がつきませんでした。

갓따 토끼니와 키가 쓰끼마센데시따

▶ 사이즈가 안 맞았어요.

サイズが合(あ)いませんでした。

사이즈가 아이마센데시따

単語 シミ 시미 얼룩 取(と)り替(か)え 또리까에 교환 壊(こわ)れる 고와레루 망가지다

DAY 242

구입한 물건을 반품할 때

구입한 상품이나 물건의 반품을 요청할 때에 사용되는 표현들을 잘 익혀서 상황에 맞게 사용해 보자.

▶ 어디로 가면 됩니까?

どこに行(い)けばいいのですか。

도꼬니 이께바 이-노데스까

▶ 반품하고 싶은데요.

返品(へんぴん)したいのですが。

헴삔시따이노데스가

▶ 아직 쓰지 않았습니다.

まだ使(つか)っていません。

마다 쯔깟떼 이마셍

▶ 가짜가 하나 섞여 있었습니다.

偽物(にせもの)が一(ひと)つ混(ま)ざっていました。

니세모노가 히또쯔 마잣떼 이마시따

▶ 영수증은 여기 있습니다.

領収書(りょうしゅうしょ)はこれです。

료-슈-쇼와 고레데스

単語 返品(へんぴん) 헴삔 반품 偽物(にせもの) 니세모노 가짜품 領収書(りょうしゅうしょ) 료-슈-쇼 영수증

DAY 243 환불·배달사고

구입한 상품이나 물건의 환불 또는 배달사고 시에 의사를 나타내는 표현들을 잘 익혀서 상황에 맞게 사용해 보자.

▶ 환불해 주시겠어요?

返金(へんきん)してもらえますか。

헨낀시떼 모라에마스까

▶ 산 물건하고 다릅니다.

買(か)ったものと違(ちが)います。

갓따 모노또 치가이마스

▶ 구입한 게 아직 배달되지 않았습니다.

買(か)ったものがまだ届(とど)きません。

갓따 모노가 마다 도도끼마셍

▶ 대금은 이미 지불했습니다.

代金(だいきん)はもう払(はら)いました。

다이낑와 모- 하라이마시따

▶ 수리해 주시든지 환불해 주시겠어요?

修理(しゅうり)するか、お金(かね)を返(かえ)していただけますか。

슈-리스루까 오까네오 가에시떼 이따다께마스까

単語 返金(へんきん) 헨낀 환불 代金(だいきん) 다이낑 대금 修理(しゅうり) 슈-리 수리

Chapter
07 여행을 마치고 귀국할 때

귀국 당일은 출발 2시간 전까지 공항에 미리 나가서 체크인을 마쳐야 한다. 출국절차는 터미널 항공사 카운터에 가서 여권, 항공권, 출입국카드를 제시하면 출국카드를 떼어 내고 탑승권을 준다. 동시에 맡길 짐도 체크인하면 화물 인환증을 함께 주므로 잘 보관해야 한다. 그 뒤는 보안검사, 수화물 X선 검사를 받고 탑승권에 지정되어 있는 탑승구로 가면 된다.

DAY 244 귀국편을 예약할 때

출발하기 전에 맡길 짐과 기내로 갖고 들어갈 짐을 나누어 꾸리고 토산품과 구입한 물건의 품명과 금액 등에 대한 목록을 만들어 두면 좋다.

▶ 인천행을 예약하고 싶은데요.

ゆ　よやく
インチョン行きを予約したいのですが。

인천 유끼오 요야꾸시따이노데스가

▶ 내일 비행기는 예약이 됩니까?

あした　びん　よやく
明日の便の予約はできますか。

아시따노 빈노 요야꾸와 데끼마스까

▶ 다른 비행기는 없습니까?

べつ　びん
別の便はありますか。

베쯔노 빙와 아리마스까

▶ 편명과 출발 시간을 알려 주십시오.

びんめい　しゅっぱつ　じかん　おし
便名と出発の時間を教えてください。

빔메-또 슛빠쯔노 지깡오 오시에떼 구다사이

単語 明日(あした) 아시따 내일　便名(びんめい) 빔메- 편명

DAY 245 예약을 재확인할 때

귀국하는 날짜가 다가오면 비행기 예약을 한다. 한국에서 떠날 때 예약해 둔 경우에는 미리 전화나 시내의 항공회사 영업소에서 반드시 예약 재확인(reconfirm)을 해 두어야 한다. 공항에는 여유를 가지고 출발 2시간 전에 도착하는 것이 좋다.

▶ 예약을 재확인하고 싶은데요.

リコンファームをしたいのですが。

리콩화-무오 시따이노데스가

▶ 성함과 편명을 말씀하십시오.

お名前(なまえ)と便名(びんめい)をどうぞ。

오나마에또 빔메-오 도-조

▶ 무슨 편 몇 시 출발입니까?

何便(なにびん)で何時発(なんじぱつ)ですか。

나니빈데 난지 하쯔데스까

▶ 저는 분명히 예약했습니다.

私(わたし)は確(たし)かに予約(よやく)しました。

와따시와 타시까니 요야꾸시마시따

▶ 즉시 확인해 주십시오.

至急(しきゅう)、調(しら)べてください。

시뀨- 시라베떼 구다사이

単語 リコンファーム 리콩화-무 재확인 至急(しきゅう) 시뀨- 즉시

DAY **246** ## 예약을 변경하거나 취소할 때

여기서는 여행 일정이 바뀌어 비행기 예약을 취소하거나 변경할 때 유용하게 쓸 수 있는 표현을 익힌다.

▶ 비행편을 변경할 수 있습니까?

びん へんこう ねが
便の変更をお願いできますか。

빈노 헹꼬-오 오네가이 데끼마스까

▶ 어떻게 변경하고 싶습니까?

へんこう
どのようにご変更なさいますか。

도노 요-니 고헹꼬- 나사이마스까

▶ 10월 9일로 변경하고 싶습니다.

じゅうがつここの か へんこう
10月 9 日に変更したいのです。

쥬-가쯔 고꼬노까니 헹꼬-시따이노데스

▶ 예약을 취소하고 싶은데요.

よ やく と け
予約を取り消したいのですが。

요야꾸오 도리께시따이노데스가

▶ 다른 항공사 비행기를 확인해 주세요.

ほか かいしゃ びん しら
他の会社の便を調べてください。

호까노 카이샤노 빙오 시라베떼 구다사이

単語 変更(へんこう) 헹꼬- 변경 取り消し(とりけし) 도리께시 취소

DAY 247 탑승수속을 할 때

공항에서는 2시간 전에 체크인하는 것이 바람직하다. 만일에 문제가 발생했더라도 여유를 가지고 대처할 수 있으므로 귀국하기 전날 모든 것을 마무리해야 한다.

▶ 탑승수속은 어디서 합니까?

搭乗手続き(とうじょうてつづ)はどこでするのですか。

토-죠-테쓰즈끼와 도꼬데 스루노데스까

▶ 일본항공 카운터는 어디입니까?

日本航空(にほんこうくう)のカウンターはどこですか。

니홍코-꾸-노 카운따-와 도꼬데스까

▶ 앞쪽 자리가 좋겠는데요.

前方(ぜんぽう)の席(せき)がいいですが。

젬보-노 세끼가 이-데스가

▶ 통로쪽[창쪽]으로 부탁합니다.

通路側(つうろがわ)[窓側(まどがわ)]の席(せき)をお願(ねが)いします。

쓰-로가와[마도가와]노 세끼오 오네가이시마스

▶ 친구와 같은 좌석으로 주세요.

友人(ゆうじん)と隣(とな)り合(あ)わせの席(せき)にしてください。

유-진또 도나리아와세노 세끼니 시떼 구다사이

単語 搭乗(とうじょう) 토-죠- 탑승 手続(てつづ)き 테쓰즈끼 수속 前方(ぜんぽう) 젬보- 앞쪽

248 수화물을 체크할 때

짐이 늘어난 경우에는 초과요금을 지불해야 한다. 가능하면 초과되지 않는 범위 내에서 짐을 기내로 가지고 들어가도록 한다. 시간적 여유가 있을 때 사지 못한 선물이 있다면 면세점에서 구입하면 된다.

▶ 맡기실 짐은 있으십니까?

お預(あず)けになる荷物(にもつ)はありますか。

오아즈께니나루 니모쯔와 아리마스까

▶ 그 가방은 맡기시겠습니까?

そのバッグはお預(あず)けになりますか。

소노 박구와 오아즈께니 나리마스까

▶ 이 가방은 기내로 가지고 들어갑니다.

このバッグは機内(きない)に持(も)ち込(こ)みます。

고노 박구와 기나이니 모찌꼬미마스

▶ 다른 맡기실 짐은 없습니까?

お預(あず)かりする荷物(にもつ)は他(ほか)にございますか。

오아즈까리스루 니모쯔와 호까니 고자이마스까

Part 7 여행과 출장에 관한 표현

単語 荷物(にもつ) 니모쯔 짐 機内(きない) 기나이 기내

DAY

249 탑승 안내

공항의 탑승 게이트에서 탑승 문의 및 탑승 안내에 대한 문의가 있는 경우에 사용되는 표현들을 잘 익혀서 상황에 맞게 사용해 보자.

▶ (탑승권을 보이며) 게이트는 몇 번입니까?

ゲートは何番(なんばん)ですか。

게-또와 남반데스까

▶ 3번 게이트는 어느 쪽입니까?

3番(さんばん)ゲートはどちらでしょうか。

삼반게-또와 도찌라데쇼-까

▶ 인천행 탑승 게이트는 여기입니까?

インチョン行(ゆ)きの搭乗(とうじょう)ゲートはここですか。

인천유끼노 토-죠-게-또와 고꼬데스까

▶ 왜 출발이 늦는 겁니까?

なぜ出発(しゅっぱつ)が遅(おく)れているのですか。

나제 슛빠쯔가 오꾸레떼 이루노데스까

▶ 탑승은 시작되었습니까?

搭乗(とうじょう)はもう始(はじ)まりましたか。

토-죠-와 모- 하지마리마시다까

単語 ゲート 게-또 게이트 搭乗(とうじょう) 토-죠- 탑승 なぜ 나제 왜

Part 8

긴급상황에 대한 표현

여기서는 일본에서의 여행이나 출장 시 위급한 상황에 처했을 때 침착하게 대처할 수 있는 회화 표현을 익히도록 하였다. 또한, 외국에 나가면 환경의 변화로 생각지도 않은 질병에 걸리기도 한다. 병원이나 약국에 가서 자신의 증상을 정확히 전달할 수 있어야 정확한 치료를 받을 수 있으므로 질병의 증상에 관한 표현을 잘 익히도록 하자.

Chapter

01 난처한 상황에 빠졌을 때

여행지에서 난처한 일을 당해 도움을 구하는 필수 표현은 助けて!이다. 하지만 순식간에 일을 당할 때는 입이 얼어 아무 말도 나오지 않는다. 트러블은 가급적 피하는 게 좋겠지만, 그렇지 못할 때를 대비해 상대를 제지할 수 있는 최소한의 표현은 반드시 기억해 두자.

DAY 250 난처할 때

여행지에서 갑자기 화장실을 가야 할 경우나 곤란한 상황에 빠졌을 경우 말이 통하지 않으면 매우 난처해진다. 이럴 때를 대비해서 적절한 표현을 익혀 두도록 하자.

▶ 화장실은 어디에 있습니까?

トイレはどこですか。

토이레와 도꼬데스까

▶ 어떻게 하면 좋을까요?

どうしたらいいでしょうか。

도-시따라 이-데쇼-까

▶ 무슨 좋은 방법은 없습니까?

何(なに)かいい方法(ほうほう)はないですか。

나니까 이- 호-호-와 나이데스까

▶ 어떻게 해 주세요.

何(なん)とかしてください。

난또까 시떼 구다사이

単語 トイレ 토이레 화장실 方法(ほうほう) 호-호- 방법

DAY 251 위급한 상황일 때

순식간에 위급한 일이 발생했을 때는 입이 얼어 아무 말도 나오지 않는 법이다. 트러블은 가급적 피하는 게 좋겠지만, 그렇지 못 할 때를 대비해서 상대를 제지할 수 있는 최소한의 표현은 반드시 기억해 두자.

▶ 긴급합니다.

緊急(きんきゅう)です。

깅뀨-데스

▶ 의사를 불러 주세요.

医者(いしゃ)を呼(よ)んでください。

이샤오 욘데 구다사이

▶ 살려 줘요! / 도와줘요!

助(たす)けて!

다스께떼

▶ 위험해!

危(あぶ)ない!

아부나이

▶ 누가 와 줘요!

誰(だれ)か来(き)て!

다레까 기떼

単語 医者(いしゃ) 이샤 의사 助(たす)ける 다스께루 도와주다

DAY **252**

말이 통하지 않을 때

익숙하지 않는 일본어로 말하고 있으면, 자신은 물론 상대도 잘 알아듣지 못하는 경우가 많다. 그 자리의 분위기나 상대에게 신경을 쓴 나머지 자신도 모르게 웃으며 승낙을 하는 경우가 있다. 모를 때는 わかりません(모르겠습니다)이라고 분명히 말하자.

▶ 일본어는 하지 못합니다.

にほんご　はな
日本語は話せません。

니홍고와 하나세마셍

▶ 다시 한 번 말해 주세요.

いちど　い
もう一度言ってください。

모– 이찌도 잇떼 구다사이

▶ 뭐라고 말씀하셨습니까?

なん
何とおっしゃいましたか。

난또 옷샤이마시따까

▶ 천천히 말씀해 주시겠습니까?

い
ゆっくりと言っていただけますか。

육꾸리또 잇떼 이따다께마스까

▶ 한국어를 하는 분은 없습니까?

かんこくご　はな　かた
韓国語を話す方はいませんか。

캉꼬꾸고오 하나스 가따와 이마센까

単語 一度(いちど) 이찌도 한 번　ゆっくり 육꾸리 천천히

DAY 253

물건을 분실했을 때

여행 도중에 짐을 잃어버리면 거의 대부분은 찾지 못한다. 그러므로 항상 주의를 기울이는 방법밖에 없다. 하지만 비행기에서 출발하면서 짐을 부쳤는데 찾지 못한 경우는 보상받을 수 있다.

▶ 경찰을 불러 주세요.

警察(けいさつ)を呼(よ)んでください。

게-사쯔오 욘데 구다사이

▶ 가방을 잃어버렸습니다.

バッグを忘(わす)れました。

박구오 와스레마시따

▶ 유실물 담당은 어디입니까?

遺失物係(いしつぶつがかり)はどこですか。

이시쯔부쯔 가까리와 도꼬데스까

▶ 무엇이 들어 있습니까?

何(なに)が入(はい)っていましたか。

나니가 하잇떼 이마시따까

▶ 얼마 들어 있습니까?

いくら入(はい)っていましたか。

이꾸라 하잇떼 이마시따까

単語 警察(けいさつ) 게-사쯔 경찰 遺失物(いしつぶつ) 이시쯔부쯔 유실물 係(がかり) 가까리 담당

DAY 254

강도를 만났을 때

일본은 세계에서 가장 치안이 잘 되어 있는 나라로 강도를 만나거나 도둑을 당하는 일은 드물다. 하지만 만약을 대비해서 다음과 같은 표현도 잘 익혀 두면 위급할 때 유용하게 쓸 수 있다.

▶ 강도야!

強盗(ごうとう)ッ!

고-또-ㅅ

▶ 돈을 빼앗겼습니다.

お金(かね)を奪(うば)われました。

오까네오 우바와레마시따

▶ 말한 대로 해!

言(い)ったとおりにしろ!

잇따 도-리니 시로

▶ 돈을 내놔. 그렇지 않으면 죽이겠다!

金(かね)をよこせ。さもないと殺(ころ)すぞ!

가네오 요꼬세 사모나이또 고로스조

▶ 돈은 안 갖고 있어요!

お金(かね)は持(も)っていません!

오까네와 못데 이마셍

単語 強盗(ごうとう) 고-또- 강도 奪(うば)われる 우바와레루 빼앗기다 殺(ころ)す 고로스 죽이다

DAY 255 도둑을 맞았을 때

낯선 곳에서 도둑을 맞았을 때에 사용될 수 있는 표현들을 잘 익혀서 상황에 맞게 사용해 보자.

▶ 저 놈이 내 가방을 훔쳤어요!

わたし　と
あいつが私のバッグを取ったんです!

아이쓰가 와따시노 박구오 돗딴데스

▶ 파출소까지 데려가 주세요.

こうばん　つ　い
交番まで連れて行ってください。

고-방마데 쓰레떼 잇떼 구다사이

▶ 제 가방이 보이지 않는데요.

わたし　み あ
私のバッグが見当たらないんですが。

와따시노 박구가 미아따라나인데스가

▶ 전철 안에서 지갑을 소매치기당했습니다.

でんしゃ　なか　さいふ
電車の中で財布をすられました。

덴샤노 나까데 사이후오 스라레마시따

▶ 카메라를 도둑맞았습니다.

ぬす
カメラを盗まれました。

카메라오 누스마레마시따

単語 交番(こうばん) 고-방 파출소　財布(さいふ) 사이후 지갑　カメラ 카메라 카메라

Chapter

02 재해·사고를 당했을 때

일본은 세계에서 가장 치안이 안정되어 있는 나라이지만, 지진이나 해일, 태풍 등의 자연재해가 많은 나라이다. 만일을 위해 해외여행 상해보험은 반드시 들어 둔다. 사고가 일어나면 먼저 경찰에게 알린다. 그리고 보험회사, 렌터카 회사에 연락을 취한다. 당사자인 경우에는 먼저 すみません이라고 말하면 잘못을 인정하는 꼴이 된다. 다쳐서 구급차를 부를 때는 救急車をお願いします라고 하면 된다.

DAY 256 자연재해를 당했을 때

비상시 경찰에 구조를 요청하려면 공중전화기의 붉은 버튼을 누르고 110번, 화재신고나 구급차 호출은 119번을 누른다. 자연재해를 만났을 때는 침착하게 현지인의 대피 모습을 따라 대처하자.

▶ 어제 진도 4의 지진이 있었습니다.

きのう震度4の地震がありました。(しんど よん / じしん)

기노- 신도 욘노 지싱가 아리마시따

▶ 태풍이 접근하고 있답니다.

台風が接近しているそうです。(たいふう / せっきん)

타이후-가 섹낀시떼이루 소-데스

▶ 홍수 경보가 났습니다.

洪水警報が出ています。(こうずいけいほう / で)

코-즈이 케-호-가 데떼 이마스

▶ 강한 눈보라로 교통이 마비되었습니다.

猛吹雪で交通がストップしています。(もうふぶき / こうつう)

모-후부끼데 고-쓰-가 스톱뿌시떼 이마스

単語 震度(しんど) 신도 진도 地震(じしん) 지싱 지진 洪水(こうずい) 코-즈이 홍수 警報(けいほう) 케-호 경보

DAY 257 화재가 났을 때

재난 및 화재 상황에서 사용될 수 있는 표현들을 잘 익혀서 상황에 맞게 사용해 보자. 특히 재난 상황은 뉴스나 방송 등을 통하여 전달되므로 관련 용어들을 잘 알아 두어야 한다.

▶ 불이야!

かじ
火事だ!

카지다

▶ 화재는 아직 진화되지 않았습니다.

かじ　　　ちんか
火事はまだ鎮火していません。

카지와 마다 칭까시떼 이마셍

▶ 지하실로 피난하시오.

ちかしつ　ひなん
地下室に避難しなさい。

치까시쯔니 히난시나사이

▶ 가스가 샌다!

も
ガス漏れしてるぞ!

가스모레시떼루조

▶ 폭발한다!

ばくはつ
爆発するぞ!

바꾸하쓰스루조

単語 火事(かじ) 카지 화재　鎮火(ちんか) 칭까 진화　避難(ひなん) 히난 피난　爆発(ばくはつ) 바꾸하쓰 폭발

DAY **258**

사고가 났을 때

재난 및 화재 상황에서 사용될 수 있는 표현들을 잘 익혀서 상황에 맞게 사용해 보자. 특히 재난 상황은 뉴스나 방송 등을 통하여 전달되므로 관련 용어들을 잘 알아 두어야 한다.

▶ 구급차를 부탁합니다! 자동차 사고입니다.

きゅうきゅうしゃ　ねが　じどうしゃじこ
救急車をお願いします！ 自動車事故です。

규-뀨-샤오 오네가이시마스 지도-샤지꼬데스

▶ 도와줘요! 사고예요!

たす　じこ
助けて！ 事故よ！

다스께떼 지꼬요

▶ 다친 사람이 있습니다.

にん
けが人がいます。

게가닝가 이마스

▶ 뺑소니 사고예요. 빨리 번호를 적어요!

に　じこ　はや
ひき逃げ事故よ。早くナンバーをひかえて！

히끼니게 지꼬요 하야꾸 남바-오 히까에떼

▶ 정면충돌 사고입니다.

しょうめんしょうとつじこ
正面衝突事故です。

쇼-멘쇼-또쯔 지꼬데스

単語 救急車(きゅうきゅうしゃ) 규-뀨-샤 구급차　事故(じこ) 지꼬 사고　ひき逃(に)げ 히끼니게 뺑소니

DAY 259 사고 경위를 말할 때

사고가 일어나면 먼저 경찰에게 알린다. 그리고 보험회사, 렌터카 회사에 연락을 취한다. 만일을 위해 해외여행 상해보험은 반드시 들어 두자. 보험 청구를 위해서는 사고증명서를 반드시 받아 두어야 한다.

▶ 경찰을 불러 주세요.

警察(けいさつ)の人(ひと)を呼(よ)んでください。

게-사쯔노 히또오 욘데 구다사이

▶ 상황을 설명해 주세요.

状況(じょうきょう)を説明(せつめい)してください。

죠-꾜-오 세쯔메-시떼 구다사이

▶ 저는 과실이 없습니다.

私(わたし)の方(ほう)には過失(かしつ)はありません。

와따시노 호-니와 가시쯔와 아리마셍

▶ 이 아이가 갑자기 길로 뛰어들었습니다.

この子供(こども)がいきなり道(みち)に飛(と)び出(だ)したんです。

고노 고도모가 이끼나리 미찌니 도비다시딴데스

▶ 저 사람이 신호를 무시했습니다.

あの人(ひと)が信号(しんごう)を無視(むし)したんです。

아노 히또가 싱고-오 무시시딴데스

単語 説明(せつめい) 세쯔메- 설명 過失(かしつ) 가시쯔 과실 信号(しんごう) 싱고- 신호 無視(むし) 무시 무시

DAY 260 사고에 대한 사과와 변명

각종 사고의 발생 시에 사고에 대한 사과와 이유 설명에 사용될 수 있는 표현들을 잘 익혀서 상황에 맞게 사용해 보자.

▶ 제 탓입니다.

私(わたし)のせいです。

와따시노 세-데스

▶ 우발적인 사건입니다.

偶発的(ぐうはつてき)な出来事(できごと)なんです。

구-하쯔테끼나 데끼고또난데스

▶ 미안해요. 악의로 한 게 아닙니다.

ごめんなさい。悪気(わるぎ)でしたんじゃないんです。

고멘나사이 와루기데 시딴쟈나인데스

▶ 제 과실이 아니에요.

私(わたし)の落(お)ち度(ど)ではないですよ。

와따시노 오찌도데와 나이데스요

▶ 남에게 책임을 전가하지 마라.

他人(たにん)に責任転嫁(せきにんてんか)をするなよ。

타닌니 세끼닌텡까오 스루나요

単語 出来事(できごと) 데끼고또 사건 悪気(わるぎ) 와루기 악의 落(お)ち度(ど) 오찌도 과실

Chapter
03 몸이 아플 때

만났을 때 힘이 없어 보이면 調子はどうですか(컨디션은 어떠세요?) / 大丈夫ですか(괜찮으세요?)라고 물을 수 있다. 여행 중에 호텔에서 의사를 부를 경우에는 먼저 프런트에 전화해서 医者を呼んでもらいたいのですが(의사를 불러 주셨으면 하는데요)라고 말한다. 그리고 どのくらい待たなければなりませんか(어느 정도 기다려야 합니까?), 빨리 오기를 바랄 때는 急いでくれませんか(서둘러 주시겠어요?)라고 덧붙인다.

DAY 261 병원의 접수창구에서

패키지 관광일 때는 여행사의 현지 담당자에게 알린다. 호텔 안에서의 사고는 프런트에 의뢰하여 의사를 부르거나 병원에 가도록 한다. 공항이나 역일 경우에는 여행자 구호소의 도움을 받는다.

▶ 이 병원은 몇 시부터 몇 시까지입니까?

この病院(びょういん)は何時(なんじ)から何時(なんじ)までですか。

고노 뵤-잉와 난지까라 난지마데데스까

▶ 안과는 어디에 있습니까?

眼科(がんか)はどちらでしょうか。

강까와 도찌라데쇼-까

▶ 이비인후과 선생님에게 진찰을 받고 싶은데요.

耳鼻咽喉科(じびいんこうか)の先生(せんせい)に診(み)ていただきたいのですが。

지비잉꼬-까노 센세-니 미떼 이따다끼따이노데스가

▶ 진찰실은 어디입니까?

診察室(しんさつしつ)はどこですか。

신사쯔시쯔와 도꼬데스까

単語 病院(びょういん) 뵤-잉 병원 眼科(がんか) 강까 안과 耳鼻咽喉科(じびいんこうか) 지비잉꼬-까 이비인후과

DAY 262

증상을 묻고 답할 때

말이 통하지 않으면 현지에서 몸이 아플 때 매우 당혹스럽다. 이럴 때는 현지 가이드의 통역을 받는 것이 가장 손쉬운 일이지만, 혼자일 경우에는 아픈 증상을 정확하게 전달할 수 있는 의사소통의 능력을 갖추어야 한다.

▶ 어디 아프세요?

どこか痛(いた)みますか。

도꼬가 이따미마스까

▶ 가슴이 아픕니다.

胸(むね)が痛(いた)いんです。

무네가 이따인데스

▶ 무릎이 좀 아픕니다.

膝(ひざ)がちょっと痛(いた)いのです。

히자가 춋또 이따이노데스

▶ 왼쪽 귀가 아픕니다.

左(ひだり)の耳(みみ)が痛(いた)いのです。

히다리노 미미가 이따이노데스

▶ 오른쪽 어깨가 아픕니다.

右肩(みぎかた)が痛(いた)いです。

미기카따가 이따이데스

単語 膝(ひざ) 히자 무릎 耳(みみ) 미미 귀 肩(かた) 카따 어깨

DAY 263 건강검진을 받을 때

병원에서는 신체 부위와 증상에 대한 대화를 나누게 되는데 상황에 따라 다양한 표현이 있으므로 자주 사용되는 표현들을 잘 익혀서 상황에 맞게 사용해 보자.

▶ 어렸을 때 결핵을 앓았습니다.

子供(こども)のときに結核(けっかく)になりました。

고도모노 도끼니 겟까꾸니 나리마시따

▶ 3년 전에 맹장 수술을 받았습니다.

3年前(さんねんまえ)に盲腸(もうちょう)の手術(しゅじゅつ)を受(う)けました。

산넴 마에니 모-쵸-노 슈쥬쯔오 우께마시따

▶ 수술은 한 번도 받은 적이 없습니다.

手術(しゅじゅつ)は一度(いちど)も受(う)けたことがありません。

슈쥬쯔와 이찌도모 우께따 고또가 아리마셍

▶ 올해 들어와서는 건강진단을 받지 않았습니다.

今年(ことし)になってからは健康診断(けんこうしんだん)を受(う)けていません。

고또시니 낫떼까라와 겡꼬- 신당오우께떼 이마셍

▶ 저는 어디가 안 좋은가요?

私(わたし)はどこが悪(わる)いのでしょうか。

와따시와 도꼬가 와루이노데쇼-까

単語 結核(けっかく) 겟까꾸 결핵 盲腸(もうちょう) 모-쵸- 맹장 手術(しゅじゅつ) 슈쥬쯔 수술

DAY 264 진료를 마쳤을 때

병원에서 진료를 마쳤을 때의 상황에 따라 다양한 표현이 있으므로 자주 사용되는 표현들을 잘 익혀서 상황에 맞게 사용해 보자.

▶ 다음에는 언제 오면 될까요?

今度(こんど)はいつ来(き)たらいいでしょうか。

곤도와 이쯔 기따라 이-데쇼-까

▶ 진찰해 주셔서 감사합니다.

ご診察(しんさつ)ありがとうございます。

고신사쯔 아리가또- 고자이마스

▶ 오늘 진찰료는 얼마입니까?

今日(きょう)の診察代(しんさつだい)はおいくらですか。

쿄-노 신사쯔다이와 오이꾸라데스까

▶ 내일 또 와야 합니까?

明日(あした)、また来(こ)なければなりませんか。

아시따 마따 고나께레바 나리마센까

▶ 선생님, 고맙습니다.

先生(せんせい)、ありがとうございます。

센세- 아리가또- 고자이마스

単語 今度(こんど) 곤도 다음에 診察代(しんさつだい) 신사쯔다이 진찰료

DAY 265 입·퇴원할 때

병원에서 입원 또는 퇴원을 할 때의 상황에 따라 다양한 표현이 있으므로 자주 사용되는 표현들을 잘 익혀서 상황에 맞게 사용해 보자.

▶ 어머니는 병이 재발해서 입원했습니다.

母(はは)は病気(びょうき)が再発(さいはつ)して入院(にゅういん)しました。

하하와 뵤-끼가 사이하쯔시떼 뉴-인시마시따

▶ 입원에는 어떤 수속이 필요합니까?

入院(にゅういん)にはどんな手続(てつづ)きが必要(ひつよう)でしょうか。

뉴-인니와 돈나 데쓰즈끼가 히쯔요-데쇼-까

▶ 가능하면 개인실이 좋겠는데요.

できれば個室(こしつ)がいいのですが。

데끼레바 고시쯔가 이-노데스가

▶ 수술 전에 어느 정도 입원해야 합니까?

手術(しゅじゅつ)の前(まえ)にどのくらい入院(にゅういん)してないといけませんか。

슈쥬쯔노 마에니 도노쿠라이 뉴-인시떼 나이또 이께마센까

▶ 오늘은 몇 시에 선생님에게 진찰을 받을 수 있습니까?

今日(きょう)は何時(なんじ)に先生(せんせい)に診(み)ていただけますか。

쿄-와 난지니 센세-니 미떼 이따다께마스까

単語 病気(びょうき) 뵤-끼 병　入院(にゅういん) 뉴-인 입원　個室(こしつ) 고시쯔 개인실

DAY 266 병문안할 때

병원에 입원한 환자를 병문안할 때의 상황에 따라 다양한 표현이 있으므로 자주 사용되는 표현들을 잘 익혀서 상황에 맞게 사용해 보자.

▶ 입원환자 병동은 어디에 있나요?

にゅういんかんじゃびょうとう

入院患者病棟はどこでしょうか。

뉴-잉칸쟈뵤-또-와 도꼬데쇼-까

▶ 오늘은 몸이 어때요?

きょう　ぐあい

今日の具合はどうですか。

쿄-노 구아이와 도-데스까

▶ 생각보다 훨씬 건강해 보이네요.

おも　げんき

思ったよりずっと元気そうですね。

오못따요리 즛또 겡끼소-데스네

▶ 꼭 곧 건강해질 겁니다.

げんき

きっとすぐ元気になりますよ。

깃또 스구 겡끼니 나리마스요

▶ 무엇이든 편히 생각하고, 느긋하게 마음먹으세요.

なん　きらく　かんが

何でも気楽に考えて、ゆったりしてください。

난데모 기라꾸니 강가에떼윳따리시떼 구다사이

単語 患者(かんじゃ) 칸자 환자 病棟(びょうとう) 뵤-또- 병동 ゆったり 윳따리 느긋하게

DAY 267 약을 조제받을 때

일본은 우리보다 앞서 의약분업이 실시된 나라로 의사의 진단이 없이는 약을 함부로 조제받을 수 없다. 따라서 몸이 아플 때는 병원에 가서 의사의 처방전을 받아 약국에서 구입해야 한다.

▶ 여기서 조제해 줍니까?

こちらで調剤(ちょうざい)してもらえますか。

고찌라데 쵸-자이시떼 모라에마스까

▶ 이 처방전으로 조제해 주세요.

この処方(しょほう)せんで調剤(ちょうざい)してください。

고노 쇼호-센데 쵸-자이시떼 구다사이

▶ 몇 번 정도 복용하는 겁니까?

何回(なんかい)くらい服用(ふくよう)するのですか。

낭까이 쿠라이 후꾸요-스루노데스까

▶ 한 번에 몇 알 먹으면 됩니까?

一回(いっかい)に何錠(なんじょう)飲(の)めばいいですか。

익까이니 난죠- 노메바 이-데스까

▶ 진통제는 들어 있습니까?

痛(いた)み止(ど)めは入(はい)っていますか。

이따미도메와 하잇떼 이마스까

単語 調剤(ちょうざい) 쵸-자이 조제　処方(しょほう)せん 쇼호-센 처방전　服用(ふくよう) 후꾸요- 복용

DAY 268

약을 구입할 때

일본은 간단한 약을 사는 데도 의사의 처방이 있어야 할 경우가 많으므로 상비약을 준비해 가자. 지병이 있는 경우에는 한국 의사의 소견서를 가지고 가는 게 좋다.

▶ 감기약은 있습니까?

風邪薬(かぜぐすり)はありますか。

가제구스리와 아리마스까

▶ 바르는 약이 필요한데요.

塗(ぬ)り薬(ぐすり)がほしいのですが。

누리구스리가 호시-노데스가

▶ 안약이 필요한데요.

目薬(めぐすり)がほしいのですが。

메구스리가 호시-노데스가

▶ 붕대와 탈지면을 주세요.

包帯(ほうたい)と脱脂綿(だっしめん)をください。

호-따이또 닷시멩오 구다사이

▶ 거즈와 반창고를 주세요.

ガーゼと絆創膏(ばんそうこう)をください。

가-제또 반소-꼬-오 구다사이

単語 風邪(かぜ) 가제 감기 塗(ぬ)り薬(ぐすり) 누리구스리 바르는 약 絆創膏(ばんそうこう) 반소-꼬- 반창고

Part 9

다양한 대화를 위한 표현

여기에서는 앞에서 다루지 못한 상황이나 앞에서 간단하게 다루고 넘어갔던 상황에 대해 좀 더 구체적이고 다양하게 표현할 수 있도록 하였다.

Chapter

01 사람을 부를 때와 호칭

さん은 존경의 뜻을 나타내는 접미어로 상대방을 부를 때 보통 손윗사람이나 손아랫사람이나 관계없이 성(姓)에 붙여 부른다. 우리말의 '씨, 님, 양'에 해당하며 쓰이는 범위가 우리말의 '씨'보다 훨씬 넓다. 참고로 친근한 사이가 아니면 이름 뒤에 さん을 붙여 부르지 않는다. 또한 일본어에서는 직함 뒤에 さん을 붙여 부르지 않으며, 모르는 사람에게 부를 때는 すみません!이라고 하는 것이 가장 무난하다.

DAY 269 사람을 부를 때

일본에서는 한국과 마찬가지로 다양한 방법으로 사람을 부르는 방법이 있다. 대화의 상대와 상황에 맞게 사용법을 익히고 사용해 보도록 하자.

▶ 이봐!

おい!

오이

▶ 엄마!

まま/(お)母(かあ)ちゃん!

마마 / (오)까-짱

▶ 저—, 잠깐….

あのう、ちょっと…。

아노- 춋토

▶ 나카무라 씨(양)!

中村(なかむら)さん!

나카무라상

単語 おい 오이 이봐, 야 まま 마마 엄마(*제3자를 호칭하는 경우도 있다)

DAY 270 모르는 사람을 부를 때

평소 친분이 없는 사람에게 말을 걸 때 사용하는 자주 사용하는 말들로 주로 '미안합니다(만)', '실례합니다(만)'이라고 표현하므로 すみませんが, 또는 失礼(しつれい)ですが의 사용법을 잘 익혀 두자.

▶ 여보세요, 실례합니다만….

もしもし、失礼(しつれい)ですが…。

모시모시 시츠레이데스가

▶ 미안합니다 (여보세요)!

すみません!

스미마센

▶ 잠깐 실례합니다만….

ちょっとすみませんが、…。

촛토 스미마센가

▶ 미안합니다, ○○호텔로 가는 길을 가르쳐 주세요.

すみません、○○ホテルへの道(みち)を教(おし)えてください。

스미마센 ○○호테루에노 미치오 오시에떼구다사이

▶ 잠깐 실례합니다만, 이건 우에노행 버스입니까?

ちょっとすみませんが、これは上野行(うえのゆ)きのバスですか。

촛토 스미마센가 코레와 우에노유키노바스데스까

単語 ~への道(みち) 에노미치 ~로 가는 길 ~行(ゆ)き ~유끼 ~행

DAY 271

직함을 부를 때

일본에서는 직업명에 '~ 씨'라는 뜻의 ~さん을 붙여서 부르는 특징이 있다. 한국에서는 직장에서 성과 직함을 함께 붙여 '강 부장님'이라고 부르는 것이 일반적이나 일본에서는 직함과 존칭의 뜻을 포함하는 '님'이라는 뜻의 様(さま)와 함께 쓰지 않는 것을 기억하자.

▶ 웨이터(웨이트리스)!

ウェーター(ウェーターレス)さん!

웨-타-(웨-타-레스)상

▶ 순경 아저씨 / 경비 아저씨!

お巡(まわ)りさん / 守衛(しゅえい)さん!

오마와리상 / 슈에-상

▶ 선생님!

先生(せんせい)!

센세-

▶ 사장님 / 부장님 / 과장님!

社長(しゃちょう) / 部長(ぶちょう) / 課長(かちょう)!

샤쵸- / 부쵸- / 카쵸-

単語 ウェーター 웨-타- 웨이터 お巡(まわ)り 오마와리 경찰, 순경 守衛(しゅえい) 슈에- 경비

단체 호칭

회의나 공공장소에서 대중을 지칭하는 호칭은 '여러분'이라는 뜻의 皆(みな)さん 또는 皆様(みなさま)가 대표적이다. 상황과 대상에 따라 대중을 수식하는 말을 붙여서 사용할 수 있다.

▶ 여러분, 조용히 해 주세요.

皆(みな)さん、静(しず)かにしてください。

미나상 시즈카니 시테구다사이

▶ 장내 여러분!

場内(じょうない)の皆(みな)さん!

죠-나이노 미나상

▶ 이 자리에 계신 여러분!

この場(ば)においでの皆様(みなさま)!

코노바니 오이데노 미나사마

▶ 신사 숙녀 여러분!

レディース・アンド・ジェントルマン!

레디-스 안도 젠토르만

* 場은 장소를 나타내는 한자어 속에서는 「じょう(죠-)」로 읽고 장소를 지칭할 경우 「ば(바)」로 읽음

単語 静(しず)かに 시즈까니 조용히 場内(じょうない) 죠나이 장내 場(ば) 바 장소

DAY 273 이름을 부를 때

일본에서는 사람을 지칭할 때 주로 성을 부른다. 친한 사이의 경우에는 吉村(よしむら)와 같이 성만을 부르는 경우가 많으나 보통의 경우는 성과 함께 '~씨'라는 뜻의 ~さん을 붙여서 사용함을 알아 두자.

▶ 야—, 요시무라!

やあ、吉村(よしむら)。

야- 요시무라

▶ 안녕, 이케다.

おはよう、池田(いけだ)。

오하요- 이케다

▶ 잘 가세요. 사토 씨(양).

さようなら、佐藤(さとう)さん。

사요-나라 사토-상

▶ 성함은요?

お名前(なまえ)は?

오나마에와

▶ 실례합니다만, 성함은 어떻게 되십니까?

失礼(しつれい)ですが、お名前(なまえ)は何(なん)とおっしゃいますか。

시츠레이데스가 오나마에와 난토 옷샤이마스까

単語 名前(なまえ) 나마에 이름　おっしゃいます 옷샤이마스까 말씀하십니다

Chapter 02

감탄과 칭찬

うわっ, すばらしい! かっこいい! すてき! うまい! 등 감탄의 기분을 나타내는 말을 풍부하게 익혀 두기 바란다. 또한 일본인은 상대에 대한 칭찬에 대해서는 말을 아끼지 않는다. 더듬거리는 일본어로 말을 걸어도 日本語はお上手ですね라고 칭찬한다. 이처럼 일본인은 사소한 것이라도 칭찬을 하는 습관이 몸에 배어 있으므로 액면 그대로 받아들이면 오해하기 쉬운 경우도 종종 있다.

DAY 274

입에서 바로 나오는 감탄의 말

감탄사는 상황에 따라 다양한 표현이 있으므로 자주 사용되는 표현들을 잘 익혀서 상황에 맞게 사용해 보자.

▶ 훌륭하군요.

素晴(すば)らしいですね。

스바라시이데스네

▶ 멋져!

素敵(すてき)!

스떼끼

▶ 대단해!

すごい!

스고이

▶ 잘했어.

よくやった。

요꾸 얏타

単語 素晴(すば)らしい 스바라시이 훌륭한 すごい 스고이 대단하다

DAY 275

감탄의 기분을 나타낼 때

감탄의 기분을 나타내는 상황은 매우 다양하지만 상태나 상황을 나타내는 형용사가 주로 사용되므로 사용 빈도가 높은 표현을 중심으로 알아 두자.

▶ 어쩌면 이렇게 멋있어.

なんと素晴(すば)らしい。

난토 스바라시-

▶ 어쩌면 이렇게 예쁘죠.

なんて綺麗(きれい)なんでしょう。

난테 기레-난데쇼-

▶ 멋진 그림이군요.

素晴(すば)らしい絵(え)ですね。

스바라시- 에데스네

▶ 너무 멋있어!

とっても素敵(すてき)!

돗테모 스테끼

▶ 재미있군요!

面白(おもしろ)いですね!

오모시로이데스네

 なんと 난또 어쩌면 綺麗(きれい) 기레- 이쁘다 面白(おもしろ)い 오모시로이 재미있는

DAY **276** ## 능력을 칭찬할 때

인간관계에서 상대방을 칭찬해 주는 말은 상대에게 친근감과 호감을 가지게 한다. 일본에서는 사과의 표현과 칭찬의 표현을 인간관계의 중요한 요소로 생각하고 있으므로 다양한 표현을 익혀 두자.

▶ 전적으로 네 공로야.

まったく君(きみ)の手柄(てがら)だよ。

맛따끄 키미노 테가라다요

▶ 네 노력은 높이 살게.

君(きみ)の努力(どりょく)は高(たか)く買(か)うよ。

키미노 도료쿠와 타카꾸 카우요

▶ 잘했어요.

よくやりましたね。

요꾸 야리마시타네

▶ 그는 너를 높이 평가하고 있어.

彼(かれ)は君(きみ)を高(たか)く評価(ひょうか)しているよ。

가레와 키미오 타카꾸 효우카시테이루요

▶ 그 사람 용기가 있네.

彼(かれ)って勇気(ゆうき)があるねえ。

카렛테 유-키가 아루네-

単語 手柄(てがら) 테가라 공적, 공로 努力(どりょく) 도료쿠 노력 勇気(ゆうき) 유-끼 용기

DAY 277

외모를 칭찬할 때

상대방과의 대화를 편하고 부드럽게 하는 방법 중의 하나로 상대방의 외모를 칭찬하는 방법이 있으므로 다양한 표현을 익혀 두자.

▶ 젊어 보여요.

若く見えますよ。(わか, み)

와카쿠 미에마스요

▶ 아드님이 귀엽군요.

可愛いお子さんですね。(かわい, こ)

카와이- 오코상데스네

▶ 매우 매력적인 여성이군요.

とても魅力的な女性ですね。(みりょくてき, じょせい)

도떼모 미료쿠떼끼나 죠세-데스네

▶ 귀엽군요.

かわいいですね。

카와이-데스네

▶ 근사하군요.

格好いいですね。(かっこ)

캇코이-데스네

単語 若く(わか) 와까쿠 젊게 可愛い(かわい) 카와이 귀여운 お子さん(こ) 오꼬상 아드님

DAY 278

패션을 칭찬할 때

상대방과의 대화를 편하고 부드럽게 하는 방법 중의 하나로 상대방의 패션을 칭찬하는 방법이 있다. 특히 상대방의 패션 소품과 상대방과 '잘 어울린다'라는 의미의 似合(にあ)ってる 표현을 잘 알아 두자.

▶ 멋진 드레스야!

素敵(すてき)なドレス!

스테끼나 도레스

▶ 멋진 넥타이군요.

素敵(すてき)なネクタイですね。

스테끼나 네쿠타이데스네

▶ 그 옷을 입으면 무척 예뻐요.

その洋服(ようふく)を着(き)ると、とてもきれいですよ。

소노 요-후쿠오 키루토 도떼모 키레이데스요

▶ 어울려.

似合(にあ)ってるよ。

니앗테루요

単語 ドレス 도레스 드레스 ネクタイ 네쿠타이 넥타이 洋服(ようふく) 요-후쿠 옷, 양복

DAY 279

칭찬을 받았을 때

상대방으로부터 패션에 대한 칭찬을 받았을 때 상대방의 패션을 칭찬해 주는 것도 대화의 매너이다. 앞에서 익힌 패션 소품과 상대방과 '잘 어울린다'라는 似合(にあ)ってる 표현의 활용법을 더 다양하게 익혀 보자.

▶ 잘 어울려요.

とても似合(にあ)いますよ。

도떼모 니아이마스요

▶ 그 셔츠가 잘 어울려요.

そのシャツはよくお似合(にあ)いですよ。

소노 샤츠와 요꾸 오니아이데스요

▶ 그 헤어스타일 잘 어울려요.

そのヘアスタイル、よく似合(にあ)っていますね。

소노 헤아-스따이루 요꾸 니앗테이마스네

▶ 그 색이 잘 어울려요.

その色(いろ)はとても似合(にあ)いますね。

소노 이로와 도떼모 니아이마스네

▶ 넥타이가 양복과 잘 어울려요.

ネクタイが背広(せびろ)とよく似合(にあ)いますね。

네쿠타이가 세비로토 요꾸 니아이마스네

単語 シャツ 샤츠 셔츠 色(いろ) 이로 색, 색깔 背広(せびろ) 세비로 양복, 슈트

DAY 280

소지품을 칭찬할 때

부드러운 대화의 시작이나 화제의 전환 등에는 상대방이 소지하고 있는 소지품을 칭찬하는 것도 좋은 대화법의 하나이다. 다양한 표현법을 익혀 보자.

▶ 좋은 시계를 차고 있군요.

いい時計(とけい)をはめてますね。

이- 토께- 하메떼마스네

▶ 좋은 차를 가지고 계시는군요.

いい車(くるま)をお持(も)ちですね。

이- 구루마오 오모찌데스네

▶ 대단한 컴퓨터이군요.

すごいパソコンですね。

스고이 파소콘데스네

▶ 고마워요.

どうもありがとう。

도-모 아리가토-

▶ 천만에요.

どういたしまして。

도-이타시마시테

単語 時計(とけい) 토께- 시계 はめて 하메떼 차다, 끼우다 車(くるま) 구루마 자동차

Chapter

03 질문과 의문

어떤 상황에서 적절한 질문이 가능한지 또는 상대의 공감을 얻을 수 있는 말을 어느 정도 빨리 할 수 있는지에 따라 회화의 능력을 가늠할 수 있다. 의문이나 질문을 나타내는 조사로는 か가 있으며, 그밖에 친분이나 상하, 또는 남녀에 따라 ね, わ, の, い 등이 쓰이며, 의문사로는 なに, だれ, どの, どちら, どこ 등이 있으며, 이유나 방법을 물을 때 쓰이는 どうして, なぜ가 있다.

DAY 281 질문을 주고받을 때

질문을 할 때 '질문해도 됩니까'라는 의미의 質問(しつもん)してもいいですか라는 표현을 가장 많이 사용하며, 직접적으로 답변을 구하는 '묻겠습니다'라는 뜻의 お聞(き)きします라는 표현도 사용할 수 있다.

▶ 질문해도 됩니까?

質問(しつもん)してもいいですか。

시츠몬시테모 이-데스까

▶ 하나 더 질문이 있습니다.

もう一(ひと)つ、質問(しつもん)があります。

모-히토츠 시츠몬가 아리마스

▶ 누구에게 물으면 됩니까?

誰(だれ)に尋(たず)ねたらいいですか。

다레니 타즈네타라 이-데스까

▶ 단도직입적으로 묻겠습니다.

単刀直入(たんとうちょくにゅう)にお聞(き)きします。

탄토-쵸쿠뉴-니 오키키시마스

単語 質問(しつもん) 시츠몬 질문 一ひとつ 히토츠 하나 誰(だれ) 다레 누구

DAY 282

이유를 물을 때

질문의 다른 유형으로 이유를 질문하는 방법으로 '왜' 혹은 '어째서'라는 표현인 どうして를 많이 사용한다. 다양한 표현의 방법을 알아 두자.

▶ 왜 이렇게 빨리 왔지?

どうしてこんなに早(はや)く来(き)たんだい?

도-시떼 콘나니 하야꾸 키탄다이

▶ 왜 그런 말을 하니?

どうしてそんなこと言(い)うの?

도-시떼 손나코토 유-노

▶ 왜 그런 말을 믿었지?

どうしてそんな話(はなし)を信(しん)じたの?

도-시떼 손나 하나시오 신지타노

▶ 왜 그렇게 가라앉았니?

どうしてそんなに落(お)ち込(こ)んでるの?

도-시떼 손나니 오치콘데루노

▶ 왜 그런 짓을 했니?

どうしてそんなことをしたの?

도-시떼 손나코토오 시타노

単語 どうして 도우시떼 왜, 어째서 早(はや)く 하야꾸 빨리 言(い)う 유- 말하다

DAY 283 방법을 물을 때

일상생활에서 어떠한 방법을 모를 때 주위 사람 또는 방법을 알고 있는 사람에게 질문을 해야 할 경우 사용하는 다양한 표현을 알아 두자.

▶ 지하철역은 어떻게 가면 될까요?

地下鉄(ちかてつ)の駅(えき)はどう行(い)けばいいのでしょうか。

치카테츠노 에키와 도- 이케바 이-노데쇼-까

▶ 주말은 어떻게 보낼 생각입니까?

週末(しゅうまつ)はどう過(す)ごすつもりですか。

슈-마츠와 도- 스고스츠모리데스까

▶ 이 병따개는 어떻게 사용하니?

この栓抜(せんぬ)きはどう使(つか)うの?

고노 센누키와 도- 츠카우노

▶ 이 전화는 어떻게 쓰면 될까요?

この電話(でんわ)はどう使(つか)えばいいでしょうか。

고노 덴와와 도- 츠카에바 이-데쇼-까

単語 週末(しゅうまつ) 슈-마츠 주말 過(す)ごす 스고스 (시간) 보내다 使(つか)う 츠카우 사용하다

DAY 284 의향·의견을 물을 때

대화상대의 의향이나 의견을 질문하는 방법으로 '어떻습니까'라는 표현인 どうですか를 많이 사용한다. 다양한 표현의 방법을 알아 두자.

▶ 커피는 어떻게 할까요?

コーヒーはどのようにしますか。

코-히-와 도노요-니 시마스까

▶ 차는 어떻게 드시겠습니까?

お茶(ちゃ)はどのようになさいますか。

오챠와 도노요-니 나사이마스까

▶ 여기에서의 생활은 어떻습니까?

ここでの生活(せいかつ)はどうですか。

고꼬데노 세-카츠와 도-데스까

▶ 도쿄 생활은 마음에 듭니까?

東京(とうきょう)の生活(せいかつ)は気(き)に入(い)っていますか。

토-쿄-노 세-카츠와 키니잇떼이마스까

▶ 새로운 일은 어때요?

新(あたら)しい仕事(しごと)はどうですか。

아타라시- 시고토와 도-데스까

単語 お茶(ちゃ) 오챠 녹차, 차 生活(せいかつ) 세-카츠 생활 仕事(しごと) 지고토 일

DAY 285 정도를 물을 때

상황 또는 수량의 정도를 묻는 '어느 정도입니까'라는 표현인 どのくらいですか를 사용하며, 시간의 소요 정도를 묻는 경우에는 '어느 정도 걸립니까'라는 표현인 どのくらいかかりますか를 사용한다. 상황에 맞는 다양한 표현을 알아 두자.

▶ 전부 해서 얼마입니까?

全部(ぜんぶ)でいくらですか。

젠부데 이꾸라데스까

▶ 이 비디오는 얼마에 샀습니까?

このビデオはいくらで買(か)ったのですか。

고노 비데오와 이꾸라데 캇타노데스까

▶ 거리는 여기에서 어느 정도입니까?

距離(きょり)はここからどのくらいですか。

쿄리와 고꼬까라 도노쿠라이데스까

▶ 맞은 편 강가까지 거리는 어느 정도일까요?

川(かわ)の向(む)こう岸(きし)まで距離(きょり)はどのくらいでしょうか。

카와노 무코-키시마데 쿄리와 도노쿠라이데쇼-까

▶ 시간은 어느 정도 걸립니까?

時間(じかん)はどのくらいかかりますか。

지칸와 도노쿠라이 카카리마스까

単語 全部(ぜんぶ) 젠부 전부 距離(きょり) 쿄리 거리 向(む)こう 무코- 방향, 편

때를 물을 때

시간이나 때를 묻는 '언제입니까'라는 표현인 いつですか를 사용한다. 상황에 맞는 다양한 표현을 알아 두자.

▶ 생일은 언제입니까?

誕生日(たんじょうび)はいつですか。

탄죠-비와 이츠데스까

▶ 언제 여기로 이사를 왔습니까?

いつここへ引越(ひっこ)して来(き)たのですか。

이츠 고코에 힛코시떼 키타노데스까

▶ 언제쯤 완성되겠습니까?

いつごろ出来上(できあ)がりますか。

이츠고로 데키아가리마스까

▶ 이 좋은 날씨가 언제까지 계속될까?

このいい天気(てんき)はいつまで続(つづ)くかな。

고노 이- 텐끼와 이츠마데 츠즈쿠카나

▶ 언제까지 서류를 완성할 예정입니까?

いつまでに書類(しょるい)はできる予定(よてい)ですか。

이츠마데니 쇼루이와 데키루 요떼-데스까

単語 誕生日(たんじょうび) 탄죠-비 생일 引越(ひっこ)し 힛코시 이사 つづく 츠즈쿠 계속

DAY 287 방향·장소를 물을 때

상대방에게 방향 또는 장소를 물을 때에 '어디입니까?'라는 표현인 どちらですか를 사용한다. 특히 장소가 어디에 있는지 물어 보는 경우에는 どこにありますか를 사용하므로 상황에 맞는 다양한 표현을 알아 두자.

▶ 고국(고향)은 어딥니까?

お国(くに)はどちらですか。

오쿠니와 도치라데스까

▶ 어디서 돈을 환전할 수 있나요?

どこでお金(かね)の両替(りょうがえ)ができますか。

도코데 오카네노 료-가에가 데키마스까

▶ 실례합니다만, 남성용 화장실은 어디에 있습니까?

失礼(しつれい)ですが、男性用(だんせいよう)のトイレはどこにありますか。

시츠레이데스가 단세-요-노 토이레와 도코니 아리마스까

▶ 아버지는 어디에 근무하십니까?

お父(とう)さんはどこへお勤(つと)めですか。

오토-상와 도코에 오츠토메데스까

▶ 남쪽 출구는 어디입니까?

南口(みなみぐち)はどちらでしょうか。

미나미구찌와 도치라데쇼-까

単語 国(くに) 쿠니 나라, 고향 男性用(だんせいよう) 단세-요- 남성용 勤(つと)め 츠토메 근무

Chapter

04 대화의 시도와 진행

대화는 인사부터 시작되어 일상적인 이야기 내지는 신변에 관한 화제로 상대와의 거리감을 좁혀 나간다. 그러나 목적이 있어서 만난 것이라면 본론으로 들어가야 한다. 이야기는 잠시 중단하고 본론을 말하고 싶을 때는 さて..., ところで... 등으로 서두를 꺼낸다. 여기서는 대화를 진행시키기 위한 중요한 기술의 하나로써 ところで...와 대화의 흐름을 바꾸는 実は..., いずれにしても..., つまり... 등과 같은 어구를 익힌다.

DAY 288

말을 걸 때

일본 사람들은 말을 건네는 것보다 상대방의 상황을 먼저 확인하는 경향이 있다. 상대방의 현재 상황을 확인하며 말을 거는 다양한 표현을 알아 두자.

▶ 지금 잠깐 괜찮겠니?

いま、ちょっといいかな?

이마 촛토 이-카나

▶ 지금 바쁘십니까?

いま、お忙(いそが)しいですか。

이마 오이소가시-데스까

▶ 할 말이 있어.

話(はなし)があるんだ。

하나시가 아룬다

▶ 말씀드리고 싶은 게 있는데요.

お話(はな)ししたいことがあるのですが。

오하나시시따이 고토가 아루노데스가

単語 忙(いそが)しい 이소가시- 바쁜　話(はなし) 하나시 이야기　~したい 시따이 ~하고 싶다

DAY 289

알지 못하는 사람에게 말을 걸 때

일본 사람들은 남에게 폐를 끼치는 것을 실례로 생각하는 경향이 있어서 특히 잘 알지 못하는 사람에게 말을 걸 때에 '미안합니다'라는 뜻의 すみません으로 말을 거는데 실질적으로는 '여보세요'라는 의미를 가지고 있다.

▶ 저, 잠깐만요.

ちょっとすみません。

촛토 스미마센

▶ 여보세요, 뭔가 떨어졌어요.

すみません、何(なん)か落(お)としましたよ。

스미마센 난카 오토시마시타요

▶ 여보세요, 여기는 금연이에요.

すみません、ここは禁煙(きんえん)ですよ。

스미마센 코코와 킹엔데스요

▶ 일본 분입니까?

日本(にほん)の方(かた)ですか。

니혼노 카타데스까

▶ 여기는 처음입니까?

こちらは初(はじ)めてですか。

고치라와 하지메떼데스까

単語 禁煙(きんえん) 킹엔 금연 方(かた) 카타 분(*방향을 나타낼 때에는 ほう 호우라고 발음)

DAY 290 상황에 따라 말을 걸 때

상대방이 하는 말에 대해서 구체적인 상황을 질문할 때 何(なに)を話はなしてるの(무슨 말을 하는 거니?)라고 한다. 상황에 맞는 다양하게 말을 거는 방법을 알아 두자.

▶ 듣고 싶니?

聞(き)きたい?

키키따이

▶ 알리고 싶은 게 있어?

知(し)らせたいことがあるの。

시라세따이 코토가 아루노

▶ 이걸 들으면 놀랄걸.

これを聞(き)いたら驚(おどろ)くと思(おも)うけれど。

고레오 키이타라 오도로쿠토 오모우케레도

▶ 무슨 말을 하는 거니?

何(なに)を話(はな)してるの?

나니오 하나시떼루노

▶ 좀 도와드릴까요?

何(なに)かお役(やく)に立(た)てますか。

나니까 오야쿠니타테마스까

単語 知(し)らせたい 시라세따이 알리고 싶은　驚(おどろ)く 오도로쿠 놀라운

DAY 291 다음 말을 이을 때

일본 사람들은 남과의 대화에서 화제를 바꾸거나 자신의 이야기에 집중을 시킬 때에 あのう…(저어...)라는 표현을 사용한다. 그외에 여러 표현들의 상황에 맞는 사용 방법을 알아 두자.

▶ 저어….

あのう…。

아노-

▶ 잠깐 기다려 주세요. …

ちょっと待(ま)ってください。…

촛토 맛떼 구다사이

▶ 글쎄, 아마….

ええと、たしか…。

에-또 타시까

▶ 글쎄….

ええと…。

에-또

▶ 글쎄, 그렇겠네요.

ええと、そうですね。

에-또 소-데스네

単語 あのう 아노- 저어 ええと 에-또 글쎄 たしか 타시까 아마

DAY 292

말하면서 생각할 때

상대방과의 대화 도중에 대화의 내용 또는 상황에 대한 생각을 할 필요가 있을 경우 そうだなぁ(글쎄.)라는 표현을 쓰고, 이전 화제로 돌아갈 때에는 どこまで話(はな)したかな?(어디까지 말했지?)라는 표현을 쓴다.

▶ 글쎄.

そうだなぁ。

소-다나-

▶ 뭐를 말하려고 했지?

何(なに)を言(い)おうとしたんだっけ?

나니오 이오-토 시탄닷께

▶ 어디까지 말했지?

どこまで話(はな)したかな?

도꼬마데 하나시타카나

▶ 내가 알기로는,

私(わたし)の知(し)る限(かぎ)りでは、

와타시노 시루카기리데와

▶ 제 생각으로는,

私(わたし)に関(かん)して言(い)えば、

와타시니 칸시떼 이에바

単語 どこまで 도꼬마데 어디까지 言(い)えば 이에바 말한다면

DAY 293 적당한 말이 생각나지 않을 때

대화 도중 적합한 내용이나 표현 방법이 생각나지 않을 경우 何(なん)て言(い)ったらいいのか(뭐라고 하면 좋을지)라는 표현을 쓴다. 특히 일본어 단어가 생각나지 않을 경우 쓸 수 있는 日本語(にほんご)では何(なん)と言(い)うのかな(일본어로 뭐라고 하지?)라는 표현은 꼭 알아 두자.

▶ 뭐라고 하면 좋을지 모르겠는데.

何(なん)て言(い)ったらいいのかわからないのだけど。

난테 잇타라이-노까 와카라나이노다케도

▶ 뭐라고 하면 좋을까?

何(なん)て言(い)ったらいいのかな?

난테 잇타라 이-노까나

▶ 일본어로 뭐라고 하지?

日本語(にほんご)では何(なん)と言(い)うのかな?

니혼고데와 난토 유-노까나

▶ 적당한 말이 생각이 안 나는데.

適当(てきとう)な言葉(ことば)が思(おも)いつかないのだけど。

떼끼토-나 코토바가 오모이츠카나이노다게도

▶ 도무지 좋은 말이 생각이 나질 않는데요….

どうもうまい言葉(ことば)が思(おも)いつかないのですが…。

도-모 우마이 코토바가 오모이츠카나이노데스가

単語 適当(てきとう)な 떼끼토나 적당한 言葉(ことば) 고토바 말 うまい 우마이 좋은, 맛있는

DAY 294 

화제의 주제로 돌아갈 때

이전까지의 대화를 정리하고 다시 주제로 돌아가는 경우 さて(그건 그렇고, 그런데) 혹은 ところで(그건 그렇고, 그런데)라는 표현을 쓴다. 상황을 전환하는 접속어이므로 상황에 맞는 다양한 표현 방법들을 알아 두자.

▶ 각설하고 본론으로 들어갑시다.

さて、本題(ほんだい)に入(はい)りましょう。

사떼 혼다이니 하이리마쇼-

▶ 본제로 돌아갑시다.

本題(ほんだい)に戻(もど)りましょう。

혼다이니 모도리마쇼-

▶ 그런데, 그건 무척 맛있는데. 누가 만들었지?

ところで、これはとても味(あじ)がいいね。誰(だれ)が作(つく)ったの?

토코로데 고레와 도떼모 아지가 이-네 다레가 츠쿳타노

▶ 그건 그렇고 홍차를 드시겠어요?

それはそうと、紅茶(こうちゃ)はいかがですか。

소레와 소-토 코-챠와 이카가데스까

▶ 그건 그렇고, 그럼 다음 문제로 옮깁시다.

さて、それでは次(つぎ)の問題(もんだい)に移(うつ)りましょう。

사떼 소레데와 츠기노 몬다이니 우츠리마쇼-

単語 ところで 토꼬로데 그런데 本題(ほんだい) 혼다이 본론 味(あじ) 아지 맛 次(つぎ) 츠기 다음

DAY 295

대화를 일단 중지하고 다시 시작할 때

대화 중 현재의 대화를 중지하고 다시 시작할 때 さておき(그렇다고 하고)라는 표현을 쓴다. 상대방의 말을 중지하는 의미이므로 상대방의 기분이나 상황을 생각하고 사용하도록 하자.

▶ 그건 그렇다 치고….

それはさておき…。

소레와 사테오키

▶ 농담은 그만하고….

冗談(じょうだん)はさておき…。

죠-단와 사테오키

▶ 농담은 그만하고, 사태는 어떻게 되었습니까?

冗談(じょうだん)はさておいて、事態(じたい)はどうなっていますか。

죠-단와 사테오이떼 지따이와 도-낫떼 이마스까

▶ 다 제쳐 두고. 이 일을 마무리해 주기 바란다.

何(なに)はさておき。この仕事(しごと)を仕上(しあ)げていただきたい。

나니와 사테오키 고노 시고토오 시아게떼 이타다키따이

▶ 먼저… 다음에….

第一(だいいち)に…次(つぎ)に…。

다이이치니 츠기니

単語 冗談(じょうだん) 죠-단 농담 事態(じたい) 지따이 사태 仕上(しあ)げ 시아게 마무리

DAY 296

화제를 바꿀 때

현재의 대화를 중지하고 다른 화제로 전환하고자 할 경우 話題(わだい)は変(か)わりますが(화제가 다릅니다만)라는 표현을 쓴다. 상대방에게 새로운 화제가 시작됨을 환기시키는 의미도 있음을 알아 두고 사용하도록 하자.

▶ 화제가 다릅니다만….

話題(わだい)は変(か)わりますが…。

와다이와 카와리마스가

▶ 화제를 바꾸는 게 아니지만….

話(はなし)を変(か)えるわけじゃないけど…。

하나시오 카에루와케자나이케도

▶ 이야기가 좀 빗나갔습니다만….

話(はなし)は少(すこ)しそれますが…。

하나시와 스코시 소레마스가

▶ 처음 이야기로 돌아가면….

話(はなし)を元(もと)に戻(もど)しますと…。

하나시오 모토니 모도시마스또

▶ 화제가 다릅니다만, 무슨 애완동물을 기르고 있습니까?

話題(わだい)は変(か)わりますが、何(なん)かペットを飼(か)ってますか。

와다이와 카와리마스가 난카 펫토오 캇테마스까

単語 話題(わだい) 와다이 화제 変(か)える 카에루 바꾸다 元(もと) 모토 본래, 처음

DAY 297 대화를 정리할 때

상대와의 대화를 정리하고자 할 경우 とにかく(아무튼) 혹은 どっちにしても(어쨌든)라는 표현을 쓴다. 상대방과의 대화를 정리하는 의미이기 때문에 상대방의 기분이나 상황을 생각하고 사용하도록 하자.

▶ 아무튼….

とにかく…。

토니까꾸

▶ 어쨌든….

どっちにしろ…。

돗치니시로

▶ 어쨌든 귀찮군요.

どっちにしても厄介(やっかい)ですねえ。

돗치니시테모 얏카이데스네-

▶ 아무튼 보러 가 보자.

とにかく見(み)に行(い)ってみよう。

토니까꾸 미니잇테미요-

▶ 어쨌든 미리 배를 채워 둘 필요가 있군.

いずれにしても腹(はら)ごしらえする必要(ひつよう)があるね。

이즈레니시테모 하라고시라에스루 히츠요-가 아루네

単語 厄介(やっかい) 얏카이 귀찮음, 성가심　とにかく 토니까꾸 아무튼　腹(はら) 하라 배

DAY 298 의견을 말할 때

대화 중 상대나 대중에게 자신의 의견이나 생각을 말할 때에는 조심스럽게 말을 꺼낼 때 私(わたし)としては(저로서는)라는 표현을 쓴다. 상황에 따라 다양한 표현이 있으므로 자주 사용되는 표현들을 잘 익혀서 상황에 맞게 사용해 보자.

▶ 저로서는….

私(わたし)としては…。

와타시토 시테와

▶ 제 쪽에서는….

私(わたし)の方(ほう)では…。

와타시노 호-데와

▶ 제 입장에서 말하면….

私(わたし)に関(かん)して言(い)えば…。

와타시니 칸시떼 이에바

▶ 제 의견은 그 생각은 정말 어처구니없다고 생각합니다.

私(わたし)の意見(いけん)では、その考(かんが)えはまるっきりばかげていると思(おも)います。

와타시노 이켄데와 소노 캉가에와 마룻키리 바카게떼 이루토 오모이마스

▶ 사실을 말하면….

本当(ほんとう)のことを言(い)うと…。

혼토-노 고토오 유-토

単語 関(かん)して 칸시떼 대해서, 관해서 意見(いけん) 이켄 의견 考(かんが)え 캉가에 생각, 사고

DAY 299 실례를 피하기 위해 전제를 둘 때

일본 사람들은 남에게 폐를 끼치는 것을 실례로 생각해서 조심스럽게 말을 건네는 표현으로 失礼(しつれい)ですが(실례합니다만)으로 시작하거나 단정적인 표현을 잘 하지 않는 경향이 있다.

▶ 실례합니다만….

失礼(しつれい)ですが…。

시츠레이데스가

▶ 다를지도 모르겠습니다만….

違(ちが)うかもしれませんが…。

치가우카모 시레마센가

▶ 말씀하신 것이 사실일지도 모르겠습니다만, 생각이 틀리신 것 같군요.

おっしゃるとおりかもしれませんが、お考(かんが)えちがいのようですね。

옷샤루토-리카모 시레마센가 오캉가에 치가이노요-데스네

▶ 의견은 존중합니다만, 저는 다른 생각을 갖고 있습니다.

ご意見(いけん)は尊重(そんちょう)しますが、私(わたし)は別(べつ)の考(かんが)えを持(も)っています。

고이켄와 손쵸-시마스가 와타시와 베쯔노 캉가에카타오 못테이마스

▶ 말씀하신 것은 사실이겠지만….

おっしゃることは本当(ほんとう)でしょうが…。

옷샤루 고토와 혼토-데쇼-가

単語 違(ちが)う 치가우 다르다　おっしゃる 옷샤루 말씀하다　尊重(そんちょう) 손쵸- 존중

DAY **300** **관심사에 대해 말할 때**

대화 중 상대나 대중에게 자신 또는 상대방의 관심사에 대한 이야기를 할 때에 …に興味(きょうみ)がありますか(…에 흥미가 있습니까?)라는 표현을 쓴다. 상황에 따라 다양한 표현이 있으므로 자주 사용되는 표현들을 잘 익혀서 상황에 맞게 사용해 보자.

▶ …에 흥미가 있습니까?

…に興味(きょうみ)がありますか。

니 쿄-미가 아리마스까

▶ 어릴 때부터 우표 수집에 흥미가 있었습니다.

子供(こども)の頃(ころ)から切手(きって)の収集(しゅうしゅう)に興味(きょうみ)がありました。

코도모노 코로카라 킷테노 슈-슈-니 쿄-미가 아리마시타

▶ 훨씬 이전부터 등산을 좋아합니다.

ずっと以前(いぜん)から山登(やまのぼ)りが好(す)きなんです。

즛토 이젠까라 야마노보리가 스키난데스

▶ 개그를 무척 좋아해서 사람을 웃기는 것을 좋아합니다.

ギャグが大好(だいす)きで人(ひと)を笑(わら)わせるのが好(す)きです。

갸구가 다이스키데 히토오 와라와세루노가 스키데스

▶ 취미는 뭡니까?

ご趣味(しゅみ)は何(なん)ですか。

고슈미와 난데스까

単語 興味(きょうみ) 쿄-미 흥미 切手(きって) 킷테 우표 収集(しゅうしゅう) 슈-슈- 수집 趣味(しゅみ) 슈미 취미

Chapter
05 하루의 일과

하루의 시작은 아침부터 시작된다. 아침이 상쾌하면 하루의 일과가 순조롭게 풀린다고 한다. 아침에 일어나 가벼운 운동이나 신문이나 텔레비전을 본 다음 식사를 한다. 외출할 때는 行ってきます(まいります)라고 하면 집안에서 배웅하는 사람은 行っていらっしゃい라고 인사를 한다. 외출을 마치고 집에 돌아오면 ただいま라고 인사를 하면 맞이하는 사람은 반갑게 お帰りなさい라고 인사를 건넨다.

DAY 301 일어날 때까지

아침에 잠에서 깨어나 나눌 수 있는 대화로 상황에 따라 다양한 표현이 있으므로 자주 사용되는 표현들을 잘 익혀서 상황에 맞게 사용해 보자.

▶ 일어날 시간이야!

起(お)きる時間(じかん)よ!

오끼루 지깐요

▶ 빨리 일어나라.

早(はや)く起(お)きなさい。

하야꾸 오끼나사이

▶ 잘 잤니?

よく眠(ねむ)れた?

요꾸 네무레타

▶ 몸이 안 좋니?

具合(ぐあい)が悪(わる)いの?

구아이가 와루이노

単語 起(お)きる 오끼루 일어나다 具合(ぐあい) 구아이 상태, 형편 悪(わる)い 와루이 나쁜

DAY **302**

외출을 준비할 때

일상 생활 중 집에서 외출하기 전에 자주 사용하는 대화로 상황에 따라 다양한 표현이 있으므로 자주 사용되는 표현들을 잘 익혀서 상황에 맞게 사용해 보자.

▶ 머리를 빗어야 해.

髪(かみ)の毛(け)をとかさなくちゃ。

카미노케오 토카사나쿠쨔

▶ 아침밥을 먹기 전에 세수를 해라.

朝(あさ)ご飯(はん)の前(まえ)に顔(かお)を洗(あら)いなさい。

아사고항노 마에니 카오오 아라이나사이

▶ 아침 먹을 시간이다.

朝食(ちょうしょく)の時間(じかん)だ。

쵸-쇼쿠노 지칸다

▶ 무얼 입을까?

何(なに)を着(き)ようかな。

나니오 키요-까나

単語 髪(かみ)の毛(け) 카미노케 머리카락 朝(あさ)ご飯(はん) 아사고항 아침식사 洗(あら)い 아라이 씻음

DAY 303 외출할 때

외출할 때는 가족에게 '다녀오겠습니다'라는 뜻의 行(い)ってきます라고 말할 수 있다. 외출 상황에 따라 다양한 표현이 있으므로 자주 사용되는 표현들을 잘 알아 두자.

▶ 자, 다녀올게요. 엄마.

じゃあ、行(い)ってきます。お母(かあ)さん。

쟈- 잇떼키마스 오까아상

▶ 스웨터를 뒤집어 입었어.

セーターを裏返(うらがえ)しに着(き)ているよ。

세-타-오 우라가에시니 키떼이루요

▶ 오늘은 무얼 하니?

今日(きょう)は何(なに)をするの?

쿄-와 나니오 스루노

▶ 빨리 하지 않으면 지각해.

早(はや)くしないと遅刻(ちこく)するわよ。

하야꾸 시나이토 치코쿠스루와요

▶ 학교에 늦겠다.

学校(がっこう)に遅(おく)れるわよ。

각꼬-니 오쿠레루와요

単語 セーター 세-타- 스웨터 裏返(うらがえ)し 우라가에시 뒤집혀 있음 遅刻(ちこく) 치코쿠 지각

DAY 304 집에 돌아왔을 때

외출에서 돌아왔을 때는 가족에게 '다녀왔습니다'라는 뜻의 *ただいま*라고 말할 수 있다. 특히 *ただいま*는 가까운 지인이나 동료들에게 '돌아왔습니다'라는 친근함의 표현으로도 사용되므로 잘 알아 두자.

▶ 다녀왔어요.

ただいま。

타다이마

▶ 오늘은 어땠니?

今日(きょう)はどうだった?

쿄-와 오우닷따

▶ 배가 고픈데.

おなかがすいた。

오나까가 스이따

▶ 역시 집이 좋군!

やっぱり家(いえ)はいいな。

얏빠리 이에와 이-나

▶ 목욕물을 데워 놨어.

お風呂(ふろ)がわいてるわよ。

오후로가 와이떼루와요

単語 おなか 오나까 배 やっぱり 얏빠리 역시 お風呂(ふろ) 오후로 목욕탕

Part 9 다양한 대화를 위한 표현

DAY

305 집에 돌아와서 외출할 때

귀가한 후에 다시 외출하는 다양한 표현이 있으므로 자주 사용되는 표현들을 잘 익혀서 상황에 맞게 사용해 보자.

▶ 놀러 가도 돼?

遊(あそ)びに行(い)っていい?

아소비니 잇떼 이-

▶ 학원에 다녀올게요.

塾(じゅく)に行(い)ってきます。

쥬쿠니 잇떼 키마스

▶ 용돈 좀 주세요.

お小遣(こづか)いをちょうだい。

오코즈카이오 쵸-다이

▶ 심부름 좀 갔다 오렴.

お使(つか)いに行(い)ってきて。

오츠카이니 잇떼 키떼

単語 遊(あそ)び 아소비 놀이 小遣(こづか)い 코즈카이 용돈 お使(つか)い 오츠카이 심부름

저녁을 먹을 때

일상 중 저녁 식사 즈음한 다양한 표현이 있으므로 자주 사용되는 표현들을 잘 익혀서 상황에 맞게 사용해 보자.

▶ 엄마, 오늘 저녁은 뭐예요?

ママ、今日(きょう)の夕食(ゆうしょく)はなあに?

마마 쿄-노 유-쇼쿠와 나-니

▶ 저녁은 무얼 지을까?

夕食(ゆうしょく)は何(なに)を作(つく)ろうかな。

유-쇼쿠와 나니오 츠쿠로우까나

▶ 저녁은 뭘 먹고 싶니?

晩(ばん)ご飯(はん)は何(なに)が食(た)べたい?

반고항와 나니가 타베따이

▶ 저녁 준비를 거들어 주겠니?

ご飯(はん)の支度(したく)を手伝(てつだ)ってくれる?

고항노 시타쿠오 테츠닷떼 쿠레루

▶ 저녁밥 다 됐어?

晩(ばん)ご飯(はん)できた?

반고항 데키따

単語 夕食(ゆうしょく) 유-쇼쿠 저녁식사 晩ご飯(ばんごはん) 반고항 저녁밥 支度(したく) 시타쿠 준비

DAY

307 저녁에 쉴 때

저녁 일상 중 휴식 시간에 일어나는 다양한 표현이 있으므로 자주 사용되는 표현들을 잘 익혀서 상황에 맞게 사용해 보자.

▶ 무얼 하고 있니?

何(なに)をやってるの?

나니오 얏떼루노

▶ 무슨 재미있는 프로를 하니?

何(なに)かおもしろい番(ばん)組ぐみをやってる?

나니까 오모시로이 반구미오 얏떼루

▶ 채널을 바꿔 주지 않겠니?

チャンネルを換(か)えてくれないか。

챠네루오 카에떼 쿠레나이까

▶ 텔레비전을 더 보고 싶어.

もっとテレビが見(み)たいよ。

못또 테레비가 미따이요

▶ 이제 패미컴은 그만해라.

もうファミコンは止(や)めなさい。

모우 파미코무와 야메나사이

単語 おもしろい 오모시로이 재미있는 番組(ばんぐみ) 반구미 방송프로그램

DAY 308 잠자리에 들 때

잠자리에 들 때에 '안녕히 주무세요'라는 おやすみなさい는 표현을 꼭 알아 두자. 특히 おやすみなさい는 가까운 지인 사이에는 밤에 헤어질 때에도 사용됨을 참고하자.

▶ 이제 잘 시간이다.

もう、寝(ね)る時間(じかん)よ。

모우 네루지칸요

▶ 일찍 자거라.

早(はや)く寝(ね)なさい。

하야꾸 네나사이

▶ 8시에 자명종이 울리도록 맞춰 놨어.

8時(はちじ)に目覚(めざ)まし時計(どけい)が鳴(な)るようにセットしたよ。

하찌지니 메자마시도케이가 나루요우니 셋또시타요

▶ 내일은 7시에 깨워 줘요.

あした7時(しちじ)に起(お)こしてね。

아시따 시찌지니 오코시떼네

▶ 안녕히 주무세요.

おやすみなさい。

오야스미나사이

もう 모우 이제, 벌써　目覚(めざ)まし時計(どけい) 메자마시도케이 자명종

DAY 309 휴일을 보낼 때

휴일 중에 있을 수 있는 다양한 표현들을 잘 익혀서 상황에 맞게 사용해 보자.

▶ 낮잠을 자고 싶군.

昼寝(ひるね)をしたいな。

히루네오 시따이나

▶ 아기 기저귀를 갈아 줄래?

赤(あか)ちゃんのおむつを取(と)り替(か)えてくれる?

아까짱노 오무쯔오 토리카에떼 쿠레루

▶ 캐치볼을 하자.

キャッチボールをしよう。

캿치보-루오 시요-

▶ 먼지투성이구나.

ほこりっぽいなあ。

호꼬릿뽀이나

▶ 이 방은 통풍이 나빠.

この部屋(へや)の中(なか)は風通(かぜとお)しが悪(わる)い。

고노 헤야노 나까와 카제토오시가 와루이

単語 昼寝(ひるね) 히루네 낮잠 赤(あか)ちゃん 아까짱 아기 部屋(へや) 헤야 방

Chapter

06 사계절

일본은 사계절의 변화가 뚜렷하다. 그러나 국토의 지형이 가늘고 길어서 제일 남쪽에 있는 **沖縄**는 사계절이 덥고, 제일 북쪽에 위치한 **北海道**는 여름이 매우 짧다. 이 두 곳을 제외한 다른 곳은 대체적으로 **四季**가 분명하여 **春夏秋冬**의 계절을 맛볼 수가 있다.

DAY 310

봄에 관한 표현

봄이 되면 날씨나 기온에 대한 대화가 많아지게 된다. 계절의 상황에 따라 다양한 표현이 있으므로 자주 사용되는 표현들을 잘 익혀서 상황에 맞게 사용해 보자.

▶ 봄을 가장 좋아합니다.

春(はる)がいちばん好(す)きです。

하루가 이찌방 스키데스

▶ 다시 봄이 되어 기쁘군요.

また春(はる)になってうれしいですね。

마따 하루니낫떼 우레시이데스네

▶ 매화는 이제 2, 3일이면 활짝 핍니다.

梅(うめ)はもう2(に)、3日(さんにち)で満開(まんかい)になります。

우메와 모우 니산이찌데 만까이니나리마스

▶ 벚꽃은 지금이 절정기입니다.

桜(さくら)はいまが見(み)ごろですよ。

사꾸라와 이마가 미고로데스요

単語 春(はる) 하루 봄 桜(さくら) 사쿠라 벚꽃

DAY 311

여름에 관한 표현

여름이 되면 장마나 휴가에 대한 화제가 많아지게 된다. 계절의 상황에 따라 다양한 표현이 있으므로 자주 사용되는 표현들을 잘 익혀서 상황에 맞게 사용해 보자.

▶ 여름이 기다려집니다.

夏休(なつやす)みが楽(たの)しみです。

나쯔야스미가 타노시미데스

▶ 장마가 들었습니다.

梅雨(つゆ)に入(はい)っています。

츠유니 하잇떼 이마스

▶ 장마가 개여서 다행이군요.

梅雨(つゆ)が明(あ)けてよかったですね。

츠유가 아케데 요깟따데스네

▶ 천둥이 쾅쾅 울리는 것이 들립니까?

雷(かみなり)がごろごろ鳴(な)っているのが聞(き)こえますか。

카미나리가 고로고로 낫떼이루노가 키꼬에마스까

▶ 이렇게 덥지 않으면 좋겠는데요.

こんなに暑(あつ)くなければいいのですが。

곤나니 아쯔꾸나케레바 이-노데스가

単語 夏休(なつやす)み 나쯔야스미 여름휴가 梅雨(つゆ) 츠유 장마 雷(かみなり) 카미나리 번개

DAY 312 가을에 관한 표현

가을이 되면 쾌적한 날씨와 단풍에 대한 화제가 많아지게 된다. 계절의 상황에 따라 다양한 표현이 있으므로 자주 사용되는 표현들을 잘 익혀서 상황에 맞게 사용해 보자.

▶ 시원해서 기분이 좋군요.

涼(すず)しくて気持(きも)ちがいいですね。

스즈이꾸떼 키모치가 이-데스네

▶ 이 지방은 대체로 시원해서 쾌적합니다.

当地(とうち)はだいたい涼(すず)しくて快適(かいてき)なんです。

토-치와 다이따이 스즈시꾸떼 카이테끼난데스네

▶ 시원해졌군요.

涼(すず)しくなってきましたね。

스즈시꾸낫떼 키마시타네

▶ 나뭇잎은 모조리 단풍들었습니다.

木(こ)の葉(は)はすっかり紅葉(こうよう)しました。

코노하와 슷카리 코-요-시마시타

▶ 버섯 따기와 단풍잎 줍기를 즐겼습니다.

キノコ狩(が)りと紅葉狩(もみじが)りを楽(たの)しみました。

키노꼬가리또 모미지가리오 타노시미마타

単語 快適(かいてき) 카이테끼 쾌적　葉(は) 하 잎사귀　紅葉(こうよう) 코-요- 단풍　キノコ 키노꼬 버섯

DAY 313 겨울에 관한 표현

겨울이 되면 추운 날씨에 대한 화제가 많아지게 된다. 계절의 상황에 따라 다양한 표현이 있으므로 자주 사용되는 표현들을 잘 익혀서 상황에 맞게 사용해 보자.

▶ 일본의 겨울은 춥습니까?

にほん　ふゆ　さむ
日本の冬は寒いですか。

니혼노 후유와 사무이데스까

▶ 눈이 오지나 않을까요?

ゆき
雪になるんじゃないでしょうか。

유끼니 나룬쟈나이데쇼우까

▶ 밖에는 눈이 내리고 있어요.

そと　ゆき　ふ
外は雪が降っていますよ。

소또와 유끼가훗떼이마스요

▶ 이거 첫눈이군요.

はつゆき
これは初雪ですね。

고레와 하츠유끼데스네

▶ 어젯밤에는 서리가 내렸습니다.

さくや　しも　お
昨夜は霜が降りました。

사꾸야와 시모가 오리마시타

単語 冬(ふゆ) 후유 겨울　寒(さむ)い 사무이 추운　雪(ゆき) 유키 눈

Chapter 07

다양한 병원에서의 표현

여기서는 内科, 外科, 産婦人科, 小児科, 皮膚科, 泌尿器科, 歯科, 眼科, 耳鼻咽喉科, 精神科, 神経外科 등의 각 진료과목에 대한 표현을 익힌다. 접수창구에서 どの科におかかりですか라고 물었을 때 확실히 모를 경우에는 증상을 말하면 된다. 초진일 경우에는 자세한 증상을 설문지에 기입하여 제출하고 접수가 끝나면 受診(じゅしん)カード를 만들어 준다. 이 카드는 이후에 병원에 갈 때도 잊지 말고 지참하도록 하자.

DAY 314 내과에서

가장 흔하게 접할 수 있는 병원이다. 상황에 따라 다양한 표현이 있으므로 자주 사용되는 표현들을 잘 익혀서 상황에 맞게 사용해 보자.

▶ 조금 열이 있습니다.

少(すこ)し熱(ねつ)があります。

스꼬시 네쯔가 아리마스

▶ 머리가 깨지듯이 아픕니다.

頭(あたま)が割(わ)れるように痛(いた)みます。

아타마가 와레루요우니 이타미마스

▶ 쿡쿡 쑤시듯이 배가 아픕니다.

ちくちく刺(さ)すようにおなかが痛(いた)みます。

치쿠치쿠 사스요우니 오나까가 이타미마스

▶ 배탈이 났습니다.

おなかを壊(こわ)しました。

오나카가 고와시마시타

単語 熱(ねつ) 네쯔 열 割(わ)れる 와레루 깨지다 痛(いた)み 이타미 통증

DAY 315 외과에서

병원에서는 신체 부위와 증상에 대한 대화를 나누게 되는데 상황에 따라 다양한 표현이 있으므로 자주 사용되는 표현들을 잘 익혀서 상황에 맞게 사용해 보자.

▶ 발목을 삔 것 같은데요.

足首(あしくび)を捻挫(ねんざ)したらしいのですが。

아시쿠비오 넨자시타라시이노데스가

▶ 허리가 아파서 움직일 수 없습니다.

腰(こし)が痛(いた)くて動(うご)けません。

고시가 이타꾸떼 우고떼마센

▶ 걸으면 정강이가 아픕니다.

歩(ある)くとすねが痛(いた)みます。

아루꾸토 스네가 이타미마스

▶ 요즘 늘 일어나려면 어깨가 아픕니다.

このごろ、いつも起(お)きがけに肩(かた)が痛(いた)みます。

고노고로 이쯔모 오끼가케니 가타가 이타미마스

▶ 목이 뻣뻣해져 움직일 수 없습니다.

首(くび)が堅(かた)くなって動(うご)かせません。

구비가 카타꾸낫떼 우고카세마센

単語 腰(こし) 고시 허리　すね 스네 정강이　肩(かた) 가타 어깨　首(くび) 구비 목

DAY 316 산부인과에서

여성의 생리나 생식기의 질병 등에 관해서는 산부인과를 가야 한다. 상황에 따라 다양한 표현이 있으므로 자주 사용되는 표현들을 잘 익혀서 상황에 맞게 사용해 보자.

▶ 월경이 고르지 못합니다.

月経(げっけい)が不純(ふじゅん)です。

겟케-가 후쥰데스

▶ 임신한 게 아닐까요?

妊娠(にんしん)したのではないでしょうか。

닌신시타노데와나이데쇼-까

▶ 아이를 갖고 싶은데 생기지 않습니다.

子供(こども)がほしいのに、生(う)まれないのです。

고도모가 호시이노니 우마레나이노데스

▶ 입덧이 심합니다.

つわりがひどいのです。

츠와리가 히도이데스

▶ 인공수정을 하고 싶습니다.

人工受精(じんこうじゅせい)をしたいです。

진코-쥬세-오 시타니데스

単語 月経(げっけい) 겟케- 월경 妊娠(にんしん) 닌신 임신 つわり 츠와리 입덧

DAY 317 소아과에서

연령이 정해져 있는 것은 아니지만 어린이가 아플 경우에는 소아과를 간다. 상황에 따라 다양한 표현이 있으므로 자주 사용되는 표현들을 잘 익혀서 상황에 맞게 사용해 보자.

▶ 우리 아이가 머리가 아프다고 합니다.

うちの子供(こども)が頭(あたま)が痛(いた)いと言(い)うのです。

우치노 고도모가 아타마가 이따이토 유-노데스

▶ 아이가 귀가 아프다고 합니다.

子供(こども)が耳(みみ)が痛(いた)いと言(い)います。

고도모가 미미가 이따이토 이-마스

▶ 아이가 열이 많이 납니다.

子供(こども)が高熱(こうねつ)を出(だ)しました。

고도모가 고-네쯔오 다시마시타

▶ 숨소리가 거칠고 괴로워 보입니다.

息(いき)づかいが荒(あら)くて、苦(くる)しそうです。

이끼즈카이가 아라쿠떼 쿠루시소-데스

▶ 어젯밤부터 설사를 합니다.

ゆうべから下痢(げり)をします。

유-베까라 게리오 시마스

単語 うち 우찌 우리, 집 耳(みみ) 미미 귀 高熱(こうねつ) 고-네쯔 고열

DAY 318

피부과에서

피부에 나는 모든 질환은 피부과에서 다룬다. 상황에 따라 다양한 표현이 있으므로 자주 사용되는 표현들을 잘 익혀서 상황에 맞게 사용해 보자.

▶ 무좀이 심합니다.

水虫(みずむし)がひどいのです。

미즈무시가 히도이노데스

▶ 해수욕으로 피부가 심하게 탔습니다.

海水浴(かいすいよく)でひどい日焼(ひや)けを起(お)こしました。

카이스이요쿠데 히도이 히야케오 오코시마시타

▶ 엉덩이에 종기가 생겼습니다.

お尻(しり)におできができました。

오시리니 오데키가 데끼마시타

▶ 손바닥에 수포가 생겼습니다.

手(て)のひらに水疱(すいほう)ができました。

테노 히라니 스이보-가 데끼마시타

▶ 살갗에 빨간 점이 있습니다.

肌(はだ)に赤(あか)いボツボツがあります。

하다니 아까이 보츠보츠가 아리마스

単語 水虫(みずむし) 미즈무시 무좀 水疱(すいほう) 스이보- 수포 肌(はだ) 하다 피부

DAY 319

비뇨기과에서

소변에 관련된 기관이나 남성의 생식기에 관련된 질환은 비뇨기과에서 진료한다. 남성 전용 병원이 아니니 선입견을 버려 보자.

▶ 소변이 잘 나오지 않습니다.

尿(にょう)が出(で)にくいのです。

뇨-가 데니꾸이노데스

▶ 배뇨할 때에 요도가 무척 아픕니다.

排尿(はいにょう)するときに、尿道(にょうどう)がすごく痛(いた)むのです。

하이뇨-스루도끼니 뇨-도-가 스고쿠 이타무노데스

▶ 오줌이 전혀 나오지 않고 아랫배가 답답합니다.

尿(にょう)がまったく出(で)ず、下腹(したはら)が苦(くる)しいのです。

뇨-가 맛타쿠 데즈 시타하라가 쿠루시노데스

▶ 성병에 감염되었는지도 모르겠습니다

性病(せいびょう)に感染(かんせん)しているかもしれません。

세-뵤-니 칸센시떼이루까모 시레마센

単語 尿(にょう) 뇨- 소변 尿道(にょうどう) 뇨-도- 요도 下腹(したはら) 시타하라 아랫배

DAY 320 치과에서

치과는 아이나 어른이나 할 것 없이 많은 이들이 가기 두려워하는 곳이다. 상황에 따라 다양한 표현이 있으므로 자주 사용되는 표현들을 잘 익혀서 상황에 맞게 사용해 보자.

▶ 차가운 물을 마실 때마다 이가 몹시 아픕니다.

冷(つめ)たい水(みず)を飲(の)むたびに歯(は)がひどく痛(いた)いんです。

츠메따이 미즈오 노무타비니 하가 히도꾸 이타인데스

▶ 그 이는 단것을 먹으면 아픕니다.

その歯(は)は甘(あま)い物(もの)を食(た)べると痛(いた)みます。

고노 하와 아마이 모노오 타베루토 이타미마스

▶ 잇몸은 가끔 약간의 통증이 있습니다.

歯茎(はぐき)にときどき鈍(にぶ)い痛(いた)みがあります。

하구키니 토끼도끼 니부이 이타미가 아리마스

▶ 충치가 몇 개 있는 것 같습니다.

虫歯(むしば)が何本(なんぼん)かあると思(おも)います。

무시바가 난본카 아루토 오모이마스

▶ 이가 하나 흔들거립니다.

歯(は)が一本(いっぽん)ぐらぐらしています。

하가 잇뽄 구라구라시떼 이마스

単語 歯(は) 하 이빨, 치아　歯茎(はぐき) 하구키 잇몸　虫歯(むしば) 무시바 충치

Part 9 다양한 대화를 위한 표현

DAY 321

안과에서

눈에 관련된 질환은 안과에서 진료한다. 상황에 따라 다양한 표현이 있으므로 자주 사용되는 표현들을 잘 익혀서 상황에 맞게 사용해 보자.

▶ 눈이 아파지거나 머리가 아프기도 합니다.

目(め)が痛(いた)くなったり、頭痛(ずつう)がしたりします。

메가 이타꾸낫따리 즈추-가 시타리시마스

▶ 눈이 아파서 눈물이 나옵니다.

目(め)が痛(いた)くて涙(なみだ)が出(で)てきます。

메가 이타쿠떼 나미다가 데떼키마스

▶ 눈이 부십니다.

目(め)がちかちかします。

메가 치카치카시마스

▶ 오른쪽 눈이 쑤십니다.

右目(みぎめ)がずきずきします。

미기메가 즈키즈키시마스

▶ 아파서 눈을 뜰 수 없습니다.

痛(いた)くて目(め)を開(あ)けていられません。

이타쿠떼 메오 아케떼 이라레마센

単語 涙(なみだ) 나미다 눈물　ちかちか 치카치카 따끔따끔　右(みぎ) 미기 오른쪽

DAY 322 이비인후과에서

이비인후과에서는 귀, 코, 목에 관련된 질환을 진료한다. 상황에 따라 다양한 표현이 있으므로 자주 사용되는 표현들을 잘 익혀서 상황에 맞게 사용해 보자.

▶ 오른쪽 귀가 쑤시고 아픕니다.

右耳(みぎみみ)がうずいて痛(いた)みます。

미기 미미가 우즈이떼 이타미마스

▶ 한쪽 귀가 윙윙 울립니다.

片方(かたほう)の耳(みみ)がゴロゴロ鳴(な)ります。

카타보우노 미미가 고로고로 나리마스

▶ 요즘 약간 귀가 멀었습니다.

このごろ少(すこ)し耳(みみ)が遠(とお)くなりました。

고노고로 스꼬시 미미가 도-쿠 나리마시타

▶ 귀에서 고름이 나옵니다.

耳垂(みみだ)れが出(で)ます。

미미다레가 데마스

▶ 귀가 울립니다.

耳鳴(みみな)りがします。

미미나리가 시마스

片方(かたほう) 카타보우 한쪽　耳(みみ)が遠(とお)く 미미가 도-쿠 귀가 멀어진　垂(だ)れ 다레 고름

DAY 323 정신과에서

과거에 비해 현대인들은 정신과의 도움을 더 많이 필요로 하지만 선입견 때문에 정신과 방문을 꺼리는 경우가 많다. 하지만 상담이나 약물치료만으로 상태가 호전되는 경우가 많으니 편견을 버리는 것이 중요하다.

▶ 마음이 울적합니다.

気(き)持(も)ちがふさぎこんでいます。

키모치가 후사기콘데 이마스

▶ 늘 불안합니다.

いつもくよくよしています。

이쯔모 쿠요쿠요시떼 이마스

▶ 생각이 정리되지 않습니다.

考(かんが)えがまとまりません。

칸가에가 마토마리마센

▶ 쉽게 화를 냅니다.

怒(おこ)りっぽくなりました。

오꼬릿뽀꾸 나리마시타

▶ 감정의 기복이 심합니다.

感情(かんじょう)の起伏(きふく)が激(はげ)しいのです。

칸죠-노 키후쿠가 하게시이노데스

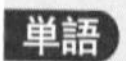

考(かんが)え 칸가에 생각 怒(おこ)りっぽく 오꼬릿뽀꾸 화내다 感情(かんじょう) 칸죠- 감정

DAY 324 신경외과에서

신경계에 생기는 다양한 질환들은 신경외과에서 진료한다. 상황에 따라 다양한 표현이 있으므로 자주 사용되는 표현들을 잘 익혀서 상황에 맞게 사용해 보자.

▶ 얼굴이 붓습니다.

顔(かお)がむくんでいます。

카오가 무쿤데 이마스

▶ 어깨가 결립니다.

肩(かた)がこります。

카타가 고리마스

▶ 손발이 저립니다.

手足(てあし)がしびれます。

테아시가 시비레마스

▶ 손발이 마비되었습니다.

手足(てあし)が麻痺(まひ)しました。

테아시가 마히시마시타

▶ 쥐가 납니다.

こむらがえりを起(お)こします。

코무라가에리오 오코시마스

単語 むくんで 무꾼데 부은, 붇다　手足(てあし) 테아시 손발　麻痺(まひ) 마히 마비

Chapter

08 스포츠와 레크리에이션

여가와 스포츠에 관한 화제는 상대와의 공통점을 발견할 수 있는 좋은 기회로 쉽게 친해질 수 있는 계기가 된다. 한가할 때 무엇을 하는지를 물을 때는 お暇なときは何をなさいますか, 어떤 스포츠를 하느냐고 물을 때는 どんなスポーツをやっていますか, 어떤 스포츠를 좋아하느냐고 물을 때는 どんなスポーツがお好きですか, 스포츠 관전을 권유할 때는 今度の週末に東京ドームへ行きませんか라고 하면 된다.

DAY 325 여가 활용에 대해

상대방과의 대화를 편하고 부드럽게 전개하는 화제로 여가 활용에 대한 이야기를 들 수 있다. 다양한 표현이 있으므로 자주 사용되는 표현들을 잘 익혀서 상황에 맞게 사용해 보자.

▶ 무엇을 하면서 여가를 즐기십니까?

何(なに)をして余暇(よか)を楽(たの)しみますか。

나니오 시테 요카오 타노시미마스까

▶ 기분 전환으로 어떤 것을 하십니까?

気晴(きば)らしにどんなことをなさいますか。

키바라시니 돈나 고토오 나사이마스까

▶ 한가한 때는 무엇을 하십니까?

お暇(ひま)な時(と)きは何(なに)をなさいますか。

오히마나 도끼와 나니오 나사이마스까

▶ 자주 근처를 산책하고 있습니다.

よく近所(きんじょ)を散歩(さんぽ)してます。

요꾸 킨죠오 산뽀시마스

単語 余暇(よか) 요카 여가 気晴(きば)らし 키바라시 기분 전환 散歩(さんぽ) 산뽀 산책

DAY 326

스포츠를 화제로 할 때

스포츠에 관심이 많은 상대와의 대화라면 스포츠에 대한 이야기는 쉽게 친해질 수 있는 화제가 된다. 다양한 스포츠 종목과 자주 사용되는 표현들을 잘 익혀서 상황에 맞게 사용해 보자.

▶ 뭔가 운동을 하십니까?

何(なに)かスポーツをおやりですか。

나니까 스뽀-츠오 오야리데스까

▶ 어떤 스포츠를 하십니까?

どんなスポーツをおやりになりますか。

돈나 스뽀-츠오 오야리니나리마스까

▶ 스포츠에 흥미가 있습니까?

スポーツに興味(きょうみ)がありますか。

스뽀-츠니 쿄-미가 아리마스까

▶ 골프와 야구를 합니다.

ゴルフと野球(やきゅう)をやります。

고르후토 야큐-오 야리마스

▶ 스포츠라면 뭐든지 합니다.

スポーツなら何(なん)でもござれです。

스뽀-츠나라 난데모 고자레데스

単語 スポーツ 스뽀-츠 스포츠 ゴルフ 고루후 골프 野球(やきゅう) 야큐- 야구

Part 9 다양한 대화를 위한 표현

DAY 327

스포츠 관전과 중계

스포츠에 관심이 많은 상대와의 대화라면 스포츠 관전 또는 중계에 대한 이야기는 자주 등장하는 화제가 된다. 다양한 스포츠 종목과 자주 사용되는 표현들을 잘 익혀서 상황에 맞게 사용해 보자.

▶ 스포츠는 좋아합니까?

スポーツは好きですか。

스뽀-츠와 스키데스까

▶ 복싱 시합을 보는 것은 좋아합니까?

ボクシングの試合を観るのは好きですか。

보끄싱구노 시아이오 미루노가 스키데스까

▶ 유도 시합을 보신 적이 있습니까?

柔道の試合をご覧になったことがありますか。

쥬-도-노 시아이오 고란니낫따 고토가 아리마스까

▶ 특히 야구와 축구를 보는 것을 좋아합니다.

特に野球とサッカーを観るのが好きです。

토쿠니 야큐-또 삿카-오 미루노가 스키데스

▶ 이번 주말에 도쿄돔에 가지 않을래요?

今度の週末に東京ドームへ行きませんか。

곤도노 슈-마츠니 토-쿄-도-무에 이끼마센까

単語 試合 시아이 시합　柔道 쥬-도- 유도　サッカー 삿카- 축구　週末 슈-마츠 주말

DAY 328

축구를 즐길 때

축구를 좋아하는 상대와 축구에 대한 이야기를 할 때에는 다양한 팀의 이름, 축구 규칙과 관련 용어가 사용되므로 자주 사용되는 표현들을 잘 익혀서 상황에 맞게 사용해 보자.

▶ 축구는 좋아하십니까?

サッカーはお好(す)きですか。

삿카-와 스키데스까

▶ 어느 팀을 응원합니까?

どちらのチームを応援(おうえん)しますか。

도치라노 치-무오 오-엔시마스까

▶ 멋진 슛이군요.

素晴(すば)らしいシュートですね。

스바라시이 슈-토데스네

▶ 저 선수 일부러 발을 걸었어.

あの選手(せんしゅ)、わざと足(あし)を引(ひ)っかけたよ。

아노 센슈 와자토 아시오 힛카케타요

▶ 저 선수는 발도 빠르고 패스도 잘하는군요.

あの選手(せんしゅ)は足(あし)も速(はや)いし、パスも上手(じょうず)ですね。

아노 센슈와 아시모 하야이시 파스모 죠-즈데스네

単語 好(す)き 스키 좋아하다 応援(おうえん) 오-엔 응원 選手(せんしゅ) 센슈 선수 上手(じょうず) 죠-즈 잘함

DAY 329 **야구를 즐길 때**

야구를 좋아하는 대화 상대와 야구에 대한 이야기를 할 때에는 다양한 팀의 이름, 야구 규칙과 관련 용어가 사용되므로 자주 사용되는 표현들을 잘 익혀서 상황에 맞게 사용해 보자.

▶ 일본에서 가장 인기가 있는 스포츠는 뭡니까?

日本(にほん)でいちばん人気(にんき)のあるスポーツは何(なん)ですか。

니혼데 이찌방 닌키노 아루 스뽀-츠와 난데스까

▶ 자이언츠는 누가 등판할까?

ジャイアンツは誰(だれ)が登板(とうばん)するのかな。

쟈이안츠와 다레가 토-반스루노까나

▶ 저 투수는 커브를 잘 던져.

あのピッチャーのカーブよく切(き)れるよ。

아노 핏챠-노 카-브 요꾸 키레루요

▶ 만루가 되었어.

満塁(まんるい)になったよ。

만루이니낫따요

▶ 또 삼진! 이대로는 역전도 어려워.

また三振(さんしん)!このままじゃ逆転(ぎゃくてん)もむずかしいよ。

마따 산신 고노마마쟈 갸쿠텐모 무즈카시이요

単語 いちばん 이찌방 제일 満塁(まんるい) 만루이 만루 三振(さんしん) 산신 삼진 逆転(ぎゃくてん) 갸쿠텐 역전

DAY 330 골프를 즐길 때

골프를 좋아하는 대화 상대와 골프에 대한 이야기를 할 때에는 골프 예약 방법, 골프 용품, 관련 용어가 사용되므로 자주 사용되는 표현들을 잘 익혀서 상황에 맞게 사용해 보자.

▶ 골프를 치고 싶은데요.

ゴルフをしたいんですが。

고르후오 시타인데스가

▶ 예약을 부탁합니다.

予約(よやく)をお願(ねが)いします。

요야쿠오 오네가이시마스

▶ 오늘 플레이할 수 있습니까?

今日(きょう)、プレーできますか。

쿄- 푸레-데끼마스까

▶ 그린피는 얼마입니까?

グリーンフィーはいくらですか。

구린피-와 이쿠라데스까

▶ 그 요금은 카트 대금도 포함됩니까?

その料金(りょうきん)はカート代込(だいこみ)ですか。

고노 료-낑와 카-토다이 코미데스까

単語 プレー 푸레- 플레이 グリーンフィー 구린피- 그린피(골프장 이용요금)

DAY 331 수영을 즐길 때

수영에 대한 이야기를 할 때에는 수영의 종류와 관련 용어가 사용되므로 자주 사용되는 표현들을 잘 익혀서 상황에 맞게 사용해 보자.

▶ 주로 어떤 수영을 합니까?

主(おも)にどんな泳(およ)ぎをしますか。

오모니 돈나 오요기오 시마스까

▶ 저는 전혀 수영을 못합니다.

私(わたし)はまったくの金(かな)づちです。

와따시와 맛타꾸노 카나즈치데스

▶ 평영이 가장 자신이 있습니다.

平泳(ひらおよ)ぎがもっとも自信(じしん)があります。

히라오요기가 못또모 지신가 아리마스

▶ 귀에 물이 들어간 것 같습니다.

耳(みみ)に水(みず)が入(はい)ったみたいです。

미미니 미즈가 하잇따미따이데스

▶ 헤엄치기 전에 우선 준비체조를 합시다.

泳(およ)ぐ前(まえ)にまず準備体操(じゅんびたいそう)しましょう。

오요구 마에니 마즈 쥰비타이소-시마쇼우

単語 泳(およ)ぎ 오요기 수영 金(かな)づち 카나즈치 수영 못하는 사람 平泳(ひらおよ)ぎ 히라오요기 평형

DAY 332 승마를 즐길 때

승마장에서 자주 사용되는 표현들을 잘 익혀서 상황에 맞게 사용해 보자.

▶ 말을 타 보고 싶은데요.

馬(うま)に乗(の)ってみたいのですが。

우마니 놋떼미따이노데스가

▶ 저는 초보입니다.

私(わたし)は初心者(しょしんしゃ)です。

와따시와 쇼신샤데스

▶ 초보자라도 괜찮습니까?

初心者(しょしんしゃ)でも大丈夫(だいじょうぶ)ですか。

쇼신샤데모 다이죠-부데스까

▶ 어느 정도 시간 동안 탑니까?

どのくらいの時間(じかん)乗(の)るのですか。

도노쿠라이노 지칸 노루노데스까

単語 馬(うま) 우마 말 大丈夫(だいじょうぶ) 다이죠-부 괜찮음 乗(の)る 노루 (탈것을) 타다

DAY 333 스키를 즐길 때

스키장에서 자주 사용되는 표현들을 잘 익혀서 상황에 맞게 사용해 보자.

▶ 스키를 탄 적이 있습니까?

スキーをやったことがありますか。

스키-오 얏따 고토가 아리마스까

▶ 레슨을 받고 싶은데요.

レッスンを受(う)けたいのですが。

렛슨오 우케따이노데스가

▶ 스키 용품은 어디서 빌릴 수 있습니까?

スキー用具(ようぐ)はどこで借(か)りることができますか。

스키-요-구와 도꼬데 카리루고토가 데끼마스까

▶ 초보자용 사면은 어디입니까?

初心者(しょしんしゃ)向(む)けの斜面(しゃめん)はどこですか。

쇼신샤 무케노 샤멘와 도꼬데스까

▶ 저 리프트를 타세요.

あのリフトに乗(の)ってください。

아노 리후토니 놋께 구다사이

単語 スキー 스키- 스키　用具(ようぐ) 요-구 용구　借(か)りる 카리루 빌리다

DAY 334

해양스포츠를 즐길 때

해양스포츠의 종류와 용어에 유의하며 자주 사용되는 표현들을 잘 익혀서 상황에 맞게 사용해 보자.

▶ 라이선스는 금방 받습니까?

ライセンスはすぐに手に入りますか。

라이센스와 스구니 테니 하이리마스까

▶ 무엇이 낚입니까?

何が釣れるのですか。

나니가 츠레루노데스까

▶ 가이드가 딸린 보트를 부탁합니다.

ガイドつきのボートをお願いします。

가이도츠키노 보-토오 오네가이시마스

▶ 낚시도구와 미끼도 필요합니다.

釣り道具とエサも必要です。

츠리도-구토 에사모 히츠요우데스

▶ 어떤 종류의 크루징이 있습니까?

どんな種類のクルージングがありますか。

돈나 쥬루이노 쿠루-징구가 아리마스까

単語 釣れる 츠레루 낚이다 釣り 츠리 낚시 エサ 에사 먹이, 미끼

DAY 335 등산을 즐길 때

등산을 즐기기 위해 필요한 준비와 용어에 유의하며 자주 사용되는 표현들을 잘 익혀서 상황에 맞게 사용해 보자.

▶ 오늘은 등산하기에 좋은 날씨이군요.

今日(きょう)はいい山登(やまのぼ)りの日和(ひより)ですね。

쿄-와 이- 야마노보리노 히요리데스네

▶ 등산을 가려면 무엇을 준비하면 될까요?

登山(とざん)に行(い)くには何(なに)を準備(じゅんび)したらいいですか。

토잔니 이쿠니와 나니오 쥰비시타라 이-데스까

▶ 안전한 코스가 있습니까?

安全(あんぜん)なコースがありますか。

안젠나 코-스가 아리마센까

▶ 정상까지 앞으로 어느 정도 걸립니까?

頂上(ちょうじょう)まであとどれくらいかかりますか。

쵸-죠-마데 아또 도레구라이 카카리마스까

▶ 지쳤는데 조금 쉬었다 가지 않을래요?

疲(つか)れたので少(すこ)し休(やす)んで行(い)きませんか。

츠가레따노데 스꼬시 야순데 이키마센까

単語 山登(やまのぼ)り 야마노보리 등산 登山(とざん) 토잔 등산 頂上(ちょうじょう) 쵸-죠- 정상

DAY 336 야유회를 즐길 때

소풍이나 야유회 등을 즐기기 위해 필요한 준비와 용어에 유의하며 자주 사용되는 표현들을 잘 익혀서 상황에 맞게 사용해 보자.

▶ 오늘은 가족끼리 피크닉을 갑니다.

今日(きょう)は家族(かぞく)でピクニックに行(い)きます。

교-와 가조쿠데 피쿠닛쿠니 이키마스

▶ 피크닉에 가장 좋은 장소는 어디죠?

ピクニックに最適(さいてき)な場所(ばしょ)はどこでしょう。

피쿠닛쿠니 사이떼끼나 바쇼와 도꼬데쇼우

▶ 도시락, 차, 돗자리도 잊지 마세요.

お弁当(べんとう)、お茶(ちゃ)、敷物(しきもの)も忘(わす)れないでね。

오벤또우 오챠 시키모노노모 와스레나이데네

▶ 해변에서 캠프를 칩시다.

海辺(うみべ)でキャンプしましょう。

우미베데 캰푸시마쇼우

▶ 여기서 텐트를 칩시다.

ここにテントを張(は)りましょう。

고꼬니 텐토오 하리마쇼우

単語 最適(さいてき) 사이떼끼 최적, 가장 좋은 敷物(しきもの) 시키모노 돗자리 海辺(うみべ) 우미베 해변

DAY 337 해수욕을 즐길 때

해수욕과 관련하여 사용되는 표현들을 잘 익혀서 상황에 맞게 사용해 보자.

▶ 바다는 좋아합니까?

海(うみ)は好(す)きですか。

우미와 스키데스까

▶ 매년 여름에는 해수욕을 갑니다.

毎年(まいとし)、夏(なつ)は海水浴(かいすいよく)に行(い)きます。

마이토시 나츠와 카이스이요쿠니 이끼마스

▶ 바닷바람이 상쾌하군요.

潮風(しおかぜ)が心地(ここち)好(よ)いですね。

시오카제가 고꼬치요이데스네

▶ 모래가 뜨거워 맨발로 걸을 수 없군요.

砂(すな)が熱(あつ)くて裸足(はだし)で歩(ある)けませんね。

스나가 아츠쿠떼 하다시데 아루케마센네

▶ 햇볕에 그을려 등이 따가워요.

日焼(ひや)けで背中(せなか)がぴりぴりしますよ。

히야캐데 세나까가 삐리삐리시마스요

単語 海(うみ) 우미 바다 潮風(しおかぜ) 시오카제 바닷바람 砂(すな) 스나 모래 裸足(はだし) 하다시 맨발

눈에 뭐가 들어가다
目(め)に何(なに)か入(はい)った
메니 나니까 하잇따
머리가 아프다
頭(あたま)が痛(いた)い
아따마가 이따이
이가 아프다
歯(は)が痛い
하가 이따이
귀가 아프다
耳(みみ)が痛い
미미가 이따이
목이 아프다
喉(のど)が痛い
노도가 이따이
콧물이 나오다
鼻水(はなみず)が出(で)る
하나미즈가 데루
배가 아프다
おなかが痛い
오나까가 이따이
손을 데다
手(て)をやけどした
데오 야께도시따
다리가 골절되다
足(あし)を骨折(こっせつ)した
아시오 곳세쯔시따
발목을 삐다
足首(あしくび)をねんざした
아시꾸비오 넨자시따

Part 10

비즈니스에 대한 표현

우리나라에서 일본으로 취업을 위해 건너가는 젊은 사람들이 증가하고 있다. 혹은 취업이 아니더라도 일본 회사와의 거래가 있을 수 있기 때문에 비즈니스 일본어를 어느 정도 알아 두는 것이 좋다.

Chapter 01

직장에서의 커뮤니케이션

일본에서는 자신이 속해 있는 사람을 외부 사람에게 말을 할 경우에는 우리와는 달리 자신의 상사라도 높여서 말하지 않는다. 예를 들면 "...부장님은 지금 회의 중이십니다"라고 일본어로 표현할 때는 ...部長はただいま会議中ですよ라고 해야 한다. 비록 외부 사람이 부장보다 직위가 낮더라도 자신이 속한 회사의 사람을 낮추어 말하는 것이다.

DAY 338

스케줄을 확인할 때

직장 생활 중에서 업무 혹은 기타 일정을 물어보고 답하는 다양한 표현이 있으므로 자주 사용되는 표현들을 잘 익혀서 상황에 맞게 사용해 보자.

▶ 오늘 스케줄은 어떻게 되어 있습니까?

今日(きょう)のスケジュールはどうなっていますか。

쿄-노 스케쥬-루와 도우 낫떼 이마스까

▶ 새 비서 후보의 면접이 있습니다.

新(あたら)しい秘書(ひしょ)の候補者(こうほしゃ)の面接(めんせつ)があります。

아따라시이 히쇼노 고-호샤노 멘세쯔가 아리마스

▶ 기무라 씨와 점심 약속이 있습니다.

木村(きむら)さんと昼食(ちゅうしょく)の約束(やくそく)があります。

키무라상또 츄-쇼쿠노 야쿠소쿠가 아리마스

▶ 오후에는 쭉 외출합니다.

午後(ごご)はずっと外出(がいしゅつ)します。

고고와 즛또 가이슈츠시마스

単語 秘書(ひしょ) 히쇼 비서 候補者(こうほしゃ) 고-호샤 후보자 面接(めんせつ) 멘세쯔 면접 外出(がいしゅつ) 가이슈츠 외출

DAY **339**

일의 진행상황을 점검할 때

업무 혹은 일의 진행 상황을 점검하는 다양한 표현이 있으므로 자주 사용되는 표현들을 잘 익혀서 상황에 맞게 사용해 보자.

▶ 상황은 어때?

状況(じょうきょう)はどう?

죠-쿄-와 도우

▶ 현재 상황으로는 순조롭습니다.

いまのところ順調(じゅんちょう)です。

이마노 토꼬로 쥰쵸-데스

▶ 예정보다 순조롭게 진행되고 있습니다.

予定(よてい)より順調(じゅんちょう)に進(すす)んでいます。

요떼이요리 쥰쵸-니 스슨데 이마스

▶ 새로운 기획은 언제부터 착수할 수 있습니까?

新(あたら)しい企画(きかく)にはいつからとりかかれますか。

아따라시이 키카쿠니와 이쯔까라 토리카가레마스까

▶ 새로운 프로젝트는 어떻게 되었나?

新(あたら)しいプロジェクトはどうなっているの?

아따라시이 푸로젝쿠토와 도우낫떼 이루노

単語 状況(じょうきょう) 죠-쿄- 상황 順調(じゅんちょう) 쥰쵸- 순조 企画(きかく) 키카쿠 기획

DAY 340 도움을 요청할 때

상대방에게 도움을 요청할 때 '도와주세요'라는 뜻의 手て伝つだってください라는 표현을 사용한다. 편안한 사이라면 '도와줄래'라는 뜻의 手伝(てつだ)ってくれない를 사용할 수 있는데 이는 가볍게 의향을 물어보는 표현이다.

▶ 그 일 안 도와줄래?

その仕事(しごと)、手伝(てつだ)ってくれない。

소노 시고토 테츠닷떼 쿠레나이

▶ 스케줄이 무척 빡빡해.

スケジュールがとてもきついよ。

스케쥬-르가 도떼모 키츠이요

▶ 혼자서는 무리야.

ひとりでは無理(むり)だわ。

히또리데와 무리다와

▶ 힘에 벅차.

僕(ぼく)の手(て)に余(あま)るよ。

보끄노 테니 아마루요

▶ 이것을 해 주면 고맙겠는데요.

この分(ぶん)をやってくれるとありがたいのですが。

고노분오 얏떼 쿠레루토 아리가따이노데스가

単語 きつい 키츠이 힘든, 빡빡한 無理(むり) 무리 무리 手(て)に余(あま)る 테니 아마루 벅차다

DAY **341** **회의에 관해서**

회사 등에서 회의 상황에 따라 다양한 용어와 표현이 있으므로 자주 사용되는 표현들을 잘 익혀서 상황에 맞게 사용해 보자.

▶ 기획부와의 회의를 설정해 주세요.

企画部(きかくぶ)との会議(かいぎ)を設定(せってい)してください。

키카쿠부토노 카이기오 셋테이시떼 구다사이

▶ 회의를 시작합시다.

会議(かいぎ)を始(はじ)めましょう。

카이기오 하지메마쇼우

▶ 오늘 의제는 다음 회기의 영업전략입니다.

今日(きょう)の議題(ぎだい)は、来期(らいき)の営業戦略(えいぎょうせんりゃく)です。

쿄-노 기다이와 라이키노 에-교-센랴쿠데스

▶ 이 회의의 목적은 광고활동에 대해서 의논하는 것입니다.

この会議(かいぎ)の目的(もくてき)は宣伝活動(せんでんかつどう)について話(はな)し合(あ)うことです。

고노 카이기노 모쿠떼끼와 센덴카츠도-니 츠이테 하나시아우 고토데스

▶ 솔직한 의견을 말씀하십시오.

率直(そっちょく)なご意見(いけん)をお聞(き)かせください。

솟쵸쿠나 고이켄오 오키카세떼 구다사이

単語 議題(ぎだい) 기다이 회의주제 営業(えいぎょう) 에-교- 영업 戦略(せんりゃく) 센랴쿠 전략 率直(そっちょく) 솟쵸쿠 솔직

DAY 342 출퇴근에 대해서

회사 등에서 출퇴근 상황에 따라 다양한 용어와 표현이 있으므로 자주 사용되는 표현들을 잘 익혀서 상황에 맞게 사용해 보자.

▶ 매일 아침 9시에 출근합니다.

毎朝(まいあさ)、9時(くじ)に出勤(しゅっきん)します。

마이아사 구지니 슛킨시마스

▶ 오늘 아침에도 간신히 제시간에 도착했어.

今朝(けさ)もかろうじて間(ま)に合(あ)ったぞ。

케사모 마로우지떼 마니앗따조

▶ 잠깐 쉬자.

ひと休(やす)みしよう。

히토야스미시요우

▶ 오늘은 이만 끝내자.

今日(きょう)はこれで切(き)り上(あ)げよう。

쿄-와 고레데 키리아게요우

▶ 오늘은 6시 정각에 먼저 가겠습니다.

今日(きょう)は6時(ろくじ)ちょうどに失礼(しつれい)します。

쿄-와 로쿠지쵸-도니 시츠레이시마스

単語 出勤(しゅっきん) 슛킨 출근 今朝(けさ) 케사 오늘 아침 間(ま)に合(あ)った 마니앗따 (시간에) 맞았다

DAY 343 휴가에 대해서

회사 등에서 휴가 상황에 따라 다양한 용어와 표현이 있으므로 자주 사용되는 표현들을 잘 익혀서 상황에 맞게 사용해 보자.

▶ 내일은 반나절 쉽니다.

明日(あす)は半休(はんきゅう)をとります。

마스와 한큐-오 토리마스

▶ 이번 금요일에 휴가를 얻고 싶습니다만.

今度(こんど)の金曜日(きんようび)、休(やす)みを取(と)りたいのですが。

곤도노 킹요우비 야스미오 토리따이노데스가

▶ 8월 15일부터 1주일간 휴가를 받아도 됩니까?

8月15日(はちがつじゅうごにち)から1週間(いっしゅうかん)、休暇(きゅうか)を取(と)ってもいいですか。

하치가츠 쥬-고니치까라 잇슈우칸 큐-카오 톳떼모 이-데스까

▶ 휴가 중에는 쿠보 씨가 내 일을 맡아서 계속합니다.

休暇中(きゅうかちゅう)は、久保(くぼ)さんが私(わたし)の仕事(しごと)を引(ひ)き続(つづ)きます。

큐-카츄-와 쿠보상가 와타시노 시고토오 히키츠즈키마스

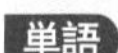
単語 明日(あす) 아스 내일 半休(はんきゅう) 한큐- 반휴 休(やす)み 야스미 휴일 休暇(きゅうか) 큐카 휴가

DAY 344 동료와 대화를 나눌 때

회사 등에서 동료와 업무 관련 이야기를 나누는 상황에 따라 다양한 표현이 있으므로 자주 사용되는 표현들을 잘 익혀서 상황에 맞게 사용해 보자.

▶ 오늘은 일이 잘 진척되었어.

今日(きょう)は仕事(しごと)がはかどったね。

굣-와 시고토가 하카돗타네

▶ 이 상태로 부탁해.

この調子(ちょうし)で頼(たの)むよ。

고노 쵸-시데 타노무요

▶ 일이 진척이 안 돼.

仕事(しごと)が進(すす)まないなぁ。

시고토가 스스마나이나-

▶ 일에 집중할 수 없어.

仕事(しごと)に集中(しゅうちゅう)できないんだ。

시고토니 슈-츄-데끼나인다

▶ 무슨 좋은 기획이 생각났니?

何(なん)かいい企画(きかく)を思(おも)いついた?

난까 이- 키카쿠오 오보이츠이따

単語 調子(ちょうし) 쵸-시 상태 頼(たの)む 타노무 부탁하다 集中(しゅうちゅう) 슈-츄- 집중

DAY

345 컴퓨터 조작에 대해서

컴퓨터 사용에 대한 이야기를 나누는 상황에 따라 다양한 관련 용어와 표현이 있으므로 자주 사용되는 표현들을 잘 익혀서 상황에 맞게 사용해 보자.

▶ 이 소프트웨어 사용법을 가르쳐 주세요.

このソフトウェアの使(つか)い方(かた)を教(おし)えてください。

고노 소후토웨아노 츠카이카타오 오시에떼 구다사이

▶ 이 소프트웨어, 좀 복잡해.

このソフトウェア、少(すこ)し複雑(ふくざつ)なのよ。

고노 소후토웨아 스코시 후쿠자츠나오요

▶ 익숙해지면 문제가 없을 거야.

慣(な)れれば問題(もんだい)ないと思(おも)うわ。

나레레바 몬다이나이토 오모우와

▶ 패스워드는 가지고 있니?

パスワードは持(も)っている?

파스와-도와 못떼 이루

▶ 이 데이터베이스를 사용한 적이 있습니까?

このデータベースを使(つか)ったことはありますか。

고노 데-타베-스오 츠캇따 고또와 아리마스까

単語 使(つか)い方(かた) 츠카이카타 사용법 複雑(ふくざつ) 후쿠자츠 복잡 パスワード 파스와-도 패스워드

인터넷 활용에 대해서

인터넷 활용에 대한 이야기를 나누는 상황에 따라 다양한 관련 용어와 표현이 있으므로 자주 사용되는 표현들을 잘 익혀서 상황에 맞게 사용해 보자.

▶ 귀사는 홈페이지가 있습니까?

御社(おんしゃ)にはホームページがありますか。

온샤니와 호-무페-지가 아리마스까

▶ 상세한 것은 저희 회사의 홈페이지를 보십시오.

詳(くわ)しいことは、弊社(へいしゃ)のホームページをご覧(らん)ください。

쿠와시이 고또와 헤-샤노 호-무페-지오 고란구다사이

▶ 이 정보는 인터넷에서 모았습니다.

この情報(じょうほう)はインターネットで集(あつ)めたんです。

고노 죠-호우와 인타-넷토데 아츠메탄데스

御社(おんしゃ) 온샤 귀사 詳(くわ)しい 쿠와시이 상세한 弊社(へいしゃ) 헤-샤 저희 회사 情報(じょうほう) 죠-호- 정보

Chapter 02

거래처와의 커뮤니케이션

거래처를 방문할 때는 먼저 時間があればお会いしたいんですが라고 전화로 약속을 해야 한다. 당사자가 아닌 다른 사람을 통해 약속을 정할 때는 자신의 신분과 용건, 만나고자 하는 시간 등을 밝힌다. 거래처에 들어서면 안내처에 こんにちは, 韓国のキムです라고 자신의 신분을 밝히고 만날 상대를 부탁한다. 상담 내용과 계약서를 사전에 작성해 두고 예상되는 질문에 대해서도 철저하게 준비해야 한다.

DAY 347 거래처를 방문할 때

회사 간의 업무 등으로 거래처를 방문하는 상황에 따라 다양한 관련 용어와 표현이 있으므로 자주 사용되는 표현들을 잘 익혀서 상황에 맞게 사용해 보자.

▶ 기무라 씨와 면회 약속을 하고 싶은데요.

木村(きむら)さんとお会(あ)いする約束(やくそく)したいのですが。

키무라상토 오아니스루 야쿠소쿠시따이노데스가

▶ 말씀드릴 게 있는데요.

お話(はな)ししたいことがあるのですが。

오하나시시따이 고또가 아루노데스가

▶ 계약 변경에 대해서 말씀드리고 싶습니다.

契約(けいやく)の変更(へんこう)についてお話(はな)ししたいと思(おも)います。

케-야쿠노 헨코우니 츠이떼 오하나시시타니또 오모이마스

▶ 신제품을 보여 드리고 싶습니다.

新製品(しんせいひん)をお見(み)せしたいと思(おも)います。

신세-힌오 오미세시따이또 오모이마스

単語 契約(けいやく) 케-야쿠 계약 変更(へんこう) 헨코- 변경 新製品(しんせいひん) 신세-힌 신제품

DAY 348

회사를 소개할 때

비즈니스 관계에서 자신의 회사 또는 회사의 업무를 소개하는 상황에 따라 다양한 관련 용어와 표현이 있으므로 자주 사용되는 표현들을 잘 익혀서 상황에 맞게 사용해 보자.

▶ 우선 당사의 개요와 사업에 대해서 설명드리겠습니다.

まず、当社(とうしゃ)の概要(がいよう)と事業(じぎょう)についてご説明(せつめい)します。

마즈 토-샤노 가이요우토 지교-니 츠이테 고세츠메이시마스

▶ ABC사는 한국의 대형 식품회사입니다.

ABC社(しゃ)は、韓国(かんこく)の大手(おおて)食品会社(しょくひんがいしゃ)です。

ABC샤와 칸코쿠노 오-떼 쇼쿠힌카이샤데스

▶ XYZ사는 혁신적인 네트워크 사업을 하는 회사입니다.

XYZ社(しゃ)は、革新的(かくしんてき)なネットワーク事業会社(じぎょうがいしゃ)です。

XYZ샤와 카쿠신떼끼나 넷토와-쿠지교-카이샤데스

▶ 당사는 각종 혁신적인 서비스로 알려져 있습니다.

当社(とうしゃ)は各種(かくしゅ)の革新的(かくしんてき)なサービスで知(し)られています。

토-샤와 카쿠슈노 카쿠신떼끼나 사-비스데 시라레떼 이마스

▶ 퍼스널컴퓨터 판매로는 한국에서 제3위입니다.

パソコンの販売(はんばい)では、韓国(かんこく)で第3位(だいさんい)です。

파소콘노 한바이데와 칸코쿠데 다이산이데스

単語 事業(じぎょう) 지교- 사업 説明(せつめい) 세츠메이 설명 食品(しょくひん) 쇼쿠힌 식품

DAY 349

제품을 소개할 때

타사 혹은 타인에게 자신의 회사의 제품을 소개하는 상황에 따라 다양한 관련 용어와 표현이 있으므로 자주 사용되는 표현들을 잘 익혀서 상황에 맞게 사용해 보자.

▶ 아마, 당사의 제품명을 들으셨을 거라고 생각합니다.

おそらく、当社(とうしゃ)の製品名(せいひんめい)をお聞(き)きになったことがあると思(おも)います。

오소라꾸 토-샤노 세이힌메이오 오키키니낫따 고또가 아루또 오모이마스

▶ 이것과 비슷한 제품을 사용하신 적은 있습니까?

これに似(に)た製品(せいひん)をお使(つか)いになったことはありますか。

고레니 니타 세이힌오 오츠카이니낫따 고또와 아리마스까

▶ 오늘은 당사의 신제품을 소개해드리고 싶습니다.

今日(きょう)は、当社(とうしゃ)の新製品(しんせいひん)をご紹介(しょうかい)したいと思(おも)います。

쿄-와 토-샤노 신세이힌오 고쇼-카이시따이토 오모이마스

▶ 이것이 당사의 최신제품입니다.

これが当社(とうしゃ)の最新製品(さいしんせいひん)です。

고레가 토-샤노 사이신세이힌데스

▶ 지난주에 갓 발매되었습니다.

先週(せんしゅう)、発売(はつばい)されたばかりです。

센슈- 하츠바이사레타바카리데스

単語 おそらく 오소라꾸 아마, 아마도 最新(さいしん) 사이신 최신 発売(はつばい) 하츠바이 발매

DAY 350 제품을 권할 때

타사 혹은 타인에게 자신의 회사의 제품을 권하는 상황에 따라 다양한 관련 용어와 표현이 있으므로 자주 사용되는 표현들을 잘 익혀서 상황에 맞게 사용해 보자.

▶ 이 제품의 특장에 대해서 설명드리겠습니다.

この製品(せいひん)の特長(とくちょう)についてご説明(せつめい)します。

고노 세이힌노 토쿠쵸-니 츠이떼 고세츠메이시마스

▶ 이것은 혁신적인 제품입니다.

これは革新的(かくしんてき)な製品(せいひん)です。

고레와 카쿠신떼끼나 세이힌데스

▶ 최첨단의 기술을 도입하고 있습니다.

最先端(さいせんたん)の技術(ぎじゅつ)を取(と)り入(い)れています。

사이센탄노 기쥬츠오 토리이레떼 이마스

▶ 이 제품은 상당한 수요가 전망됩니다.

この製品(せいひん)にはかなりの需要(じゅよう)が見込(みこ)まれます。

고노 세이힌니와 카나리노 쥬요우가 미코마레마스

▶ 커다란 주목을 받고 있습니다.

大(おお)きな注目(ちゅうもく)を集(あつ)めています。

오오키나 츄-모쿠오 아츠메떼 이마스

単語 特長(とくちょう) 토쿠쵸- 특장 先端(せんたん) 센탄 첨단 技術(ぎじゅつ) 기쥬츠 기술 需要(じゅよう) 쥬요우 수요

DAY 351

판매 대응할 때

타사나 타인의 제안 혹은 제품의 설명을 듣고 보다 구체적인 내용을 파악하려 할 때 다양한 관련 용어와 표현이 있으므로 자주 사용되는 표현들을 잘 익혀서 상황에 맞게 사용해 보자.

▶ 흥미로운 제안입니다.

興味深い(きょうみぶか)ご提案(ていあん)です。

쿄-미부카이 고테이안데스

▶ 확인하고 싶은 점이 몇 가지 있습니다.

確認(かくにん)したい点(てん)がいくつあります。

카쿠닌시따이 텐가 이쿠쯔 아리마스

▶ 이전 것에 비해 어떤 점이 향상되어 있습니까?

前(まえ)のに比(くら)べてどんな点(てん)が向上(こうじょう)しているのですか。

마에노니 쿠라베떼 돈나 텐가 코우죠-시떼 이루노데스가

▶ 예를 들어 주시겠습니까?

例(れい)を挙(あ)げていただけますか。

레-오 아게떼 이타다케마스까

▶ 더 구체적으로 설명해 주시겠습니까?

もっと具体的(ぐたいてき)に説明(せつめい)していただけますか。

못또 구따이떼끼니 세츠메이시떼 이타다께마스까

単語 提案(ていあん) 테이안 제안　比(くら)べて 쿠라베떼 비교하여　例(れい)を挙(あ)げて 레-오 아게떼 예를 들어

Part 10 비즈니스에 대한 표현

DAY 352 가격과 조건의 교섭

비즈니스에서 가격과 조건의 협상 상황에 따라 다양한 관련 용어와 표현이 있으므로 자주 사용되는 표현들을 잘 익혀서 상황에 맞게 사용해 보자.

▶ 가격에 대해서 말씀드리고 싶은데요.

価格(かかく)についてお話(はな)ししたいのですが。

가카쿠니 츠이떼 오하나시시따이노데스가

▶ 가격에 대해서는 어느 정도 생각하십니까?

価格(かかく)についてはどれくらいお考(かんが)えですか。

가카쿠니 츠이떼와 도레쿠라이 오캉가에데스까

▶ 귀사의 최저 가격을 제시해 주십시오.

御社(おんしゃ)の最低(さいてい)価格(かかく)を提示(ていじ)してください。

온샤노 사이테이 가카쿠오 테이지시떼 구다사이

▶ 견적도 내 주십시오.

見積(みつ)もりをつくってください。

미츠모리오 츠쿳떼 구다사이

▶ 단가는 얼마입니까?

単価(たんか)はいくらですか。

탄까와 이꾸라데스까

単語 価格(かかく) 가카쿠 가격 最低(さいてい) 사이테이 최저 見(み) 미츠모리 견적 単価(たんか) 탄까 단가

DAY 353

계약을 할 때

비즈니스에서 계약 관련 상황에 따라 다양한 관련 용어와 표현이 있으므로 자주 사용되는 표현들을 잘 익혀서 상황에 맞게 사용해 보자.

▶ 모든 점에서 합의가 된 것 같군요.

すべての点(てん)で合意(ごうい)できたようですね。

스베테노 텐데 고-이데끼타요우데스네

▶ 구체적인 계약의 내용에 대해서 의논합시다.

契約(けいやく)の詳細(しょうさい)について話(はな)し合(あ)いましょう。

케-야쿠노 쇼-사이니 츠이떼 하나시아이마쇼우

▶ 계약 조건을 재검토하고 싶은데요.

契約条件(けいやくじょうけん)を再検討(さいけんとう)したいのですが。

케-야쿠죠-켄오 사이켄토우시따이노데스가

▶ 이 계약은 3년간 유효합니다.

この契約(けいやく)は3年間有効(さんねんかんゆうこう)です。

고노 케-야쿠와 산넨칸 유-코-데스

▶ 이제 계약서에 서명할 수 있을 것 같습니다.

もう契約書(けいやくしょ)にサインできると思(おも)います。

모우 케-야쿠쇼니 사인데끼루또 오모이마스

単語 合意(ごうい) 고-이 합의 詳細(しょうさい) 쇼-사이 상세, 내용 条件(じょうけん) 죠-켄 조건

DAY 354 문의할 때

비즈니스에서 제품 또는 납품 관련 문의 상황에 따라 다양한 관련 용어와 표현이 있으므로 자주 사용되는 표현들을 잘 익혀서 상황에 맞게 사용해 보자.

▶ 귀사의 제품에 대해서 여쭙고 싶은데요.

御社(おんしゃ)の製品(せいひん)についてうかがいたいのですが。

온샤노 세이힌니 츠이떼 우카가이따이노데스가

▶ 귀사의 업무용 프린터의 최신 모델은 무엇입니까?

御社(おんしゃ)の業務用(ぎょうむよう)プリンターの最新(さいしん)モデルは何(なん)ですか。

온샤노 교-무요우 푸린타-노 사이신 모데루와 난데스까

▶ RC-707은 재고가 있습니까?

RC-707(ななぜろなな)は在庫(ざいこ)がありますか。

아루시 나나제로나나와 자이코가 아리마스까

▶ 금요일까지 10대 납품해 주시겠습니까?

金曜日(きんようび)までに10台納品(じゅうだいのうひん)していただけますか。

킹요우비마데니 쥬-다이 노우힌시떼 이타다케마스까

▶ 될 수 있으면 빨리 필요한데요.

できるだけ早(はや)く必要(ひつよう)なのですが。

데끼루다께 하야꾸 히츠요우나노데스가

単語 業務用(ぎょうむよう) 교-무요우 업무용 在庫(ざいこ) 자이코 재고 納品(のうひん) 노우힌 납품

DAY 355 클레임을 제기할 때

비즈니스에서 제품 또는 서비스에 대한 클레임을 제기하는 상황에 따라 다양한 관련 용어와 표현이 있으므로 자주 사용되는 표현들을 잘 익혀서 상황에 맞게 사용해 보자.

▶ 클레임이 있는데요.

クレームがあるのですが。

쿠레-무가 아루노데스가

▶ 클레임을 담당하는 사람은 누구입니까?

クレームを扱(あつか)っているのはどなたですか。

쿠레-무오 아츠캇떼 이루노와 도나타데스까

▶ 귀사의 제품에 문제가 있습니다.

御社(おんしゃ)の製品(せいひん)に問題(もんだい)があります。

온샤노 세이힌니 몬다이가 아리마스

▶ 책임자와 이야기를 하고 싶은데요.

責任者(せきにんしゃ)と話(はなし)をしたいのですが。

세키닌샤또 하나시오 시따이노데스가

▶ 지난주 주문한 상품이 아직 도착하지 않았습니다.

先週注文(せんしゅうちゅうもん)した商品(しょうひん)がまだ届(とど)きません。

센슈- 츄-몬시타 쇼우힌가 마다 토도키마센

 単語 クレーム 쿠레-무 클레임 扱(あつか)って 아츠캇떼 취급하는 責任者(せきにんしゃ) 세키닌샤 책임자

DAY 356

클레임에 대해 대응할 때

비즈니스에서 자사의 제품 또는 서비스에 대해 제기된 클레임에 대응하는 상황에 따라 다양한 관련 용어와 표현이 있으므로 자주 사용되는 표현들을 잘 익혀서 상황에 맞게 사용해 보자.

▶ 조사해서 즉시 연락드리겠습니다.

お調(しら)べして、折(お)り返(かえ)しご連絡(れんらく)します。

오시라베시떼 오리카에시 고렌라쿠시마스

▶ 당장 그렇게 하겠습니다.

すぐにそう致(いた)します。

스구니 소우 이타시마스

▶ 그 문제는 저희들이 처리하겠습니다.

その問題(もんだい)は、私(わたし)どもで処理(しょり)致(いた)します。

소노 몬다이와 와타시도모데 쇼리이타시마스

▶ 실수로 다른 상품을 보내고 말았습니다.

手違(てちが)いで別(べつ)の商品(しょうひん)をお送(おく)りしてしまいました。

테치가이데 베츠노 쇼우힌오 오오쿠리시떼 시마이마시타

▶ 곧바로 부족분을 보내 드리겠습니다.

すぐに不足分(ふそくぶん)をお送(おく)り致(いた)します。

스구니 후소쿠분오 오오쿠리이타시마스

単語 折(お)り返(かえ)し 오리카에시 반환 処理(しょり) 쇼리 처리 手違(てちが)い 테치가이 실수

Chapter

03 인사이동·면접과 취직

구인광고를 보고 御社の求人についてうかがいたいのですが라고 정중하게 전화로 응모를 한다. 면접을 보러 갈 때는 面接にうかがいました라고 접수처에 이야기를 한다. 면접을 볼 때 자신이 해야 할 일이 궁금하면 それはどのような仕事ですか라고 물으면 된다.

DAY 357 직장에서의 평가

직장에서 업무와 관련된 동료를 평가하는 다양한 방법과 자주 사용되는 표현들을 잘 익혀서 상황에 맞게 사용해 보자.

▶ 저 녀석은 일을 잘해.

あいつは仕事(しごと)ができる。

아이츠와 시고토가 데끼루

▶ 너는 좋은 일을 하고 있어.

君(きみ)はいい仕事(しごと)をしているわよ。

기미와 이- 시고토오 시떼이루와요

▶ 좋은 일을 하고 싶어.

いい仕事(しごと)がしたいね。

이- 시고토가 시따이네

▶ 발상이 독특하군.

発想(はっそう)がユニークだね。

핫소우가 유니-쿠다네

単語 あいつ 아이츠 녀석　君(きみ) 기미 자네, 너　発想(はっそう) 핫소우 발상　有能(ゆうのう) 뉴-노- 유능

DAY
358 일에 몰두할 때

직장 등에서 자신 혹은 동료에게 업무 참여 의지를 나타내는 다양한 방법과 자주 사용되는 표현들을 잘 익혀서 상황에 맞게 사용해 보자.

▶ 그 일 제가 하겠습니다.

その仕事(しごと)、私(わたし)にやらせてください。

소노 시고토 와타시니 야라세떼 구다사이

▶ 나는 수학에는 강합니다.

私(わたし)、数学(すうがく)には強(つよ)いんです。

와타시 수-가크니와 츠요인데스

▶ 해 봅시다.

やってみましょう。

얏떼미마쇼-

▶ 이런 일은 잘합니다.

こういった仕事(しごと)は得意(とくい)なんです。

고-잇따 시고토와 토꾸이난데스

▶ 해 볼 만한 일입니다.

やりがいのある仕事(しごと)です。

야리가이노아루 시고토데스

単語 強(つよ)い 츠요이 강한 得意(とくい) 토꾸이 잘함 やりがい 야리가이 보람, 가치

DAY 359 인사이동에 대해서

직장 등에서 인사이동 상황에 대한 다양한 관련 용어와 표현이 있으므로 자주 사용되는 표현들을 잘 익혀서 상황에 맞게 사용해 보자.

▶ 다음 달 오사카 지점으로 전근을 가.

らいげつ　おおさかししゃ　てんきん
来月、大阪支社に転勤するんだ。

라이게쯔 오-사까시샤니 텐낀스룬다

▶ 다른 부서로 옮기고 싶군.

ぶしょ　いどう
ほかの部署へ移動したいなぁ。

호까노 부쇼에 이도-시따이나-

▶ 해외거점으로 이동을 희망합니다.

かいがいきょてん　いどう　きぼう
海外拠点への移動を希望します。

카이가이쿄텐에노 이도-오 기보-시마스

▶ 본사에서 온 지 얼마 안 되었습니다.

ほんしゃ　いどう
本社から移動してきたばかりです。

혼샤까라 이도-시떼 키따바까리데스

▶ 그는 시골 지점으로 밀려났어.

かれ　いなか　してん
彼、田舎の支店にとばされたのよ。

가레 이나까노 시텐니 토바사레따노요

単語 支社(ししゃ) 시샤 지사　転勤(てんきん) 텐낀 전근　移動(いどう) 이도- 이동　本社(ほんしゃ) 혼샤 본사

DAY **360** ## 승진에 대해서

직장 등에서 승진 상황에 대한 다양한 관련 용어와 표현이 있으므로 자주 사용되는 표현들을 잘 익혀서 상황에 맞게 사용해 보자.

▶ 과장으로 승진했어!

課長(かちょう)に昇進(しょうしん)したよ!

카쵸-니 쇼-신시따요

▶ 그녀의 승진은 의외야.

彼女(かのじょ)の昇進(しょうしん)は意外(いがい)だわ。

카노죠노 쇼-신와 이가이다와

▶ 제 승진을 고려해 주셨으면 합니다만.

私(わたし)の昇進(しょうしん)を考(かんが)えていただきたいのですが。

와따시노 쇼-신오 캉가에떼 이따다끼따이노데스가

▶ 승진, 축하해!

昇進(しょうしん)、おめでとう!

쇼-신 오메데또-

単語 昇進(しょうしん) 쇼-신 승진 彼女(かのじょ) 카노죠 그녀, 여자 친구 意外(いがい) 이가이 의외

DAY 361

해고와 퇴직에 대해서

직장 등에서 해고 및 퇴직 상황에 대한 다양한 관련 용어와 표현이 있으므로 자주 사용되는 표현들을 잘 익혀서 상황에 맞게 사용해 보자.

▶ 그이 해고되었어.

彼(かれ)、クビになったのよ。

가레 쿠비니 낫따노요

▶ 이 계약이 성립되지 않으면 나는 해고될지도 몰라.

この契約(けいやく)がまとまらなければ、僕(ぼく)はクビかもしれないな。

고노 케-야끄가 마또마라나께레바 보끄와 쿠비까모시레나이나

▶ 당사의 정년은 60세입니다.

当社(とうしゃ)の定年(ていねん)は60歳(ろくじゅう)さいです。

토-샤노 테-넨와 로끄쥬-사이데스

▶ 무라이 씨는 경쟁사에 스카우트됐어.

村井(むらい)さん、ライバル会社(がいしゃ)に引(ひ)き抜(ぬ)かれたのよ。

무라이산 라이바루 가이샤니 히끼누까레따노요

▶ 카토는 지난달 퇴직했습니다.

加藤(かとう)は先月(せんげつ)、退職(たいしょく)しました。

카또-와 센게츠 따이쇼끄시마시타

単語 彼(かれ) 가레 그이, 남자 친구 クビになった 쿠비니 낫따 해고되었다

DAY 362 구인광고를 보고 응모할 때

구인광고를 보고 회사에 지원하는 상황에 따라 다양한 관련 용어와 표현이 있으므로 자주 사용되는 표현들을 잘 익혀서 상황에 맞게 사용해 보자.

▶ 신문에 게재된 구인 건으로 전화했습니다.

新聞(しんぶん)に掲載(けいさい)された求人(きゅうじん)の件(けん)でお電話(でんわ)しました。

신분니 케-사이사레따 규-진노 켄데 오덴와시마시타

▶ 귀사의 구인에 대해서 여쭙고 싶은데요.

御社(おんしゃ)の求人(きゅうじん)についてうかがいたいのですが。

온샤노 큐-진니츠이떼 우카가이따이노데스가

▶ 어떤 직종이 비어 있나요?

どんな職種(しょくしゅ)に空(あ)きがあるのですか。

돈나 쇼끄슈니 아끼가 아루노데스까

▶ 비서직은 비어 있습니까?

秘書(ひしょ)の職(しょく)に空(あ)きはありますか。

히쇼노 쇼끄니 아끼와 아리마스까

▶ 경리 일에 흥미가 있는데요.

経理(けいり)の仕事(しごと)に興味(きょうみ)があるのですが。

케-리노 시고토니 교-미가 아루노데스가

単語 新聞(しんぶん) 신분 신문 求人(きゅうじん) 큐-진 구인 電話(でんわ) 덴와 전화 空(あ)き 아끼 빈자리, 틈

DAY 363

면접을 받을 때

면접을 받는 상황에 대한 다양한 관련 용어와 표현이 있으므로 자주 사용되는 표현들을 잘 익혀서 상황에 맞게 사용해 보자.

▶ 인사부 기무라 씨를 뵙고 싶은데요.

人事部(じんじぶ)の木村(きむら)さんにお会(あ)いしたいのですが。

진지부노 키무라상니 오아이시다이노데스가

▶ 면접을 보러 왔습니다.

面接(めんせつ)にうかがいました。

멘세츠니 우까가이마시타

▶ 귀사의 사업에 무척 흥미를 가지고 있습니다.

御社(おんしゃ)の事業(じぎょう)には、ずっと興味(きょうみ)を持(も)っていました。

온샤노 지교-니와 줏또 교-미오 못떼이마시타

▶ 귀사는 매우 혁신적인 기술을 가지고 있다고 생각합니다.

御社(おんしゃ)はとても革新的(かくしんてき)な技術(ぎじゅつ)をお持(も)ちだと思(おも)います。

온샤와 도떼모 카끄신떼끼나 기쥬츠오 오모치다또 오모이마스

▶ 지금은 ABC사에서 영업을 하고 있습니다.

今(いま)はABC社(しゃ)で営業(えいぎょう)をしています。

이마와 에-비-시-샤데 에이교-오 시떼이마스

単語 人事部(じんじぶ) 진지부 인사부　面接(めんせつ) 멘세츠 면접　ずっと 줏또 계속, 지금까지

DAY 364 응모자를 면접할 때

지원자에 대한 면접을 하는 상황에 대한 다양한 관련 용어와 표현이 있으므로 자주 사용되는 표현들을 잘 익혀서 상황에 맞게 사용해 보자.

▶ 면접을 와 주셔서 감사합니다.

面接(めんせつ)に来(き)ていただき、ありがとうございます。

멘세츠니 키떼이타다끼 아리가토- 고자이마스

▶ 간단히 자기소개를 해 주시겠습니까?

簡単(かんたん)に自己紹介(じこしょうかい)をしていただけますか。

간탄니 지꼬쇼-까이오 시떼이타다께마스까

▶ 당신의 업무 경험에 대해서 말씀해 주십시오.

あなたの業務経験(ぎょうむけいけん)についてお話はなししてください。

아나따노 교-무케-껜니츠이떼 오하나시 시때꾸다사이

▶ 이 일에서 당신의 능력을 어떻게 활용하겠습니까?

この仕事(しごと)であなたの能力(のうりょく)をどのように活用(かつよう)しますか。

고노시고토데 아나타노 노-료끄오 도노요-니 카츠요-시마스까

▶ 언제부터 일을 시작할 수 있습니까?

いつから仕事(しごと)を始(はじ)められますか。

이츠까라 시고토오 하지메라레마스까

単語 簡単(かんたん)に 간탄니 간단하게 自己紹介(じこしょうかい) 지꼬쇼-까이 자기소개 経験(けいけん) 케-켄 경험

DAY 365 입사조건을 설명할 때

입사조건을 설명하는 상황에 대한 다양한 관련 용어와 표현이 있으므로 자주 사용되는 표현들을 잘 익혀서 상황에 맞게 사용해 보자.

▶ 직속상관은 영업부장이 되겠습니다.

直属(ちょくぞく)の上司(じょうし)は営業部長(えいぎょうぶちょう)になります。

쵸꾸조꾸노 죠-시와 에이교-부쵸-니 나리마스

▶ 사원복지에 대해서 알려 주십시오.

福利厚生(ふくりこうせい)について教(おし)えてください。

후꾸리코-세-니츠이떼 오시에떼 구다사이

▶ 업무시간은 어떻게 됩니까?

就業時間(しゅうぎょうじかん)はどうなっていますか。

쇼꾸교-지깐와 도-낫떼이마스까

▶ 현재의 급료는 얼마입니까?

現在(げんざい)の給料(きゅうりょう)はいくらですか。

겐자이노 큐-료-와 이꾸라데스까

▶ 상여는 연 2회입니다.

賞与(しょうよ)は年2回(ねんにかい)です。

쇼-요와 넨 니까이데스

単語 直属(ちょくぞく) 쵸꾸조꾸 직속 上司(じょうし) 죠-시 상사 就業時間(しゅうぎょうじかん) 쇼꾸교-지깐 업무시간

에어컨 エアコン
에아콘
선반 棚(たな)
타나
통로 通路
(つうろ)
츠우로
조명 照明
(しょうめい)
쇼메이
좌석 席
(せき) 세키
창 窓
(まど)
마도
스튜어디스
スチュワーデス
스츄아-디스
구명동의 救命胴衣
(きゅうめいどうい)
큐-메-도-이
라디오
ラジオ 라지오
창
窓(まど) 마도
옷장
洋服(ようふく)ダンス
요-후꾸단스
커튼
カーテン
카-뗀
전화
電話(でんわ)
뎅와
침대등
ナイト・テーブル
나이토 테-부루
의자
椅子(いす)
이스
침대
ベッド 벳도
변기
便器(べんき)
벵끼
침대커버
ベッドカバー
벳도카바-
욕실
浴室(よくしつ)
요꾸시쯔
책상
机(つくえ)
쓰꾸에
텔레비전
テレビ
테레비
문 ドア
도아
욕조
バスタブ
바스따부
조명
照明(しょうめい)
쇼-메-
편지봉투
封筒(ふうとう)
후-또-
편지지
便(びん)せん
빈셍